培育农垦国际大粮商研究

邵腾伟　著

科学出版社

北　京

内 容 简 介

　　适应新时期我国农业全面开放融入世界，我国要保障国家粮食安全，急需要像美国等发达国家那样培养一批掌握全球农业控制权和农产品定价权的国际大粮商，应对以"ABCD"为首的全球国际大粮商对我国粮食安全的威胁与挑战。基于此，本书从我国农业的实际国情出发，选择拥有大农业、大基地、大企业的中国农垦为研究对象，系统分析培育中国国际大粮商的必要性、可行性、经验借鉴和中国特色，顶层设计培育中国农垦国际大粮商的路径依赖、发展策略和政策措施，为加快培育中国农垦国际大粮商提供解决方案。

　　本书紧紧围绕"中国为什么要培养国际大粮商"、"培养什么样的国际大粮商"以及"怎样培养中国国际大粮商"等核心问题进行学术探讨，做到理论联系实际、宏观结合微观，既有理论高度，又有实践操作，对从事现代农业组织创新的研究、教学和实务具有重要指导意义。本书既可供从事现代农业组织创新研究的学者作学术研究参考，也可作为从事农业产业化经营的企业管理者的工作实务参考，还可为农林经济管理部门制定现代农业政策提供决策参考。

图书在版编目(CIP)数据

培育农垦国际大粮商研究 / 邵腾伟著. —北京:科学出版社, 2017.5
ISBN 978-7-03-052619-9

Ⅰ.①培…　Ⅱ.①邵…　Ⅲ.①粮食企业-研究-中国　Ⅳ.①F324

中国版本图书馆 CIP 数据核字 (2017) 第 086891 号

责任编辑：张　展　孟　锐 / 责任校对：王　翔
责任印制：罗　科 / 封面设计：墨创文化

科 学 出 版 社 出版
北京东黄城根北街16号
邮政编码：100717
http://www.sciencep.com

成都锦瑞印刷有限责任公司印刷
科学出版社发行　各地新华书店经销

*

2017 年 6 月第　一　版　开本：B5（720×1000）
2017 年 6 月第一次印刷　印张：11
字数：230 千字
定价：69.00 元
（如有印装质量问题,我社负责调换）

基金项目：

1.国家社科基金重点项目"新型种粮大户的成长机理及种粮激励研究"（项目编号 14AJY021）

2.中国博士后基金项目"西部地区家庭农场的成长机制及政策激励研究"（项目编号 2013M54224）

3.重庆博士后基金项目"互联网思维下的传统农业现代化改造研究"（项目编号 XM2014060）

4.重庆市社科规划项目"重庆市家庭农场发展典型案例研究"（项目编号 2013YBXM033）

前　　言

　　当今世界农业的一个突出特点就是国际大粮商的主导作用日益增强。以美国阿彻丹尼尔斯米德兰公司(ADM)、邦吉公司(Bunge)、嘉吉公司(Cargill)和法国路易·达孚公司(Louis Dreyfus)为首的四大国际大粮商(根据英文名字首字母,人们将其简称为"ABCD"),不仅掌控着该国农业经济命脉,而且某业务范围遍布全球,对世界农业发展产生了重要影响。随着我国对外开放程度的提高,国外国际大粮商长驱直入我国粮食产业,抢占种业等关键领域制高点,通过低价倾销和资本运作瓦解我国农业产业链。我国农业产业化水平低,产品市场集中度低,产业链条集成化低,企业经营规模普遍较小,缺乏有国际核心竞争力的大型农业企业集团,在与国外国际大粮商的同台竞争中逐步丧失对我国农业的控制权和产品定价权,给我国粮食安全带来重大威胁。

　　习近平总书记提出打造中国的国际大粮商的战略要求,指出如果我国没有可靠的生产主体、本国的大粮商,保障国家粮食安全就缺乏有效载体,国内粮食市场调控就会捉襟见肘,参与国际市场竞争往往就会被动。无论是维护国家农业产业安全和国家主权安全,稳定市场保护农民利益和消费者权益,还是统筹利用国际国内两种资源、两个市场,我国都需要拥有控制力和话语权的中国国际大粮商。综合考虑我国农业企业发育状况和发展潜力,农垦拥有大基地、大产业和大企业的独特优势,是以公有制为主体的中国特色社会主义市场经济在农村农业领域的集中体现和骨干代表,具有完整的现代农业产业体系,人才、技术、资本与市场全面联通,是国家实施农业宏观调控最强有力的抓手,是关键时候"抓得住、调得动、用得上、应得急"的国家粮食安全保障可靠力量,是打造国际大粮商最现实、最可行的载体。基于此,本书立足我国农业和农垦实际,探讨以我国农业"国家队"的农垦企业集群为依托培育中国国际大粮商的路径选择。

　　本书遵循国际化大企业、大粮商成长规律,紧紧围绕"中国为什么要培养国际大粮商"、"培养什么样的国际大粮商"以及"怎样培养中国国际大粮商"等核心问题进行路径探索和政策设计。从四大国外国际大粮商的成长经历来看,农垦国际大粮商应具备国际大粮商的一般特征,即全球范围全产业链布局,业务关联性多元化发展,集团化多形式全球扩张,金融服务配合业务扩张,科技创新提升竞争能力,本土化融入当地社会中。除此之外,农垦国际大粮商还应具有鲜明的中国特色:一是生产与供应并重全产业链经营;二是以国内市场为主全球化布局；三是以粮食产业为主多元化发展；四是以资本为纽带网络化成长；五是肩负保障国家粮食安全和农民利益的双重使命。因此，打造农垦国际大粮商应当通过打通粮食全产业链做强农垦企业，通过农业产融结合做优农垦企业，实施联合联盟联营做大农垦企业。

本书得到了国家农业部农垦局的大力支持，在此表示深深的感谢。2015年9月至2016年8月，作者应邀到国家农业部与农垦局的领导和在京的一些专家、学者一道参与全国农垦改革的政策设计，有幸走进中南海和人民大会堂聆听中央领导对新时期中国农垦改革和农业现代化发展的期望，有幸接触国务院发展研究中心、国家发展和改革委员会(粮食局)、国家财政部、中国储备粮食总公司(简称：中储粮)、中粮集团有限公司(简称中粮集团)领导以全面了解中国农业加入WTO后的现实情况和主要问题，有幸走进全国10余个集团化垦区企业和农场全面了解中国农垦和现代农业的发展诉求。这一系列经历为本书的撰写提供了宝贵的素材。

目　　录

第1章 绪 论

1.1 研究问题的提出

当今，世界农业的一个突出特点就是国际大粮商的主导作用日益增强。以"ABCD"为代表的美欧国际大粮商，不仅掌控着该国农业经济命脉，而且其业务范围遍布全球，对世界农业发展产生了重要影响。在我国，农业产业化水平低，产品市场集中度低，产业链条集成化低，企业经营规模普遍较小，缺乏有国际核心竞争力的大型农业企业集团。随着我国对外开放程度的提高，国际大粮商长驱直入，抢占种业等关键领域制高点，通过低价倾销和资本运作，瓦解我国农业产业链，削弱我国对农业的控制权和产品定价权。按照自由贸易理论，我国可以通过进口从国际市场调剂粮食，但现实是从来就没有纯粹的市场经济，一个国家并非在任何时候、任何情况下都可以通过自由贸易买到粮食，往往还牵涉政治、军事和外交等复杂问题，尤其在当前国内外粮价倒挂的复杂背景下，国际大粮商加紧对我国粮食市场进行布局和控制，给我国粮食安全带来严峻挑战。近年来，尽管我国粮食年年丰收，产量稳定地维持在高位，但奇怪的是，我国每年粮食进口量也很大，并在高位攀升，平均每消耗 5 斤粮食中就有 1 斤来自国外进口。其实，中国大规模进口粮食并非国内供给不足，而是进口粮价远低于国产粮价，粮食加工销售企业更愿意从国外进口粮食到国内进行加工销售，以获得更大的差价收益(叶兴庆，2015)。数据显示，从 2012 年起，国内粮价开始高于国际市场价格，导致国产粮入库，国外粮入市。目前，国产稻谷、小麦、玉米等几个主粮品种的市场价格总体上比国际市场价格高出 30%~50%，粮、棉、油、糖等大宗农产品的进口完税价每吨比国内低约一千元，导致粮、棉、油、糖等进口不断增加(陈锡文，2015)。进口增加容易导致两个消极后果：一是粮食库存积压严重，二是冲击国内粮食市场，使国内粮价大跌。若任由其发展，农民种粮积极性、国家粮食安全将深受影响。

国产粮连续增产，但粮食进口量却不断攀升，中国粮食产品缺乏竞争力是由多方面原因造成的，其中最核心的问题是我国粮食定价权的丧失。如果不是 2008 年发生的全球粮食危机，异常低调的国际四大粮商可能还在继续毫无声息地扩张。现在，国际四大粮商在全球的产业链条逐渐浮出水面。国际四大粮商都是拥有百年历史的跨国粮商,目前,世界粮食交易量的 80%都垄断性地控制在它们手中,只有它们才可以给世界粮食定价。这些国际巨头凭借资本与经验的优势,已完成对上游原料和期货、中游生产加工和品牌、下游市场渠道与供应的绝对控制权。目前,全球排名前 10 位的谷物出口国中,四大粮商占据主导地位的就有 9 个,它们从种子、饲料、化肥这些最初环节到产、供、销一条龙经营,几乎每一个市场层面都占据绝对优势。由于国际四大粮商在农产品领域都有自己完整的产业链,一旦在目的国站稳脚跟,就利用资本优势迅速破坏该国原有的经营链条,使该国原有的粮食体系变为依附于国际四大粮商的一个环节。

外资粮商与中国市场渊源颇深。早期进入中国市场之时,它们在中国市场并没有设立工厂,而是以设立办事处的形式,以贸易业务为主,同时对中国市场进行多方位研究。路易·达孚公司是 20 世纪 60 年代进入中国的,最初的业务是饲料和谷物贸易,并通过农产品期货买卖进行风险控制。直到 2006 年,路易·达孚公司通过其北京子公司获得中国政府的玉米国内贸易许可证,开始拓展国内市场。公开信息显示,该公司从中国出口玉米的业务量持续增长,其在美国的棉花公司现在已经是中国最大的棉花供应商。嘉吉公司的对华贸易始于 1972 年尼克松访华后不久。目前,嘉吉公司与中国的年贸易额超过 50 亿美元。过去几年中,嘉吉公司是中国玉米最大的买家之一,并开始布局中国的化肥市场,已经建立了全资的山东嘉吉化肥有限公司,以及合资的云南三环中化嘉吉化肥有限公司。除了种植领域外,嘉吉公司在中国的链条基本搭建完成。ADM 公司在中国的布局比较巧妙。20 世纪 90年代初,ADM 公司开始与国内中粮集团共同做油脂业务,包括发展"福临门"等品牌食用油。1995 年,ADM 公司在中国大连建立独资子公司,随后又在广州和成都等地拥有了从事其他业务的工厂。从 2000 年开始,ADM 公司开始大规模进军中国市场,并通过参股的方式进行全面布局,还收购了华农集团湛江油脂厂 30%的股份。邦吉公司进入中国市场稍晚一些,注重从农场到终端的全产业链运营。

外资粮食企业到中国来,对中国粮食市场的发展是有好处的,但如果外资一旦在中国的粮食市场中起主导作用,就会危及我国粮食安全(李国祥,2016)。在自由贸易体系下,资本渗透进农业,攫取了美国政府的大量补贴,从而得以在全球推销低价粮食。与此同时,各国在低价粮食的倾销之下,逐渐丧失粮食自主权,美国粮食巨头和国家政权结合而成的"粮食帝国"得以掌控全球的粮食主权。中国的种业、农民和加工企业散、小、差,国际大粮商运用产业链战术,只需要打开其中一个环节,整个产业就被全部拿下,从而丧失粮食话语权。中国粮食话语权旁落,以大豆市场的教训最为惨痛。大豆原产于中国,世界各国栽培的大豆都是由中国直接或间接传播出去的。中国大豆产量一度比全世界其他国家的大豆产量之和还要多。2001年,中国对外开放大豆市场,外资企业不断涌入国内,跨国巨头开始涉足中国大豆业。2004 年,在遭遇国际投资基金的疯狂打压后,中国中小型大豆加工企业和本土榨油企业不堪承受负荷,纷纷宣布破产,被外资低价兼并。根据公开资料显示,在

2004 年的大豆危机后，四大跨国粮商成功地控制了大豆 85%的实际加工能力。这些被四大粮商所控制的榨油企业只收购转基因大豆，不收购国产大豆，收购价比较高，逼迫农民只能种植转基因大豆，且种子要从国外进口。转基因大豆占据中国市场后，中国大豆的定价权就这样落入外国人手中。目前，中国已经成为全球最大的大豆进口国，每年的进口量达到全球总进口量的 1/3。根据海关总署统计，2015 年大豆进口量达到创纪录的 8169 万吨，比 2014 年增加了 14.4%。种种迹象表明，"ABCD"控制中国的大豆定价权实际上并不是仅仅为了获取加工利润这么简单，而是在做一个非常庞大的全球战略布局，中国仅仅是这个布局中的一环。一般情况下，大豆压榨企业的资金大约有 95%将用于原材料的采购。因此，大豆价格至为关键。国际大粮商所拥有的大豆价格定价权正是其拥有的整合中国市场能力的关键因素，也正是它们打垮竞争对手、垄断市场的最佳武器。国际大粮商使用产业链战术，短短几年就把中国大豆企业打败了。

控制大豆是外资图谋中国粮食市场的开始。一位国内粮食企业高管研究认为，跨国粮商投资我国大豆加工业是以销售外国大豆为前提的。ADM 公司收购了华农集团湛江油脂厂 30%的股份，却取得了其 70%的原料采购权。这说明跨国粮商并不想利用我国大豆加工企业来赚钱，更不想涉足大豆加工业，只是想通过参股来获得进口大豆的话语权，把我国大豆加工业作为变现国际贸易利润的一个环节。在大豆领域得手之后，跨国粮商又开始操控食用油定价权。数据显示，"ABCD"四大跨国粮商已经控制了中国 75%以上的油脂市场原料与加工及食用油供应。中国 97 家大型油脂企业中，跨国粮商控股 64 家。它们凭借国际资本，已基本完成对上、中、下游的绝对控制权。食用油市场中众多响当当的品牌早已被跨国粮商收入囊中。ADM 公司在中国扩张的"标志性作品"为 2000 年其与新加坡丰益公司投资组建的中国最大的粮油集团——益海集团。尤其是 2006 年底，丰益国际以 27 亿美元收购了嘉里粮油，并与其在中国的子公司益海集团合并，成为规模更为庞大的益海嘉里集团。ADM 公司与新加坡丰益国际共同控制的益海嘉里，在国内食用油市场已经占有 60%～70%的份额，金龙鱼、胡姬花、鲤鱼等食用油品牌同属益海嘉里所有。在合并的当年，就有媒体称益海嘉里掌握了国内油脂价格的控制权，成为中国食用油寡头。跨国资本以高于国家保护价收购国产大豆，目的是对大豆产业进行垄断。从全国的市场占有率来说，国产大豆只是一小部分，益海集团在国内转基因食用油市场中的占有率很高，其目的是控制大豆产品的定价权。外资控制了大豆领域，大豆油价格便容易被操纵。比如，2007 年，在跨国粮商的操控下，国内食用油价格猛涨，中国储备粮管理总公司为此抛出 20 万吨食用油平抑油价，却未见效果。2010 年初，金龙鱼等主要品牌食用油在全国范围内掀起了一轮涨价潮，售价几乎上涨了 10%。根据中国粮油学会油脂分会的统计数据，中国油脂油料净进口总量已由 2000 年的 461.4 万吨上升到 2010 年的 2088.9 万吨，10 年间增长了 353%，并呈现不断加速上升的趋势。与此同时，中国食用植物油的自给率已由 21 世纪初的 60%下降到目前的 37%左右。中国十大食用油加工企业中，年产量 150 万吨以上的有 3 家，即益海、嘉里和中粮，前两家企业同属一个集团，即丰益国际，系新加坡丰益集团与美国 ADM 公司共同投资组建的。嘉里拥有金龙鱼、胡姬花、花旗等食用油品牌，金龙鱼已成功控股 38 家企业，参股鲁花等加工企业，工厂遍布全国。而"中粮系"食用植物油的主要贸易进口对象仍是 ADM 公司。目前，金龙鱼、福临门、鲁花三大食用油品牌占中国食用油 70%以上市场份额，即"丰益嘉里系"独占中国食用油近 50%市场份额。在外资形成原料买方垄断的同时，也垄断了产品定价权。

产业链战术符合微笑曲线理论，两端分别是上游种子和下游产品，把这两头一占领，整个产业就被控制住了。粮食的定价权在别人手中，中国粮食安全就受到威胁。外资进入粮食流通领域后，凭借其强劲的实力，通过兼并、收购、合作等方式主导国内粮食流通格局，挤压国内粮食企业的生存空间，控制中国粮价，进而威胁国内粮食安全。"大豆失守"只是外资操控中国粮食市场的一个缩影，水稻和玉米正在遭遇与大豆同样的经历。"ABCD"等国际粮商目前正在加紧对中国水稻和玉米控制权进行布局。对于粮食安全而言，最重要的是谷物，包括小麦、稻谷、玉米，同时还有作为食用植物油原料的豆类。在这些领域，外资那只"看不见的手"几乎无处不在。中国"大豆沦陷"已成事实，稻谷、小麦、玉米三大主粮也慢慢落入外资的布局中。早在十多年前，外资就开始在东北布局水稻全产业链，从种子、种植、仓储到加工，无一遗漏。2005 年，丰益国际就与黑龙江佳木斯市政府开展了益海粮油综合加工项目，益海(佳木斯)粮油公司负责丰益国际在东北的业务开展，涉足水稻、大豆、玉米等系列的深加工。益海粮油在佳木斯市的水稻生产基地，生产香满园、金元宝、香宴、鲤鱼和金龙鱼 5 个品牌、多种规格的大米品牌产品。与此同时，益海粮油也没有放过对中国种业的市场布局。目前，我国采购益海粮食的种子已占到我国进口粮食种子的 70%，采购益海的蔬菜花卉类种子已占到我国进口蔬菜花卉类种子的 92%。益海种业已经在河北、安徽、新疆、吉林、北京和黑龙江成立了 6 个省级公司。据了解，外资企业已在中国审定了 84 个玉米品种，尽管外资玉米品种所占的市场份额还比较小，但在近几年里，一些外资玉米品种在中国的推广速度却很快。美国孟山都公司在广西推广种植了 1000 多万亩玉米，相当于黑龙江种植面积的 1/5。玉米是养殖行业中的主要原料，一旦被外资控制，中国的养殖业就要受制于外资，猪、鸡、鸭肉类价格可能也要看外资的"脸色"。

随着外商规模不断扩大，外资抢占市场的行为越来越隐蔽。近年来，跨国粮商逐渐把国有基层粮库作为切入点，在租赁基层粮库进行代储的同时，也与基层粮库从事粮食贸易与深加工合作。对于外资的图谋，国家海关总署早在 2009 年就隐隐觉察到，并指出：丰益国际斥巨资进驻东北是当前我国在粮食生产和出口中值得关注的问题。遗憾的是，外资在中国粮食主产区大肆收购国有粮库，布局全产业链战术时，却得到了地方政府的大力支持。2008 年，益海粮油以极低的门槛收购了黑龙江富锦九粮库和黑龙江省绥化第四粮库用于水稻加工和稻壳发电,并依托当地丰富的农产品资源,进行大规模的粮食精深加工。此前,益海集团已经在全国各地与地方粮库合作,河北省南皮县,山东省武城县、嘉祥县、庆云县以及河北的孟村县等地的县粮食局直属国有粮库都和益海集团有合作。在全国主要的粮食产区,跨国粮商与县级粮库都有不同程度的合作。除了益海集团,邦吉、嘉吉、路易·达孚等跨国粮商都通过类似途径,渗透进中国粮食流通市场领域,进一步控制中国粮食市场。据调查,外国粮商还以压榨棉籽、棕榈油加工等不受限制的项目进行申报,项目建成后,实际上却用于大豆、菜籽或油脂加工;更有甚者,外商以总投资额不超过 5000 万美元的条件,将大投资项目"化大为小",避开国务院投资主管部门的审批,利用其全球供应链优势,在国内市场运用低价策略冲击国内中小粮企,形成快速扩张之势。外资正在加紧对中国粮食领域进行全面布局,逐渐进入上游原料仓储、粮食加工、粮食销售各个领域。当国际粮商逐渐完全掌握中国粮食流通领域之后,将对中国粮食安全带来极大危害。

这些外资巨头都极有眼力,它们看中的机会正来源于粮食流通体制改制后,基层粮库面临的困境。2004 年,中国政府进行了一系列粮食流通体制改革。在改革中,建立了国家、省、市、县四级粮食储备体系。县级储备粮库与其他三级粮库一起构成国家粮食储备体系,承担着调节市场供求关系、平抑年际间粮食产量波动等多项重要任务。自 2004 年后,因为逐步实行粮食购销市场化,基层粮库不再获得国家财政补贴,完全自负盈亏,这使部分粮库生产经营艰难,负债沉重。此时,面对实力雄厚的外资粮商抛来的"绣球",不少基层粮库认为那是解困良方。因为粮食系统改制后,粮库生存一直比较困难,地方粮库多年来资金紧张,无粮存储,与外资粮商合作,能够利用他们的资金为粮库带来收入。为了招商引资,地方政府对跨国粮商非常欢迎,还会提供各种便利条件,出台相关优惠引资政策。地方政府为了追求经济发展和引资力度,只顾眼前,缺乏警惕性,助推了外资粮食企业在中国的产业链战术布局。外资粮商之所以能够发展迅速,与此不无关系。跨国资本在中国粮食市场的布局远没有结束,一旦跨国资本控制住大米和玉米等粮食,国人将为此付出更为惨重的代价。

因此,无论是维护国家农业产业安全和国家主权安全,稳定市场以保护农民利益和消费者权益,还是统筹利用国际国内两种资源、两个市场,我国都需要拥有控制力和话语权的中国国际大粮商。习近平总书记提出打造中国的国际大粮商的战略要求,并指出:如果我国没有可靠的生产主体、本国的大粮商,保障国家粮食安全就缺乏有效载体,国内粮食市场调控就会捉襟见肘,参与国际市场竞争往往就会被动。综合考虑我国农业企业发育状况和发展潜力,农垦拥有大基地、大产业和大企业的独特优势,是以公有制为主体的中国特色社会主义市场经济在农村农业领域的集中体现和骨干代表,具有完整的现代农业产业体系,人才、技术、资本与市场全面连通,是国家实施农业宏观调控最强有力的抓手,是关键时候"抓得住、调得动、用得上、应得急"的国家粮食安全保障可靠力量,是打造国际大粮商最现实、最可行的载体。习近平总书记强调:我们这么大的国内市场,要有打造中国国际大粮商的信心。李克强总理指出:要培养一批世界级粮商和农业公司,提高我国农产品的掌控力、影响力和话语权。在此背景下,拥有"艰苦奋斗,勇于担当"光荣传统的中国农垦决定实施联合联盟联营战略,启动"农垦国际大粮商"培育计划,把各垦区农业产业关联企业组织起来"抱团"发展,组建大型产业联盟和企业集团,巩固提升我国农业的国家可持续掌控能力。2015年11月,中央全面深化改革领导小组还通过了《中共中央、国务院关于进一步推进农垦改革发展的意见》(中发〔2015〕33号),支持农垦打造一批具有国际竞争力的现代农业企业集团。

打造农垦国际大粮商并不是一件容易的事。欧美国家用了100年培育大粮商,日本人用了30年,推测,我们中国至少也应该用15~20年。鉴于此,在我国农业全面开放融入世界的背景下,考虑到粮食产业的战略特殊性,本书重点探讨以下问题:我国农业在"引狼入室"的对外开放中如何学会"与狼共舞",以增强自身实力?如何有效应对欧美及日本国际大粮商"期货+贸易+种植"的产业链对我国粮食安全的影响?中国粮食企业如何集体应对国际卖家联盟的价格倾销与市场垄断?新时期的农垦如何担当起国家赋予的粮食安全战略责任?农垦国有农业经济属性如何在农业农村领域更好地发挥主导作用?带着这些问题,依照培育农垦国际大粮商的利益诉求,围绕"中国应培育什么样的国际大粮商",立足我国农业实际和农垦实情,借鉴欧美及日本国际大粮商的成功经验,遵循国内外大企业成长规律,本书研究了农垦国际大粮商成长的路径选择,为培育农垦国际大粮商提供决策参考。

1.2　研究的内容框架

在借鉴国内外农业发展经验的基础上,结合中国农业和农垦的实际情况,本书系统阐述国际大粮商的成立理论、成长规律、培育路径、竞争策略、实践探索和政策措施,为培育农垦国际大粮商提供理论指导和实践支持。

(1)中国农垦的情况介绍。该部分内容主要介绍中国农垦的历史渊源、发展历程、战略定位和改革诉求,即中国农垦是在特定历史下产生并发展起来的中国农业战线的"国家队",是国家为保障粮食生产、屯垦戍边、安置复转官兵而形成的国有农业组织。它从20世纪30年代末至40年代初陕甘宁边区军民开展"自己动手、丰衣足食"的大生产运动开始,先后经历了1949~1966年的开拓创业阶段、1967~1977年的曲折发展阶段、1978~1991年的改革探索阶段、1992~2005年的改革推进阶段、2006~2011年的改革深化阶段和2012年至今的全面改革阶段,今天的中国农垦已是保障我国粮食安全的国家队、现代农业的领头羊、境外农业的排头兵、安边固疆的稳定器。因此，培育农垦国际大粮商既是发展现代农业以保障国家粮食安全的需要，也是农垦广大企业自我生存发展的需要。

(2)国际大粮商的成长理论。国际大粮商本质上是全球化布局的大型跨国农业产业链经营集团，产业组织理论、企业成长理论和粮食安全理论是国际大粮商成长的理论基础，其中，最核心的是粮食安全理论。粮食安全是一个动态概念，早期的粮食安全概念只追求数量上满足解决饥饿的需求，而今的粮食安全概念强调数量、质量和经济性同时满足人类食物需求，不仅要满足人们吃饱，还要达到优质、无污染、有营养等条件，满足人们积极、健康生活的膳食需要和食物喜好。粮食安全的核心问题是粮食供给与需求平衡，并使交易维持在合理价格水平。一个企业的成长过程通常包括内部成长、外部并购和网络化成长三种基本路径。内部成长是指企业依靠自我积累的规模扩张和延伸产业链。外部并购指企业通过参股、控股和收购的形式，将外部企业内化到本企业。网络化成长是指企业通过结盟的形式，将外部关联企业集成到本企业所在产业链上。一个企业通过兼并其竞争对手的途径发展成巨型企业，已是现代经济史上一个突出的现象。

(3)国际大粮商的成长规律。从"ABCD"四大国际大粮商、日本全农绿色资源株式公社(简称：日本全农公司)和日本丸红株式会社(简称：日本丸红公司)两大国际大粮商，以及国内中粮集团、光明食品(集团)有限公司(简称：光明食品)和厦门象屿股份有限公司(简称：象屿股份)等大型农业产业集团的成长经历来看，国际大粮商的成长是一种复杂的社会经济现象，受到众多因素影响，有来自政治、经济、文化、技术、社会等外部环境因素，也有来自企业家、资源、技术、资本、品牌等多种内部环境因素。即便如此，国际大粮商的成长最终都表现为业务范围由初始业务逐步向全产业链和多元化拓展，市场半径逐步由区域市场向跨区市场、全国市场、跨国市场和全球市场拓展，并呈现出一些显著的特征：①全球范围全产业链布局；②业务关联性多元化发展；③集团化多形式全球扩张；④金融服务配合业务扩张；⑤科技创新提升竞争能力；⑥本土化融入当地社会中。

(4)培育农垦国际大粮商的路径选择。农垦国际大粮商应当是拥有自己大基地的生产商、保障国内市场稳定的供应商、带动农民走向市场的农业产业化龙头企业、主动参与全球农业合作与国际贸易的市场竞争主体，承担国内粮食与主要农产品供求调控与市场稳定的国家职责，并为维护世界粮食市场稳定发挥积极作用的国际化农业企业集团，并具有鲜明的中国特色：①生产与供应并重全产业链经营；②以国内市场为主全球化布局；③以粮食产业为主多元化发展；④以资本为纽带网络化成长；⑤肩负保障国家粮食安全和农民利益的双重使命。因此，打造农垦国际大粮商应当通过打通粮食全产业链做强农垦企业，通过农业产融结合做优农垦企业，实施联合联盟联营做大农垦企业。

(5)培育农垦国际大粮商的战略重点。培育农垦国际大粮商是一项系统工程，在全面推进各项工作的同时，尤其需要把薄弱环节、重点环节作为战略重点协同推进。

具体而言，包括落实农垦"三化"改革，发展社会化服务农业、合作化共享农业、预售制众筹农业、消费者体验农业、种养加循环农业、互联网智慧农业、金融化资本农业。其中，农垦"三化"改革是指农场公司化、垦区集团化和股权多元化；社会化服务农业是指发挥农垦在现代农业发展中的先发优势，通过社会化服务示范带动周边农村加快推进农业现代化水平；共享农业使分散的农场通过合作化道路抱团做大，实现各自在农业产前的生产资料购买、农业产中的生产性技术服务和农业产后的加工销售的规模经济；预售制农业是指借助电子商务发展以销定产、产销对接的新型订单农业，实现农产品的众筹销售与众包生产的联合决策；消费体验农业是指在农业供给侧植入农耕体验、质量追溯体验、物流配送体验、产品呈现体验、消费购买体验和售后服务体验场景，减少信息不对称，提高消费者对农产品质量的满意度，也让消费者有机会释怀亲近自然的天性。种植、养殖及加工构成全产业循环链，既增加了农业的迂回度，提升了农业的就业吸纳能力，又实现了废弃物的资源化生态利用。通过运用互联网对传统农业进行改造，可将互联网技术、人工智能、机器视觉和物联网技术集成运用于农业，加快传统农业向智慧化现代农业转型，而金融工具的组合运用为农业的转型提供了金融服务解决方案。

(6)培育农垦国际大粮商的实践探索。梳理农垦已有的产业基础，农垦国际大粮商可以粮食、橡胶、棉花、油料、糖料、茶叶、果蔬、乳业、畜禽、水产等农业细分产业，以及以商贸、流通、电商、金融、房地产、生态旅游等现代农业配套要素产业为重点培育农垦国际大粮商。从已经搭建起来的中国农垦农场联盟、中国农垦种业联盟、中国农垦乳业联盟、中垦乳业股份公司、中垦国际农产品流通、中垦融资租赁股份有限公司等一些农垦国际大粮商的产业组织来看，农垦国际大粮商的组织构建可以采取先联盟等松散型产业组织，再逐步过渡到股份制现代企业制度形式。在组建过程中，应坚持立足产业优势原则、市场用户导向原则、顶层设计先行原则、垦区垦地整合原则、统筹兼顾各方原则、循序渐进推进原则。不过，农垦国际大粮商组织平台的搭建也要注意一些问题。例如，要守住底线，做大、做强、做优农垦产业，而不是把农垦产业改跨了、改弱了。组建的产业组织都要以上市成为公众公司为目标，所以产业组织的组建和运行过程中涉及上市公司或上市公司母公司参与的情况，要注意避免同业竞争问题，为"中垦"系列公司未来上市扫清障碍。

(7)培育农垦国际大粮商的政策措施。结合农垦企业发展实际、国内外发展环境与发达国家的经验，在财政、税收、金融、保险、贸易以及关税等方面，系统提出我国在培育农垦国际大粮商方面的扶持政策体系，尤其是要创新国资管理方式。消除国企只有以控股的方式才能纳入当地国资政绩考核的体制障碍，减少垦区间、垦地间企业兼并重组时来自未获控股权企业所属垦区国资监管部门的阻力，推进农垦企业的股权多元化改革、全产业链整合和规模化经营，减少农垦企业同质化恶性竞争。在财政支持方面，要通过财政补贴和贷款贴息等方式支持农垦在水利设施、农机装备、质量追溯、农技推广以及粮食晾晒、烘干、仓储、物流等方面加大投入；同时，通过财政资金引导更多金融机构和社会资本投入到农垦产业发展股权投资基金中，支持农垦企业围绕优势产业"走出去"发展。在粮食流通方面，需要坚持从最低收购价格转向目标价格的市场化改革，为农垦国际大粮商的成长营造良好的市场环境。

1.3　研究的技术路线

本书研究在我国农业全面开放的背景下，如何通过中国农垦改革培育自己的国际大粮商问题，整个研究遵循问题—理论—实证—对策的一般研究过程，研究的技术路线如图 1-1 所示。

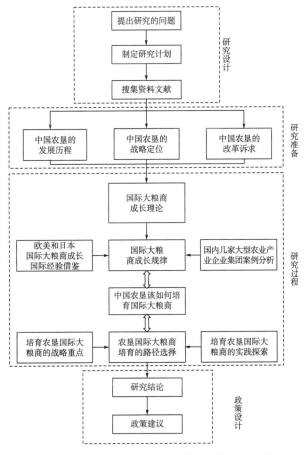

图 1-1　培育农垦国际大粮商研究技术路线

第2章 中国农垦的背景资料

2.1 中国农垦的历史渊源

农垦是在特定历史下产生并发展起来的中国农业战线的"国家队",是国家为保障粮食生产、屯垦戍边、安置复转官兵而形成的国有农业组织。

20世纪30年代末至20世纪40年代初,中国共产党在陕甘宁边区遭到封锁,毛主席发出"自己动手、丰衣足食"的号召,陕甘宁边区军民开始大生产运动。1939年冬,中共中央在延安创办光华农场,生产牛奶、蔬菜等农产品,改善军民生活。期间,王震率领留守部队在南泥湾开荒造田,成功开垦了中国首个大规模农场。1949年,毛主席签署了《军委关于1950年军队参加生产建设工作的指示》,号召军队在和平时期有计划地参与工农业生产,协同全国人民克服长期战争遗留下来的困难。1950年,驻新疆11万复员转业官兵进驻天山开展军垦生产,并于1954年成立新疆建设兵团。1951年,政务院出台《关于扩大培植橡胶树的决定》,成立华南垦殖局,抽调部队组建林业工程师(团),开荒植胶建立国营农(林)场。1952年,军队开始在海南岛开荒种植橡胶,成立了海南农垦局。这期间,东北建立了宁安农场、荣军农场、解放团农场等一批国营农场。1954年,还利用苏联捐赠的耕种机械设备,建成了国内首个农业机械化装备农场。1955年,铁道兵在虎林、密山、饶河等地建立了一批军垦农场,办起商业和邮电、教育、政法、边防等社会事业。1956年,国务院成立中华人民共和国农垦部,统筹农垦事业发展,"中国第一次出现了由国家负担的农业生产体系",农垦事业得到迅速发展,全国各省、自治区、直辖市在沿海、沿江、滨湖、荒山、荒漠地区相继开荒,建立大量国营大型农场,成立农垦局管理所辖直属国营农场(杨绍品,2008)。

2.2 中国农垦的发展历程

2.2.1 开拓创业阶段(1949~1966年)

新中国成立前后,党中央部署了以军垦的形式开荒边疆土地的政策,并成立农垦部,指挥广大复转官兵和人民群众奔赴条件恶劣的边疆开荒。1958 年,中共军委发出《关于动员十万干部转业复员参加生产建设的指示》,中共中央发布《关于动员青年前往边疆和少数民族地区参加社会主义建设的决定》,提出动员 570 万青年参加开发建设工作。1958 年春季开始,上百万转业官兵、内地支边青年、城市知识青年、移民及科技人员参加边疆建设,掀起全国大规模开发农场的浪潮。在此期间,农垦国营农场由 1949 年的 58 个增加至 1966 年的 1958 个,耕地面积从 3.4 万公顷增加到 345.5 万公顷,粮食产量由 1.5 万吨增加到 428 万吨。

2.2.2 曲折发展阶段(1967~1977 年)

"文化大革命"期间,国家相继撤销了各级农垦管理机构,国营农场纷纷下放,农场职工吃大锅饭现象严重,平均主义盛行,生产效率大幅度下降,农场生产经营状况恶化,农垦系统连续 12 年累计亏损约 37.2 亿元。与此同时,毛主席鼓励知识青年到农村接受贫下中农再教育,200 多万城市青年到国营农场开发建设,所以农垦在生产上仍有一定发展,如新增耕地 83.7 万公顷,粮食和大豆产量由 1967 年的 410 万吨增加到 1978 年的 650 万吨,农业总产值在此期间由 10 亿元增加到 36 亿元,且农业总产值在工农业总产值的比重由 38.7%增加到 48.2%。

2.2.3 改革探索阶段(1978~1991 年)

"文化大革命"结束后,全国农垦系统开始兴办农、工、商联合企业,建立大农场套小农场的双层经营体制,推行农垦企业财务包干,农场经营业务逐步由原来单一的种植、养殖业向种子研发、农副产品加工和食品销售等产业延伸,农、工、商联合企业从 1978 年的 36 个发展至 1982 年的 280 个,到 1984 年,全国农垦基本实现了农、工、商综合经营。农垦系统从 1984 年开始兴办职工家庭农场,大农场划分为若干小农场包干到户(家庭农场),家庭农场实行定额上交和费用自理,在上交国家和满足企业成本后的盈余归属家庭农场,从而提高了农场职工生产积极性。家庭农场从 1984 年的 42 万个发展到 20 世纪 80 年代末的 100 多万个。而在不适宜开展家庭农场模式的地区,也通过联户农场、机组承包、生产队承包等形式,形成了大农场套小农场的双层经营体制。在此期间,农垦部并到农业部成为农垦局(司),对全国农垦系统进行统一管理。

2.2.4 改革推进阶段(1992~2005 年)

针对大农场套小农场存在着农场出钱给职工种地和家庭农场不负责亏损等问

题，农垦系统推行农场"两自理、四到户"政策，即农场职工的生产费和生活费自理，农场土地承包到户、核算到户、盈亏到户、风险到户，彻底改变了农场职工的工资分配制度，并使之成为生产、投入、利益和风险的主体，从而使国营农场双层经营体制改革进入到一个新的阶段。在此期间，部分垦区开始集团化、公司化改革，农、工、商联合经营进一步向产业化经营方向发展，形成布局区域化、生产专业化、服务社会化、管理企业化、经营一体化的农业产业化经营格局。黑龙江、内蒙古等东北垦区成为我国优质小麦、水稻、大豆及牛羊牲畜主产区。新疆、宁夏、甘肃等西北垦区成为我国棉花、油料、啤酒大麦和瓜果主产区。海南、广东、云南等垦区成为我国橡胶、剑麻、蔗糖和热带水果主产区。北京、上海、天津、重庆等城郊型垦区成为当地都市农业和餐桌农业的主体。

2.2.5　改革深化阶段（2006～2011 年）

在此阶段，全国农垦系统朝着更加贴近市场经济体制要求的方向不断深化改革，形成了新疆建设兵团党政军企合一的兵团管理体制、黑龙江省和广东省等一套人马两块牌子的政企合一管理体制、北京市和上海市等 17 个集团化管理体制、内蒙古和吉林等地的规模较小的属地化行政管理体制。在这期间，农垦以围绕巩固建设大型农产品为中心，培育一批以农产品加工业为主的大型国有农业企业和农业产业化国家重点龙头企业。截至 2011 年底，农垦系统已有 18 家大型企业在国内外资本市场上市，其中有黑龙江北大荒农垦集团总公司、光明食品（集团）有限公司、海南天然橡胶产业集团股份有限公司等 11 家上市公司是农业产业化国家重点龙头企业，在各自所在的行业内有较高的市场影响力。

2.2.6　全面改革阶段（2012 年至今）

十八大以后，农垦事业获得进一步发展。截至 2014 年底，农垦系统拥有国有农场 1786 个，人口 1352 万，粮食播种面积 484 万公顷（占全国的 4.3%），粮食产量达到 34200 吨（占全国的 5.7%），农业现代化综合水平和粮食单位产量分别比全国平均水平高出 25% 和 30%，有 3 个集团化垦区年营业总收入超过 1000 亿元。但同时，仍有部分垦区未完成市场化改革，企业负担沉重，运行效率偏低。2012 年，国务院出台《关于开展国有农场办社会职能改革试点工作的意见》，2013～2015 年的中央一号文件对新时期的农垦改革均有工作部署，尤其是 2015 年末印发的《中共中央、国务院关于进一步推进农垦改革发展的意见》，为新时期农垦农场企业化、垦区集团化、股权多元化改革进一步明确了方向，农垦事业发展将由此翻开新的一页。

2.3　中国农垦的战略地位

2.3.1　农垦是保障粮食安全的国家队

　　农垦是在中国粮食短缺的特定历史条件下，由成建制的专业军人、知识青年在祖国边疆亘古荒原、戈壁滩涂、崇山峻岭垦荒种粮、种棉、植胶建立起来的，它有效地解决了新中国成立初期的粮食、棉花、天然橡胶等战略物资短缺的问题，并在一些大城市郊区创建国营农场，保障城市鸡、鱼、肉、蛋、奶等新鲜农产品的供应。经过长期的开发建设，农垦开垦出相当于一个中等省份的耕地，目前耕地面积接近 1 亿亩，粮食总产量达 3600 万吨，商品率高达 90%；天然橡胶、棉花、牛奶、糖料产量分别占全国的 45.9%、27.3%、11.6% 和 6.3%。北京、天津、上海、重庆、广州等城郊型农垦，为市民提供从田间到餐桌的放心食品，是提供城市生鲜农产品的重要平台。在 1998 年抗洪救灾、2003 年"非典"、2008 年汶川地震等非常时期，农垦都第一时间坚决完成国家指令，积极向灾区提供物资、经费和人力支持，成为国家在关键时刻"抓得住、调得动、用得上、应得急"的可靠力量，真正发挥了保障国家粮食安全和重要农产品供应的国家队作用。

2.3.2　农垦是发展现代农业的领头羊

　　经过长期的发展，农垦培育出以粮食、棉花、天然橡胶、糖业、乳业、种业等为主的一批优势产业，其经营规模、质量效益、管理水平、市场竞争力和行业影响力都处于全国先进水平，农机装备、科技应用和产业化经营水平高于全国平均水平。据测算，农垦目前的农业现代化水平综合评价指数达到 51.9，高出全国24.5%。目前，农垦有 300 多个企业实现了生产经营全程可追溯，500 多个企业实现了生产过程有记录，农垦种植业产品追溯规模达到 600 多万亩，年质量可追溯的农产品达 200 多万吨。农垦通过窗口展示、科技服务、跨区作业和垦地共建等方式，示范带动农村现代农业发展。目前，农垦与当地政府合作创建不同类型现代农业示范区 600 多个，每年为周边农村提供农机作业面积 6000 多万亩，培训新型职业农民 200 多万人次，供应粮食作物种子约占全国的 30%。2014 年，通过代耕代收、土地托管等农业社会化服务，农垦已辐射带动农村集体土地 1.4 亿亩。

2.3.3　农垦是中国境外农业的排头兵

农垦从 20 世纪 50 年代起就承担国家农业援外任务，从 20 世纪 90 年代开始以企业行为探索农业，规模不断扩大，领域不断拓展，形式更加多样。目前已有 23 个垦区在 42 个国家建立了 106 个境外企业和发展项目。2014 年，农垦境外种植面积达到 400 万亩，其中，粮食面积为 300 万亩、产量为 150 万吨；天然橡胶种植面积为 34 万亩，加工能力为 44 万吨。2014 年，农垦出口企业为 199 家，出口额达 196 亿元，农垦境外企业产值达 240 亿元，利润达 17 亿元。农垦境外农业涵盖粮食、油料、糖料、天然橡胶、畜禽等重要产业，经营领域涉及生产、加工和贸易等所有环节，在全球逐步形成内外相连、产销衔接、优势互补、相互促进的一体化产业格局。农垦农业"走出去"整体规模处于国家"排头兵"位置，为我国农业统筹利用国际国内两个市场、两种资源，缓解国内农业资源环境压力，为国家粮食安全再加一道保险积累了宝贵的经验。

2.3.4　农垦是中国安边固疆的稳定器

农垦自创建之初，就承担着开发边疆和少数民族地区的政治任务，发挥着建设边疆、保卫国土、民族融合和维护统一的独特作用。目前，农垦系统共有 288 个边境农场，其覆盖边境线占全国边境线总长的 29%，这些农场大多处于少数民族地区，承担着反恐维稳、禁毒巡逻、对外合作、阻击外来动物疫病和外来生物入侵等任务，是保障国家边境安全、繁荣边境经济、促进民族团结的重要基石。比如，新疆建设兵团在发展农业生产的同时，主动承担起南北疆少数民族地区重点目标、重点区域、重点部位的巡逻任务，维护新疆各族人民群众生命财产安全和社会和谐稳定。

2.4　中国农垦的改革诉求

2.4.1　保障国家粮食安全的需要

我国是有 14 亿人口的发展中大国，粮食需求量大，"解决吃饭问题"始终是国家长治久安的头等大事。"中国人的饭碗任何时候都要牢牢端在自己手上"，必须立足国内基本解决我国人民的"吃饭问题"，确保谷物基本自给，口粮绝对安全。目前，我国粮食总体上是安全的，但也存在诸多隐患。在粮食供给侧，人多地少水缺、耕地细碎化且以丘陵山地为主等实际情况，导致我国农业经营规模化程度低、机械化及科技推广难、生产成本高、比较效益低、农民种粮积极性差。在粮食供应链中，传统储备制度、补贴制度和价格保护导致了国粮入库陈化浪费和境外粮食乘虚而入占领国内消费市场等情况。尤其随着我国农业全面对外开放，美、欧、日国际大粮商长驱直入，参与到包括种子研发、种植、加工、物流、销售等在内的产业链，威胁国家粮食安全。

我国粮食目前是供求紧平衡，调整不好就会失衡。确保粮食安全的任务依然很艰巨，突出表现为国家粮食储备调节手段单一，每年尽管从国外进口的粮食量大，但缺乏市场话语权、粮食定价权和利润分配权。究其原因，主要是我国没有自己的国际大粮商，缺乏有效保障国家粮食安全的市场主体和实施载体。实践证明，突破国际大粮商垄断寡头对跨国粮食贸易的垄断格局，为我国实施粮食安全战略，从而争取主动地位，最有效的办法是培育自己的国际大粮商。农垦拥有大基地、大产业和大企业的独特优势，农业的规模化、机械化、组织化和现代化水平高，作为保障国家粮食安全的"国家队"，始终是国家的可靠力量，无论是在革命战争和改革发展年代，还是在自然灾害时期和抗震救灾等应急时刻，都始终发挥了抓得住、调得动、能应急的"国家队"作用。培育农垦国际大粮商，在充分发挥农垦粮食生产比较优势基础上，不断向粮食仓储、物流运输、加工销售延伸，增强农垦企业全产业链集成水平、运营效率和市场竞争力，可有效应对欧美和日本国际大粮商对我国粮食安全的威胁，保障国家粮食安全。

2.4.2 中国现代农业发展的需要

以家庭承包经营为基础、统分结合的双层经营体制极大地解放和发展了我国农村农业生产力，但同时也带来农户土地碎片化、经营规模小、农机动力和农技服务的接入成本高等问题，导致我国农业长期处于小农经济状态，发展方式落后，效益低下，加之工业化和城镇化对农村优质劳动力的大量吸纳，农业副业化、农民老龄化和农村空心化问题日益显现，一些地方甚至出现土地撂荒现象。国家鼓励农村土地通过"转包、出租、互换、转让及入股"等方式向规模化农业经营主体流转集中，但经营者流转到规模化土地后真正从事粮食生产或农业经营的并不多，有的甚至将流转到的土地用来发展非农产业，一旦经营失败后土地又无法复耕，既影响国家粮食安全，又损害农民利益。

由此看来，中国的农业现代化，迫切需要掌握现代农业技术、专注于农业生产经营的可靠农业经营主体来示范和带动。农垦拥有高水平的农业生产力，经营体制呈现出"新型"和"现代"的特征，特别是在科技成果推广应用、农业机械化水平和产业化经营等方面始终走在全国前列，代表着现代农业的未来发展方向。农垦既可以做给农民看，也可以带着农民干，在农业现代化中发挥着重要的辐射引领和示范带动作用。在我国经营自家承包地的普通农户仍占大多数的状况下，农垦通过窗口展示、科技服务、跨区作业、土地托管、代工代销、投资入股、经垦地共建等方式做大做强农垦农业社会化服务业，示范带动农村新型经营主体和小规模农户发展。并且，农垦流转农民不愿耕种的土地不仅不会造成非农化、非粮化，而且可以严防死守耕地红线，提高农业综合生产能力和产业化经营水平，增强粮食的国家掌控能力。

2.4.3　农垦企业生存发展的需要

经过多年的发展，全国农垦系统已拥有数量庞大的国有资产和国有企业，是国有农业经济的集中体现和骨干力量。但农垦系统仍然存在企业多、规模小、同业竞争严重、产权结构单一、权属不够清晰、权责不够明确、经营机制僵化、市场化水平低下等问题。我国加入 WTO 后，国内粮食市场已经完全国际化，国际粮商已在我国粮食市场抢滩布点，农垦企业要生存和发展，必须与国际粮商有同台竞争的能力，这就要求农垦企业必须以国际粮商为标杆加快发展，培育具有市场竞争力的农垦国际大粮商，这既是发挥农垦国有农业企业作用的重要途径，也是满足服务于国家粮食安全战略的需要，更是农垦企业适应国际、国内市场竞争以增强自身生存发展的必然要求。

农垦企业应当按照现代企业制度和新时期国有企业改革要求，实施农场企业化、垦区集团化和股权多元化，以消费需求为导向做大做强农垦企业。按照农产品质量安全要求，构建从田间到餐桌的一、二、三产业融合发展的全产业链，促进农业生产和加工流通、贸易营销等环节有效衔接，占领农业全产业链微笑曲线两端和价值链高端。充分利用国际国内两个市场、两种资源，到世界主要粮食产区布局仓储物流设施，直接参与世界粮食市场竞争，从源头上打破欧美和日本等国际大粮商垄断控制国际粮价的被动局面，防止国际粮价大起大落冲击国内粮食生产和农民增收，同时承担起中国作为最大发展中国家维护世界粮食市场稳定的国际责任。

第 3 章　国际大粮商的成长理论

3.1　粮食安全理论

粮食安全概念的提出始于 20 世纪 70 年代，当时因气候灾害导致全球谷物减产，全球粮食库存锐减，粮价猛涨，一些贫困国家发生饥荒，饿死的人口急剧上升。面对严重的粮食危机，1974 年，世界粮食大会通过了《世界消除饥饿和营养不良宣言》，把消灭饥饿列为世界各国，特别是发达国家和有援助能力国家的共同责任。与此同时，联合国粮农组织理事会也通过了《世界粮食安全国际约定》，要求世界各国采纳并实施保证谷物库存量最低安全水平的政策，督促有关国家稳定地扩大粮商生产并维护粮价稳定。在此背景下，联合国粮农组织首次将粮食安全定义为"保证任何人在任何地方都能得到为了生存和健康所需要的足够食品"，于 1983 年重新定义为"粮食安全的最终目标是确保所有的人在任何时候既能买到又能买得起他们所需要的基本食品"，在 1996 年进一步表述为"只有当所有人在任何时候都能够在物质上和经济上获得足够、安全和富有营养的粮食，来满足其积极和健康生活的膳食需要及食物喜好时才实现了粮食安全"。由此可见，粮食安全是一个动态概念，其内涵和要求随着经济社会发展不断地得以丰富和提高。早期的粮食安全概念只追求数量上满足解决饥饿的需求，而今的粮食安全概念强调数量、质量和经济性同时满足人类食物需求，不仅要满足人们吃饱的要求，还要满足优质、无污染、有营养的条件，满足人们积极、健康生活的膳食需要和食物喜好。

粮食安全的核心问题是粮食供给与需求平衡，并使交易维持在合理价格水平。但无论是世界范围，还是一个国家、一个地区，粮食生产与消费分布往往不均。并且，由于粮食是人类生活无可替代的必需品，粮食安全的主动权往往掌握在供给侧，如美国前国务卿基辛格所言"如果你控制了粮食，就控制了人类"。从世界范围来看，美洲和东南亚国家的粮食有富余，尤其是美国，作为世界上粮食盛产大国和最发达的强国，对世界粮食安全的影响很大。在美国政要眼里，"粮食是一种手段，是美国外交谈判中的一种武器"，所以美国的农业政策往往是通过高额的农业补贴向海外市场倾销农产品，把粮食援助或商业出口作为一种筹码，以换取别国在贸易和政治上的让步，从而获取美国所需要的矿物资源和能源，向有支付能力的国家索要较高的粮食出口价格以增加国家收入，引导其他国家在联合国跟随美国表态等。由此可见，粮食安全不单是产业安全，它还涉及政治、外交等国家主权安全，从而使其具有高度的复杂性。我国作为拥有 14 亿人口的发展中大国，每年自产 6 亿吨粮食可满足国内基本需求，但还要从国际市场进口 1 亿吨左右的粮食以丰富国内粮食品类和填补缺口，因此政府一向高度重视粮食安全问题，确立"以我为主、立足国内、确保产能、适度进口、科技支撑"的国家粮食安全战略，树立"中国人的饭碗主要装中国粮"、"立足国内基本解决我国人民吃饭问题"、"确保谷物基本自给，口粮绝对安全"、"靠别人解决吃饭问题是靠不住的"国家粮食安全底线思维，确保"中国人的饭碗任何时候都要牢牢端在自己手上"；同时，我国还要承担起发展中大国的责任，到世界主要粮食富余产区布局仓储物流，直接参与世界粮食市场竞争，为维护世界粮食供需平衡和价格稳定发挥积极作用。

3.2 产业组织理论

产业组织理论研究不完全竞争条件下的企业行为和组织结构。马歇尔(Alfred Marshall)较早注意到企业在成本递减的条件下有扩大经营规模的冲动，带来生产集中和市场垄断损害效率，导致追求规模经济效应与垄断抑制竞争活力相互矛盾，即"马歇尔冲突"理论悖论，它较早揭示出竞争活力与规模经济性两者的关系，成为现代产业组织理论所要讨论的核心问题。张伯伦、罗宾逊、克拉克及鲍莫尔等围绕着马歇尔冲突进行了充分的理论论证，指出原先厂商的超额利润会吸引拥有多样化竞争手段的新厂商进入，直到超额利润消失，厂商进出达到新的动态平衡。在吸收和继承马歇尔的完全竞争理论、张伯伦的垄断竞争理论和克拉克的有效竞争理论的基础上，贝恩创立了 SCP(structure conduct performance)范式分析，发现企业一旦在规模经济的基础上形成垄断，就会充分利用其垄断地位与其他垄断者共谋限制产出和提高价格以获得超额利润，并通过产业链整合构筑进入壁垒力以求超额利润长期化。所谓产业链是指企业内部和企业间为生产最终交易的产品或服务所经历的增加价值的活动过程，涵盖产品在创造过程中所经历的从原材料到最终消费品的所有阶段。

产业组织理论认为，企业通过纵向整合抵消来自供方和买方的砍价实力，提高该行业的进入壁垒和移动壁垒，可以有效获得战略竞争优势；同时，由于分散在产业链条上的企业存在双重加价的价格扭曲，导致整个产业链的利润低于一体化时的利润，所以企业有动力通过纵向合并将外部性内部化，实现产业链的利润最大化。产业链整合的结果是一个行业往往被少数几个卖方主导，它们之间形成既垄断又竞争的寡头垄断关系，相互间采取策略性博弈行为，协调各自的行动，从而达到具有相对稳定性的纳什均衡状态，进而在资金筹集、规模效益、品牌优势、风险防范以及技术创新等方面表现出更高的效率，呈现出资本主义经济从自由资本主义到垄断资本主义，从私人垄断到国家垄断、国际垄断的特征。从实践上看，"一个企业通过兼并其竞争对手的途径发展成巨型企业，已是现代经济史上一个突出的现象"，比如，全球十余家大型钢铁企业占据全球钢产量的 2/3 左右，全球十大化学公司垄断了全球 90%以上的市场，欧美和日本为数不多的几大汽车厂商的市场占有率超过全球 90%以上。在农业领域，如孟山都、杜邦、先正达、利马格兰集团四大种业公司占据全球种业市场份额的 50％以上，德国拜耳、瑞士先正达、德国 BASF、美国陶氏益农四家跨国公司占全球农化销售市场份额约 60％。

3.3　企业成长理论

企业成长问题一直受到理论界的广泛重视。以亚当·斯密为代表的古典经济学派认为分工可实现更高的产量与更低的成本，企业作为追求规模经济的分工组织，企业成长与规模化程度正相关。不过，马歇尔认为企业规模扩大会导致灵活经营的市场适应能力和竞争力下降，成长的负面效应最终会超过正面效应，使企业失去增长势头。斯蒂格勒认为，产业初期的企业成长主要通过内部分工实现自身"全能"扩张，以应对市场规模小的问题，随着产业和市场的扩大，企业逐步转向专业化经营规模。新古典经济学把企业视为一个生产函数"黑箱"，认为企业是土地、资本和劳动力成长的同质化市场组织，企业的成长是企业实现增加产量到边际成本等于边际收益的最优规模水平的过程，企业成长的动力源于规模经济，所以企业追求扩张经营规模，企业成长取决于企业所处的外部环境，如果企业面临的成本或需求曲线发生变动，企业就会调整规模。成本变化通常来自技术变革或要素价格变化，需求变化则主要来自收入变化或偏好变化。新制度经济学鼻祖科斯认为企业成长的动因在于节约市场交易费用，企业通过纵向或横向合并把市场交易成本较高的业务环节内化到企业，从而实现企业规模的扩大，但同时企业内部的管理费用随着企业规模扩大也会增加，所以，企业规模的扩大止于市场边际交易费用等于企业边际管理费用时期(杨小凯，1994)。市场交易水平或企业管理水平的变动易引起企业经营规模动态调整。制度变迁理论代表钱德勒认为企业成长的重要动力是所有权与经营权的分离及企业内部组织结构的变革。随着企业规模扩大，内部管理工作增加并日益复杂化，企业往往会横向增设管理部分、纵向增加管理层级。不过，随着互联网思维及技术的深刻运用，企业内部组织结构有去中心化、层级化的扁平化变革趋势。现代管理学派代表潘罗斯认为企业的成长是基于"企业资源–企业能力–企业成长"的内生成长，企业拥有的资源状况决定企业能力，企业能力的关键是管理能力，管理能力影响企业资源利用水平，进而影响企业成长速度(Perbrose，1995)。不同企业对土地、资本和劳动力的获取能力不同；资源禀赋相同而企业能力不同的企业成长表现也不相同，产生所谓的"潘罗斯效应"。由此可见，企业成长是企业在一定环境中不断壮大的动态演化过程，是企业外延规模扩大与内涵质量提升的统一。

企业成长通常包括内部成长、外部并购和网络化成长三种基本路径(罗翔等，2016)。内部成长是指企业依靠自我积累的规模扩张和产业链延伸。外部并购指企业通过参股、控股和收购的形式将外部企业内化到本企业。网络化成长是指企业通过结盟的形式，将外部关联企业集成到本企业所在产业链上。根据潘罗斯的企业能力理论，在把资源转化为产品和服务过程中的一系列生产，可以在一个企业的内部纵向一体化中完成，也可以由分散在产业链上的各个环节的企业独立完成。然而，在多数情况下，最终产品的生产会超出单个企业的能力和资源，为了获取更高的竞争优势，企业必须将企业内部成长和外部并购、网络化成长等方式组合起来，以便能够最大限度满足市场需要，确保企业盈利。从农业领域来看，涉农企业由于在对自然资源的依赖性和追求规模效应等方面更为突出，农业全产业链纵向一体整合更为必要。近年来，农业经营全球化全产业链态势日益明显，国际大粮商均在全球范围内垂直整合产业链，打造一体化的农业全产业链。在上游，国际大米良商通过控制种子、化肥等生产资料，从而控制原料来源；在中游，通过掌握加工技术和装备，不断提升科技支撑力；在下游，通过掌控物流体系和终端销售，从而增强市场竞争力(Churchill et al.，1983)。当前经济全球化为以"ABCD"为首的国际大粮商在全球范围内进行产业链上下游整合提供了便利。应对这些跨国大粮商对我国粮食安全的威胁，从理论上和实践上均需要加快培育壮大可与"ABCD"国际大粮商抗衡的中国国际大粮商，进行全产业链整合与运营，保障国家粮食安全。

第4章 国际大粮商成长的规律

4.1 欧美国际大粮商成长的经验

4.1.1 阿彻丹尼尔斯米德兰公司(ADM 公司)

ADM 公司前身是 1905 年在美国伊利诺伊州狄克多市成立的 Archer Daniels 公司。1923 年,Archer Daniels 公司并购米兰亚麻籽产物公司,更名为 Archer Daniels Midland,ADM 公司由此诞生。ADM 公司于 20 世纪 70 年代开始向海外扩张,1983 年在香港设立亚太分公司,1986 年开始向欧洲扩张,如在荷兰和德国进行并购,2000 年正式进入中国大陆。ADM 公司是全球最大的大豆、谷物、小麦和可可加工企业,在豆粉、油脂、乙醇、谷类甜味剂和面粉生产方面的领先地位突出,在全球专业食品添加剂、生物制品和营养品生产经营方面占有重要地位,是全球第一大活化燃油乙醇生产商和第二大赖氨酸生产商。ADM 公司之所以能够迅速成为全球农产品加工龙头企业,关键在于其"以农产品加工为核心,兼具收储、物流、贸易的全产业链闭环"模式。ADM 公司将自己定位于产业链的采购、存储、加工和销售环节,是农户和全球消费者之间的连接者。该公司首先在加工环节建立核心能力,以收储、物流和贸易为支撑,最终建立起竞争优势和协同效应,达到对整条产业链的整体控制。ADM 公司具有强大的农产品加工能力,在初加工业务中追求规模和低成本战略的同时,在深加工业务中为客户提供各类解决方案,实现差异化。目前,ADM 公司已在超过 140 个国家拥有 470 多个粮食采购地点、280 多个加工厂、40 多所创新研发中心和农作物全球运输网络;在全球拥有 2500 艘驳船、27400 节铁路车皮、600 辆卡车、1300 辆拖车和 52 艘远洋船舶,并构建了全球稳定的贸易联盟。

4.1.2 邦吉公司

1818 年,邦吉公司在荷兰阿姆斯特丹成立,1859 年,总部迁至比利时。该公司早期主要从事海外殖民地香料与橡胶生意。1876 年,邦吉公司开始在美洲发展,在犹太粮食交易商 Alfred Hirsch 加盟后,其业务范围开始扩及粮食、油籽等农作物,于 1999 年将总部迁至美国纽约，2000 年进入中国市场。邦吉公司的业务涵盖化肥、农业、食品业、糖业和生物能源等方面，是巴西最大的谷物出口商，阿根廷第七大谷物出口商，美国第二大豆类出口商、第三大粮商出口商和大豆加工商，全球最大的油料作物加工商和第四大谷物出口商。帮吉公司的成功得益于构建了"农资+农场+终端"全产业链，以市场为导向，注重"从农场到餐桌"的每一个环节，实现主营业务与物流服务协同发展。在产业链上游，公司以巴西为中心开展化肥业务，生产各种肥料、饲料、营养剂、添加剂，向农民提供化肥、种子、农药、农用器械，同时向农户推广现代农业科技技术，提供农业生产技术支持。在产业链中游，公司收购农产品并进行深加工；同时，在南美经营大规模农场，种植小麦等初级农产品，控制农产品原料，谋求可持续发展。在产业链终端，该公司构建物流网络，在主要城市兴建港口，成立全球营销部门，把加工的食品向全世界销售。

4.1.3　嘉吉公司

　　嘉吉公司于 1865 年在美国艾奥瓦创立，1875 年将总部迁至明尼阿波利斯，业务区域横跨五大洲及 66 个国家，1971 年进入中国，目前在中国投资成立有 34 家独资和合资企业，在华员工超过 5000 人。嘉吉公司是世界排名第一的粮食输出商和交易商，是美国最大的玉米饲料制造商，第三大面粉加工企业和屠宰、肉类包装加工厂，拥有美国最大规模的猪和禽类养殖场，是法国第三大粮商输出商，业务覆盖食品配料、动物营养、金融服务、能源、运输及工业贸易等领域。嘉吉公司之所以成为全球最大的粮食贸易与加工商，在于其构建农业全产业链的同时，辅以完善的物流网络和庞大的运载能力，以及严密的金融和风险管理体系，打造"农业一体化+物流+金融风险管理"的纵、横全产业发展模式，并实现各条产业链从原材料供给到销售的纵向一体化经营，通过对农业上游-中游-下游和经营环节的全面把控来增强垄断势力，减少公司利润向外流。嘉吉公司拥有十分完善的物流网络和庞大的运载能力，拥有 400 条平底运粮拖船和 2000 辆大货柜车，位于日内瓦的欧洲大宗商品交易中心负责管理超过 30 个大宗商品交易的供应链。嘉吉公司拥有数千人的专业风险管理团队对公司日常运营和突发事件风险进行实时控制，还建有 100 多亿美元资产的避险基金和四大金融分支机构为客户提供金融服务，保证公司始终有充裕的资金高效运转。

4.1.4　路易·达孚公司

　　路易·达孚公司于 1851 年在法国巴黎成立，早期主要从事谷物贸易，后来逐步涉足油料、饲料、大米、小麦、棉花的贸易、加工与分销，以及金融和航运，业务空间从早期的西欧与黑海沿岸地区扩展到亚洲、非洲、北美洲和拉丁美洲，并在 20 世纪 60 年开始进入我国开展农产品进出口贸易。该公司已是世界第三、法国第一的粮食输出商，世界粮食输往俄罗斯的第一出口商，是世界最大的棉花贸易商、全球三大食糖贸易商和柑橘供应商之一。公司的核心要素在于其构建的"农产品+金融+物流"一体化平台，该平台以农产品全产业链为主体，金融服务和物流服务为两翼，形成"一体两翼"的发展格局。农产品产业链以贸易为基点，沿着上游种植、中游研发与下游销售发展，农产品种类齐全、地域范围广泛。公司擅长用期权和期货进行风险管理，执行严格的套期保值管理制度，锁定公司经营风险，维持利润稳定，旗下的路易·达孚银行是法国第五大银行。该公司是全球散货以及物流方面的领导者，是全球最大的租船实体之一，已建起发达而成熟的物流体系为其全球商品贸易提供支持，尤其是海运体系，可以面向全球提供从农场到工厂再到销售终端的服务。

4.2　日本国际大粮商成长的经验

4.2.1　日本全农公司

1970 年，日本全农公司通过参股密苏里州圣路易斯的 CGB 公司涉足国际粮商业务。目前，CGB 公司在全球拥有 95 个分支机构，超过 1500 名员工，主要向规模化家庭农场提供金融和风险管理服务，从事购买、存储、销售和运输农作物等业务，是美国粮食内河航运市场份额最大的公司。全农公司在美国还设立了全农谷物公司，在美国西海岸与美国最大农业合作组织 CHS 合作建立了一套谷物采购和出口系统。依靠日本政府的财政贴息支持，全农公司在美国发展的同时，还与阿根廷玉米、大麦和高粱的主要供应商 ACA 公司，与巴西大豆和玉米的主要供应商 COAMO 公司，与澳大利亚大麦、小麦、高粱和牧草的主要供应商 CBH 公司，与欧洲玉米、大麦、小麦和甜菜的主要供应商 INVIVO 公司建立了海外合作关系。目前，全农在美国以及世界粮食主产区南美洲、欧洲、澳洲都建立了自己的粮食收购和仓储物流体系，实现全球范围内粮食由主产区向主销区跨国流动，全农公司每年实现船运玉米、大豆和小麦等主要农产品 1200 多万吨，每年出口玉米、大豆和高粱 1100 多万吨，是我国同类粮食出口量的 20 倍。

4.2.2　日本丸红公司

1858 年创立的日本丸红公司，早期主要从事日本国内外商品进出口贸易、国际商品技术服务贸易。1978 年，丸红公司在美国波特兰成立哥伦比亚谷物公司，建造出口码头、仓库和火车卸货场，通过铁路从美国中西部粮食主产区向日本国内进口小麦。此后，丸红公司通过收购美国 FGDI 公司，将粮食收购业务拓展到美国东部的大豆、玉米主产区。2008 年，丸红收购美国 AGP Grain 公司的粮库资产，获得位于美国中北部的北达科他州及明尼苏达州的筒仓和农资储存仓库，强化了公司在美国中北部的北达科他州、明尼苏达州的采购能力及影响力。2009 年，丸红公司还与中储粮油脂公司签署合作意向书，并先后与巴西粮商 AMAGGI、阿根廷粮商 Molino Cañuelas 签署合作协议。其中，AMAGGI 公司不但拥有从农户处直接购买的渠道，还拥有 320 万亩的非转基因大豆农场；Molino Cañuelas 公司在阿根廷与一万多家农庄有业务关系，年收购谷物占阿根廷交易量的 8%。通过与这两家公司合作，丸红公司年大豆调配量增加了 150 多万吨。2012 年，丸红又收购美国 Gavilon 公司，在全美新增谷物收购点 130 多个，并同时获得该公司在巴西、澳大利亚、乌克兰等国的主要谷物产地配备的基地，进一步扩充丸红公司的全球谷物生产地采购网和消费国贩卖网。目前，丸红公司在世界 74 个国家建立了 126 个海外分支机构和 459 家投资企业，年经销谷物 2500 多万吨，高居日本综合商社之首。

4.3　中国培育大型农业企业集团的案例

4.3.1　中粮集团

中粮集团成立于 1949 年，经过长期的努力，已从最初的粮油食品贸易公司发展成为中国领先的农产品、食品领域多元化产品和服务供应商。中粮集团从粮油食品贸易和加工起步，打造从田间到餐桌的全产业链粮油食品企业，产业链条不断延伸至种植、养殖、物流储运、食品原料加工、生物质能源、品牌食品生产销售以及地产酒店、金融服务等领域，旗下拥有中国食品有限公司、中国粮油控股有限公司、内蒙古蒙牛乳业(集团)股份有限公司、中粮包装控股有限公司、中粮屯河股份有限公司、中粮地产(集团)股份有限公司和中粮生物化学(安徽)股份有限公司等七家上市公司。2014 年，中粮集团收购全球农产品及大宗商品贸易集团 Nidera 共 51%的股权，加快了企业从粮食央企发展成为全球粮油跨国集团的步伐。目前，中粮集团在国内拥有 180 多家工厂、230 多万家遍布近 1000 个大中城市及十几万个县(乡)村的终端售点，在 140 多个国家和地区有 336 个分支机构，全球仓储能力达 3100 万吨，年粮食经销总量达 1.5 亿吨，年食品加工 8950 多万吨，年港口中转粮油 5400 多万吨。同时，中粮集团还拥有包括种植、采购、仓储、物流和港口在内的全球生产采购平台和贸易网络，并在全球最大的粮食产地南美、黑海等国家及地区和拥有全球最大粮商需求增量的亚洲新兴市场间建立起稳定的粮食走廊。中粮集团是世界 500 强企业之一，居中国食品工业百强之首。

4.3.2　光明食品

　　光明食品成立于 2006 年，由上海农垦的上海农工商(集团)有限公司、上海益民食品一厂(集团)有限公司、上海市糖业烟酒(集团)有限公司、锦江国际(集团)有限公司的相关资产集中组建而成的"从田间到餐桌"的全产业链综合食品集团，形成覆盖上游原料资源农业、中游食品生产加工制造业、下游流通渠道连锁商贸业的一、二、三产业融合发展大格局，农业主要涉足奶牛养殖、生猪饲养、大米产业、蔬果和花卉产业，食品制造业主要涉足乳制品、糖、酒、休闲食品和罐头食品加工销售，在商贸流通方面拥有自己掌控的连锁销售网点 4000 多家，以及多家电子商务公司和品牌食品销售企业。该公司以现代农业、食品制造业和连锁商贸为核心，立足上海、面向国际国内两个市场进行内涵有机增长和外延并购扩张。光明食品公司于 2010 年收购了在新西兰拥有丰富乳业资源的新莱特乳业公司，并于 2013 年在新西兰成功上市，2011 年收购了澳大利亚领先的食品分销企业玛纳森公司，2012年收购了世界知名的法国波尔多葡萄酒公司，2012 年收购了在英国具有 80 年悠久历史、拥有行业领先品牌、知名的产品和优秀的生产管理技术，为英国皇室提供麦片制品的英国早餐谷物类食品制造企业维多麦公司，2014 年收购了在香港进口牛肉规模较大的万安集团，2014 年收购世界知名的橄榄油品牌生产企业 Salov 集团。目前，光明食品集团已与 160 多个国家和地区的上万家客户建有稳定的贸易关系，拥有光明乳业股份有限公司、上海金枫酒业股份有限公司、上海梅林正广和股份有限公司、上海海博股份有公限公司和新西兰新莱特乳业公司五家境内外上市公司，2014 年营业收入已达到 1200 多亿元，被美国《福布斯》杂志称为 2015 最值得关注登上国际舞台的十大中国公司之一。

4.3.3　象屿股份

　　象屿股份于 2011 年借壳夏新电子重组上市，主要从事化工产品、金属材料和农副产品的商贸流通。公司于 2013 年持股 80%合资设立象屿农产公司，开始介入粮食流通领域，并于 2014 年通过增发的形式募集资金，收购了黑龙江穆氏家族以玉米种植、流通为主的相关资产，从而将粮食流通业务作为大宗供应链旗下的核心发力点，在松嫩平原、三江平原构建起三级粮食收购网络，覆盖粮源 5100多万吨，逐步形成"种植+流通+贸易"的全国性粮商雏形。该公司致力发展成为立足粮食上游核心产区、下游主要销区，拥有综合化种植服务能力、网络化仓储物流服务能力、多元化采购和分销能力的粮食供应链综合服务商。公司通过订单收购，在黑龙江、吉林、内蒙古 3 省区 6 个地市的 20 个县与上游种粮大户开展合作种植，提供包括供应链金融、农资集采、测土配方施肥、农业保险等在内的综合服务。公司从农户收购粮食后进行筛选、烘干和储运，用于国家收储、向下游客户分销以及深加工。目前，公司粮食综合仓储能力达到 1000 万吨，辐射周边粮源 4000 多万吨；与大连港、北良港、营口港合作，共有 992 节铁路槽车运输粮食，其中自购 500 节，铁路车皮辐射范围达东北三省；拥有可调配港口槽车 2000 多节，铁路年运输能力达到 500 万吨；拥有运输车辆达 100 多辆，并可调配周边 1000 多部车源，公路年运输能力 500 多万吨。公司目前已在厦门、福州、天津、上海、广州等主要粮食主销区实现网络布局，并在大连成立了粮食交易平台，充分利用其地域优势和枢纽地位，形成"北粮南运"的多元化粮食采购与分销服务平台。

4.4　国际大粮商成长的一般规律

从欧美和日本国际大粮商和我国部分涉农大企业的成长经历可以看出，国际大粮商的成长是一种复杂的社会经济现象，受到众多因素影响，有来自政治、经济、文化、技术、社会等外部环境因素，也有来自企业家、资源、技术、资本、品牌等多种内部环境因素。在不同的环境下，国际大粮商的成长路径不同。即便如此，国际大粮商的成长都最终表现为业务范围由初始业务逐步向全产业链和多元化方向拓展，市场半径逐步由区域市场向跨区市场、全国市场、跨国市场和全球市场拓展，由此可以构建起国际大粮商的成长模型(图 4-1)，归纳总结出国际大粮商成长的基本特征。

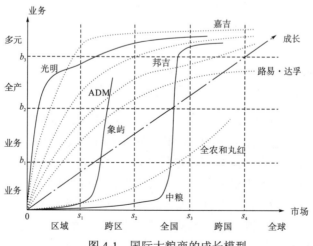

图 4-1　国际大粮商的成长模型

4.4.1　全球范围全产业链布局

国际大粮商普遍从产业下游利润较高的贸易、储运、加工等环节，逐渐向上游的产业链条扩展，建立了强大的物流系统，面向全球提供从种植到加工再到销售的服务，构建起"从种子到餐桌"全产业链，对全球农业资源与市场进行协同控制，从中攫取超额利润，实现整个企业集团利润最大化。如 ADM 公司在全球 140 多个国家和地区、路易·达孚公司在全球 100 多个国家和地区、全农和丸红公司在全球 70 多个国家和地区、嘉吉公司在全球 60 多个国家和地区，广泛开展全产业链经营，通过全球化的布局和资源配置，有效协调控制各地资源和市场，增强行业垄断和控制力量。

4.4.2　业务关联性多元化发展

国际大粮商的业务范围往往不只是粮食产业，还涉及其他重要农产品和涉农产业，如物流运输、技术咨询、金融服务等高端产业。邦吉公司的经营业务涵盖粮食和油料农产品加工贸易、食品加工和零售等领域的同时，还是南美洲最大化肥制造商。嘉吉公司除粮食产业外，还涉及农化、金融和食品等行业。实践表明，国际粮商不断抓住商机，突破粮食与农业范畴，向金融、食品等多领域拓展业务体系，积极发展收益率高、成长空间大的高端产业，强化业务间融合，不断拓展价值空间，提升产业链价值，提高综合防范风险能力。

4.4.3　集团化多形式全球扩张

兼并、重组是国际大粮商资本扩张和资源整合的基本手段，通过横向和纵向的资本扩张，快速进入和控制产业链关键节点，控制供应链上、下游核心企业，从而实现对农产品生产、加工、流通、贸易和销售的全过程控制和各环节利润分配。国际粮商除了采取资本紧密型合作，还往往采取联盟合作的方式进入新领域，以提升核心竞争力，如嘉吉、邦吉和 ADM 公司分别与杜邦公司合作种植高含油性状的大豆产品，嘉吉与孟山都、先正达、杜邦等公司达成战略联盟并收购 Climate 公司，构建了从农资研发到农产品加工销售全产业链综合化、一体化产业体系。

4.4.4　金融服务配合业务扩张

金融服务是国际大粮商控制产业链、强化风险管理的重要手段。ADM 公司与邦吉公司通过上市获得了充裕资金，其中，ADM 旗下有 4 家金融企业为粮商业务提供期货投资、风险管理和交易咨询等服务。嘉吉公司与路易·达孚公司围绕"金融+农业"搭建信托、银行、期货、投资咨询金融体系，为业务拓展提供强大的资本和信息支持，其中路易·达孚公司建有完善的期货交易机制，在利用金融市场控制农产品现货市场方面具有领先优势，在市场风险管理方面拥有全面、完善的管理与决策机制。国际大粮商普遍将金融嵌入到产业链，强化与利益相关者的合作关系，形成稳定牢靠的竞争优势。

4.4.5　科技创新提升竞争能力

专利技术是国际大粮商控制产业高端、获取垄断优势的重要手段。国际大粮商普遍在研发上有大规模投入，建立遍布全球的专利技术，构筑有效技术知识壁垒，使后来者无力超越，为其发展提供了有效的技术支撑和永续的竞争优势。ADM 公司在世界多国拥有研究基地，在生物能源、加工模型、动物营养等多领域开展持续的研发活动；邦吉公司在食物营养等方面拥有强大的创新团队，在食用油制造、生物燃料等方面不断推出创新产品；嘉吉公司在全球设有 200 多个研究机构，围绕食品配料、动物营养、鱼类饲养、生物工业、生物燃料等开展研究，在全球拥有超过 1900 项专利。

4.4.6　本土化融入当地社会

国际大粮商普遍通过公益活动和人才本土化、管理属地化融入当地经济社会与文化环境，将企业价值理念与当地文化风俗有机融合，以获得当地对企业的价值认同和发展支持。如 ADM 公司设立了 ADM 关爱基金，投资支持当地生态农业，改善社区生活，开展志愿者活动；邦吉公司在巴西、阿根廷、北美洲、亚洲和欧洲等地援助非政府组织、慈善机构和学校，改善当地社区生活；嘉吉公司积极与所在国的环境保护、食品安全、粮食安全、农村发展、社区工作和教育等组织开展合作；路易·达孚公司在南美洲长期致力于生产安全、工业健康与节能减排，支持非政府组织和社区慈善活动，支持贫困儿童和青年的教育。

第5章 培育农垦国际大粮商的路径选择

5.1 农垦国际大粮商的内涵界定

立足中国国情和农垦具体情况，借鉴国外大的粮商成长经验，遵循世界粮食生产供应与国际贸易全球化竞争格局变动趋势，农垦国际大粮商应当是拥有自己大基地的生产商、保障国内市场稳定的供应商、带动农民走向市场的农业产业化龙头企业、主动参与全球农业合作与国际贸易的市场竞争主体，承担行使国内粮食与主要农产品供求调控与市场稳定的国家职责，并为维护世界粮食市场稳定发挥积极作用的国际化农业企业集团。在纵向上，农垦国际大粮商要打造一、二、三产业融合发展、质量全程可追溯的全产业链，培育农垦企业的市场竞争力，形成全国各集团化垦区、国有农场、新型农业经营主体和传统农户的一体化发展格局，形成对农业战略产业的掌控能力。在横向上，农垦国际大粮商要在垦区间、垦地形成紧密连接的混合所有制大企业，放大农垦国有经济的影响力和控制力。

农垦国际大粮商应当具有鲜明的中国特色。①生产与供应并重全产业链经营。全国农垦自有耕地1亿多亩，辐射带动垦区周边耕地1亿多亩，每年提供1000多亿斤商品粮，是保障国家粮食安全的基础力量。同时，农垦国际大粮商还是保障国内市场调控的供应商，有完整的仓储、物流、贸易体系和供应网络，可确保国内主要大中城市粮食和农产品供应充足、价格稳定和质量安全。②以国内市场为主全球化布局。拥有14亿人口的中国是世界粮食消费需求的主战场，自然也是农垦国际大粮商粮食供应的主战场，"以我为主、立足国内、确保产能、适度进口、科技支撑"的国家粮食安全方式也要求农垦国际大粮商立足国内，带动农民发展粮食生产增收致富。同时，农垦国际大粮商还应主动到世界主要粮食产区布局仓储物流设施，直接参与世界粮食市场竞争，从源头上打破发达国家国际大粮商对世界粮源和价格的垄断，在国际上代表发展中国家，进行粮食资源开发，为世界粮食安全作出应有的贡献，提升我国的国际地位。③以粮食产业为主多元化发展。农垦国际大粮商以粮食，特别是谷物为核心和根本，同时还包括棉、油、糖、橡胶、奶业、种业等国家"大食物"战略产业以及与产业配套的仓储物流、农业金融等现代服务业，构筑安全可靠的国家农业战略产业安全体系。④以资本为纽带网络化成长。农垦国际大粮商不是单一的大型企业，而是以资本为纽带，

通过产业化、股份化、集团化、一体化，在垦区间进行上下联合、左右联合，及
垦地联合组成企业集群联合舰队。⑤肩负保障国家粮食安全和农民利益的双重使
命。农垦国际大粮商是国有控股农业企业集团和企业集群，在宏观调控上，应把
主动执行国家保障粮食安全的政策放在首位，在追求自身商业可持续发展的同时，
统筹兼顾产业链各个环节的利润分配，通过现代农业示范引领农民闯市场，保护
和增加农民的物质利益。

5.2　农垦国际大粮商的成长环境

本书运用迈克尔·波特（Michael Porter）五力模型分析农垦国际大粮商成长中
面临的同业竞争者、潜在进入者、上游供应者、下游需求者及产品替代者，并通
过 SWOT 分析农垦国际大粮商成长的竞争环境（表 5-1）。

表 5-1　农垦培育国际大粮商的 SWOT 分析

优势（Strength）	农垦粮食生产的组织化和现代化水平较高，有稳定、可靠和可观的粮源基础，有全产业链运作的成熟经验，有 14 亿人口的国内消费需求
劣势（Weakness）	农垦企业主要分散在中间环节生产领域，处于价值链微笑曲线前端的种业优势不明显，而后端的仓储物流、加工销售和金融服务力量薄弱
机遇（Opportunity）	国家重视农垦发挥保障国家粮食安全的"国家队"作用，对新时期深化农垦改革、打造国际大粮商进行了顶层设计，并提供"一揽子"政策支持
威胁（Threat）	欧美和日本国际大粮商的寡头垄断；农垦自身对食品安全、仓储物流和农产品期货等短板补齐不及时；作为国有企业，市场竞争反应迟钝

5.2.1　同业竞争者

随着我国农业全方位、多层次、宽领域的对外开放，实力雄厚的欧美和日本
国际大粮商凭借资金优势、技术优势、品牌优势、规模优势和国际市场运作经验，
一方面，通过进入我国投资建厂直接从事粮食收储经营，布局粮食仓储、物流、
加工、销售环节，弱化、排挤和压制国内粮食企业，另一方面，通过参股、控股
国内成长性粮食龙头企业，将中国的粮食产业纳入其全球粮食供应链，垄断国内
的粮食供应和价格，企图掌控我国粮食定价权和话语权。国内成长起来的部分农
业产业化龙头企业也对农垦打造国际大粮商形成竞争。

5.2.2　潜在进入者

随着国家不断释放保障粮食安全的政策红利，社会日益调高粮食产业美好前

景的预期，一些国有控股或民营食品加工、仓储物流企业开始涉足国内粮食仓储、物流、加工和销售业务，加快发展成国内乃至国际农业大企业。它们虽然不像中国农垦拥有大规模的自有粮源，但在粮食仓储物流、渠道建设、品牌销售和商业化运作能力方面却有明显的优势，它们与农垦都是保障我国粮食安全的中坚力量，是农垦国际大粮商可以积极争取开展务实合作的对象。

5.2.3　上游供应者

农垦国际大粮商实施全产业链经营，它除了利用国有农场和流转周边农户不愿耕种的土地生产粮食以外，还通过仓储物流收储周边家庭农场、种粮大户、合作社及农户生产的粮食，因此，无论是土地还是粮食，农垦都能比较容易获得。同时，为从源头上打破欧美和日本国际大粮商对全球粮食价格和供应的垄断，农垦也需要到拉美、中亚、东南亚和俄罗斯等一些国外粮食主产区适量收储粮食，由于这些国家与我国有较好的外交关系，因此，农垦也能以较合理的价格获得稳定的优质粮源。

5.2.4　需求与替代

我国有 14 亿人口，决定了粮食产业在我国不仅是战略产业，也是大产业，粮食消费需求旺盛，并且由于农垦产品质量可全程追溯，能较好地满足人们对农产品"安全、健康、营养"的更高要求。此外，粮食不同于工业产品，它有生命特性，不能违背自然规律"拔苗助长"或"主观臆造"，也不能超越科技水平和资源承载扩大产能，是人类生存的必需品和不可替代品。尽管人们饮食结构的变化可能会引起粮食产品结构的此消彼长，但总体上粮食产业不存在替代品威胁，粮食产业是永远的朝阳产业。

5.3　培育农垦国际大粮商的实施路径

5.3.1　打通粮食全产业链做强农垦企业

我国粮食安全的最大隐患在于粮食产业链条断裂，生产与流通、流通与消费、生产与消费脱节，不能像大自然的雨水那样顺畅地汇集成汹涌澎湃的大江大河。在以"ABCD"为首的国际大粮商加速进入我国粮食产业的背景下，农垦仅仅着眼于粮食稳产、增产是远远不够的，必须顺应全球粮食产业发展的产业化、链条化、集团化、集聚化趋势，整合信息流、物流等资源，改变产业节点分散、链条不完整的状态，以农垦系统内的企业为主吸纳社会上有一定产业基础的生产、收储、物流、加工、销售企业，以资本为纽带进行全产业链分工协同、网络化集成和产销对接(图5-1)，增强农垦作为保障粮食安全"国家队"对我国粮食生产、加工、流通、储运、销售等环节的控制力及定价权和话语权，在保障国家粮食数量、质量、生态和产业安全的同时，拓展我国粮食产业链上各市场主体在各环节的利润空间。

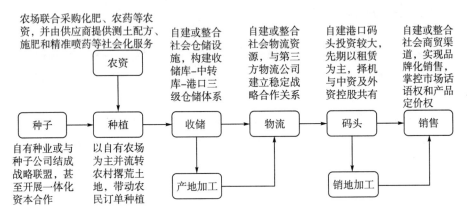

图 5-1　农垦国际大粮商的全产业链运营模式

5.3.2　通过农业产融结合做优农垦企业

现代农业已是重资产行业，产业链规模化、产业化后各业务单元都需要重资产投入，但由于农业的比较效益低、自然风险和市场风险高，以银行抵押贷款为主的传统金融服务对农业的支持明显不足，农业融资难、融资贵等问题长期存在，迫切需要通过产业基金、融资租赁、供应链金融支持农业产业化经营，支持农业经营主体在农机农具、养殖圈舍、种植大棚、仓储设施、冷链物流、食品加工方面进行现代化升级，通过发展灾害保险、价格保险、商品期货与实务期权等金融工具组合，降低农业经营的自然风险和市场风险。鉴于农垦企业可抵押的资产较缺乏，可重点发展农业融资租赁，帮助农垦企业轻资产运营。农产品期货不仅可以为粮食企业制定生产经营决策提供技术准确的信息，还可以规避市场风险，可采取"订单+期货"、期货套期保值、"看跌期权+期货对冲"等方式为企业经营保驾护航，可通过发展粮食银行引导农垦企业进入期货市场套期保值。

粮食银行是指粮食仓储加工企业在提供粮食仓储和收购等传统经营业务的基础上，以种粮生产主体存粮为载体，不仅可以向种粮生产主体提供延期点价收购、短期融资和存粮价格保险等一系列保值、增值服务，还可以让粮食生产主体把粮食存在粮食银行里，根据市场供求情况灵活选择卖粮时间，提高粮食销售价格的机构。粮食银行将粮食生产主体闲散的粮食集中起来进行存储管理和期货套期保值，可进一步降低粮食生产经营的市场风险，摆脱"谷贱伤农"的困境。

5.3.3　实施联合、联盟、联营做大农垦企业

国家粮食安全形势和国际、国内农业市场竞争倒逼农垦实施联合、联盟、联营战略抱团发展。要秉持"天下农垦一家亲"的光荣传统，尊重各垦区及企业的管理体制差异、发展水平差距，求同存异，从原始的情感上的松散型"联合"开始，逐步向产业联结的半紧密型"联盟"、资本联结的紧密型"联营"深化务实合作，可实施"1+3+n"的战略联盟构想(图 5-2)，打造农垦企业集群和联合舰队，培育农垦国际大粮商。

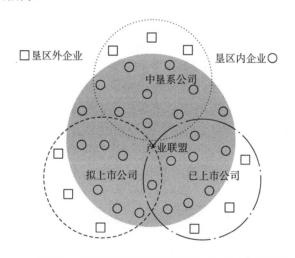

图 5-2　农垦联合联盟联营的"1+3+n"战略构想

在农垦企业"1+3+n"战略联盟中，"1"指组建一个产业联盟。产业联盟将各垦区同一产业链上、中、下游的各类企业(即前述的"n")吸收其中，制定统一的行业标准，共同使用农垦品牌，开展联合技术攻关，组织生产资料的集中采购和产品规模化、品牌化溢价销售。　"3"指聚合为三类大企业。第一类是农垦系统内一家或几家未在资本市场上市的企业，以此牵头搭建该产业的中国农垦股份公司，联合其他垦区及垦区外非上市企业，组建跨区域、跨所有制的混合所有制企业，按照现代企业标准做大农垦企业规模，争取早日在资本市场上市；第二类是已经上市的农垦企业，进一步吸收合并垦区内外其他企业做大企业规模；第三类是已具备上市条件且拟以自身为主体争取上市的企业，兼并重组垦区内外一些非上市企业，进一步做大企业规模。三类大公司间还可相互换股、持股结成利益共同体，打造该产业农垦企业联合舰队。

第6章　培育农垦国际大粮商的战略重点

6.1　落实农垦"三化"改革

6.1.1　农场公司化

由于历史原因，农场的生产职能与生活职能一直交织在一起，导致农垦办社会的任务十分繁重，需要加快剥离农垦办社会职能，理顺农场政企社企关系，强化农场经济职能，提高市场竞争能力。

1.逐步剥离农垦办社会职能

现阶段，农垦农场的社会职能基本上都是由定位为企业的国有农场承担，没有体现公共财政保障均等化的要求，农场区域经济的支撑能力也很难完全满足广大职工群众提高公益性社会事业发展和公共服务水平的要求。从农垦发展的历史和前一阶段的改革经验看，为适应不断完善的市场经济体制要求，国有农场办社会职能改革必须坚持社会管理属地化改革方向，纳入国家和地方统一的社会管理和公共服务体系，落实区域社会发展规划布局要求和政策安排，在不断减轻农场办社会负担、提升农场经济功能的同时，切实提高社会管理和服务能力，保障垦区经济社会协调发展。重点加快剥离一批管理边界清楚、系统管理成熟度高的社会职能，如教育、卫生、社保等职能，积极全面移交由政府管理，将职能、机构、人员及相关资产交给政府相关职能部门，统筹纳入地方事业发展规划、管理体系，同步推进农场区域社会事业发展，提高社会管理和公共服务水平。考虑到农场所在地政府财政支出的压力，建议加大中央财政转移支付支持力度。对于经营管理活动和社会管理、公共服务行为同处农场社区且难以分开，管理末梢机构设置成本较高的办社会职能；或者地方社会管理发育不足，短期内还不能有效组织提供管理服务的社会职能，可通过统一纳入区域社会发展规划和管理体系，接通政府管理和财政资金保障渠道，并由农场来具体组织承办。

2.完善农场统分结合的双重经营体制

进一步稳定和完善以职工家庭承包经营为基础，统分结合的双层经营机制，切实保障职工对承包土地的使用和收益等权利。按照农业生产经营基地化建设需求，遵循依法、自愿、有偿原则，稳步推进农场职工土地承包经营权规范有序流转，促进土地适度规模经营。保护农场职工土地经营权益，探索设立土地开发统筹资金，把农场土地流转、出让收益优先用于农场职工的安置补偿、社会保障支出。促进职工自营经济合作化，鼓励引导成立专业合作社，以专业合作社为基础，重点发展股份合作农场，实现分散国有资源集中运营、收益共享。引导成立农垦专业合作社联社，统筹开展生产指导、培训推广、病虫害防治、信息发布、生产资料和农产品购销等社会化服务，提高组织化程度和经营市场能力。

3.加快推进农场企业化运营

大力推动农场政企、社企分开，加快建立农场企业经营体制，确立农场企业地位，加强农场分类指导，促进农场企业化、基地化经营。围绕农垦和产业集团发展，探索多元化的农场企业化经营路径，鼓励农场成为农垦专业化产业集团的原料基地，按照企业产品需求和标准开展生产，推进加工原料基地化。加快农场推行股份化改造，积极引导农场与领军型企业采取共同持股方式，构建混合型经济体，实现全产业链开发，促进农场合作经济深度开发。重点借鉴广东农垦"广前"模式，围绕当地垦区主导产业链建设，鼓励采用股权融合的方式将各类专业农场与相应产业链下游龙头企业联合，将农场改造成专业公司或与专业龙头企业相配套的生产基地公司，垦区专业集团对农场的生产计划、利润分配、人事任免、职工报酬等进行统一管理。在条件适宜的垦区推进农场的整合与联合，按照区域专业化分工，积极推进农场合并，或采取农场股份合作方式，借鉴上海光明集团农场企业化模式，依托整合后的大农场成立专业化集团，农场作为出资人和董事会成员对各专业公司的经营行为进行统一管理。

6.1.2　垦区集团化

目前，全国农垦有1800多个农场，每个农场基本都是一个自主经营的农业生产经营主体，农场间彼此联系和产业分工很少，同质化竞争普遍，缺乏市场竞争力。作为打造国际大粮商的重要环节，各个农场可按照属地原则以垦区为基本单元，进行农业产业化的上、下游分工和规模化经营，联合成集团化公司。

1.完善集团化管理层级

在系统总结农垦集团化改革基础上，重点针对集团化改革滞后垦区，加快垦区集团化改革，理顺管理架构，降低管理成本，提高经营效率，构建集团总公司、专业集团公司、子公司(项目公司)三级管理层级。在集团总公司层面，着力推进职能改革，实现由以行政管理和生产管理为主向以产权管理和资本经营为主转变，承担集团战略决策、资本运营、监管控制和支持服务功能。在专业集团公司层面，发展突出主业和建设产业链，发挥承上启下的管理职能，谋划实施重点项目和工程，加快向产业链、价值链的中高端延伸。在项目公司层面，专业集团公司下属项目公司或子公司负责具体项目运营，发挥专业集团对项目公司或子公司的整合作用，构建起以产权为纽带的母子公司管理体系。

2. 健全现代企业制度

积极适应市场经济的运行规律，以上市公司的标准，构建完善的现代企业制度，不断激发体制的内在活力。制定董事会、监事会、党委会、总经理办议事规则，建立起科学规范的"三会一层"运行机制，即发挥董事会的决策作用、党委会的保障作用、监事会的监督作用和经营层的执行作用。建立层级化重大事项决策体系，设定明确的管理权限。在投资决策方面，根据投融资规模对各层级的投资、贷款、对外担保事项的职权进行划分，超出本层级职权范畴的重大事项、重大决策，交由上级董事会审核、批准。建立科学合理的考核激励机制，对农场和直属控股、参股企业进行分类考核，加强考核激励分配机制改革，注重协调经济总量与发展质量的关系，重点实行绩效年薪与超基数利润按比例提成的管理措施，有效发挥分配的激励作用，使竞争的压力、利益的驱动、发展的追求转化为壮大企业的动力。积极探索市场化选聘职业经理人办法，引进高层次的职业经理人和经营管理团队，大力开展管理层持股行动，构建管理层与企业共同发展的利益链，充分激发企业管理人员的工作积极性。健全制约有力的内部监管机制，强化内部资金管理、投资管理、审计控制、干部监督和风险防范等制度建设，重点发挥财务总监和监事会的监管作用。

6.1.3　股权多元化

积极推进农垦企业的产权制度改革，推进由单一产权向多元产权转变，发展混合所有制经济，促进多种所有制经济相互融合，在更大范围内优化资源配置，形成新的生产力，提升竞争优势。

1.积极发展混合所有制经济

促进农垦从"经营国企"向"经营国资"的理念转变，吸引非国有经济主体参股农垦企业，鼓励农垦公有产权和私有产权间互相交叉持股，推进国有资产由"国有国营"向"股份制"转变，实现产权主体多元化，促进混合所有制的发展，发挥国有股的杠杆作用，实现国有资本与民营资本的有机结合，进一步提高国有资本的掌控能力。鼓励引进社保基金、险资、公积金、企业年金在内的金融资本，以参股方式参与农垦重大项目建设。鼓励允许混合所有制企业实行农垦员工持股，鼓励资源、技术、经营和管理等生产要素作价入股，允许农垦管理者和职工个人投资入股，开展管理者期权激励，建立职工持股会，实施职工持股计划。推动各农垦集团打造核心竞争力和拓展业务，以控制或参与核心产业环节、提升竞争力为导向，以资本运作为纽带，以项目建设为重点，通过外部合资、独资、兼并重组、股份收购、资源换投资等多种有效方式，加快与国内外大企业、大集团等战略投资者进行股权合作，建立混合所有制企业，促进国有企业进一步完善法人治理结构和内部的运行机制的同时，实现重点业务领域快速拓展与布局，进一步提高国有资本的竞争力、控制力，实现各种所有制资本之间取长补短、合作共赢。

2.强化农垦国有资产的监管

按照完善国有资产管理体制的要求，构建具有农垦特色的国资监管新模式。由农垦各级行政主管部门经政府授权作为政府特设机构，履行农垦国有资产的出资人职责。主管部门不仅对国资运营绩效的整体情况进行评估监管，还要围绕保障国家粮食安全、维护农场职工利益和确保农场可持续发展等方面对国有资本使用情况进行专项监管。非集团化垦区的国资专项监管职责由省级农垦主管部门承担。重点探索建立农垦国有资本运营公司，由政府授权，农垦管理部门作为出资人和发起人，组建农垦国有资本运营公司，将政府所属农垦企业全部资产和土地注入该公司，引入国有金融企业、国有投资企业作为战略投资者。对于中央直属垦区，农业部作为出资人成立中国农垦国有资产运营公司，注入直属垦区全部企业国有资产和土地，同时引入国有金融企业和国有投资企业作为战略投资者。农业部授权黑龙江和广东省农垦总局对辖区内企业国有资产使用情况进行专项监管，并对其监管工作进行监督指导。完善国有资产监督管理体制，按照国有资产管理体制改革总要求，建立符合农垦特点、以管资本为主的国有资产监管体制，确保国有资产保值增值。

6.2　发展社会化服务农业

6.2.1　社会化服务带动周边农业

培育农垦国际大粮商，农垦不仅要自己干，而且还应通过农业社会化服务带动周边农民一起干。所谓农业社会化服务，是指随着农业生产力和市场经济的发展，直接从事农业生产的劳动者逐渐变少，于是越来越多的人专门从事为农业生产者提供所必需的生产资料(产前)，农产品采收与加工、运输、储藏和销售(产后)，以及生产过程中各种生产性(产中)服务等行业，且提供服务的组织和个人彼此连接起来，称为农业社会化服务体系(图 6-1)。农业社会化服务在本质上属于专业分工的范畴。农场的耕地，播种、施肥、除草、洒药，甚至收割都可以雇用专业化的公司来完成。在饲养业中，人们往往只负责家禽、家畜全部生长期中的特定阶段，然后卖给承担下一工序的企业，这样，家禽、家畜的成熟过程可划分为许多工艺阶段。农业内部诸多环节的专业化分工又推动了各个经济主体在分工基础上的合作，契约一体化及产权一体化使农业融合为一个有机整体。现代农业区别于传统农业，不仅装备现代、技术先进，而且社会化服务健全、组织制度完善，现代农业不只是生产规模的简单扩大，也不是单一微观主体包揽从种到收、从产到销的整个过程，而是农业分工分业逐步细化、各环节专业化程度不断提高的现代产业形态。从产业产品链看，分工深化促进迂回生产的发展。由于现代社会的高度分工，人类可以借助商品来放大自身的生产能力，先购买自己不能生产或生产不合算的商品，再以这些商品作为投入，生产自己能够生产或有利可图的商品。农业产业链延伸拓展，也就是一个"迂回生产"的过程，即在农业初始生产要素和最终消费之间插入越来越多、越来越复杂的生产工具、半成品、专业知识部门，使分工越来越细化。交易效率的提高，为分工带来很多好处，从而促进"生产迂回"的发展；生产链中、上游和下游专业部门间的纵向分工的扩张延长了生产链。

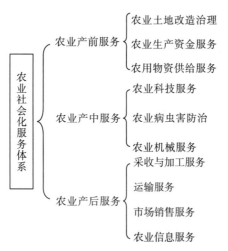

图 6-1　农业社会化服务体系的主要内容

　　分工促进协作方式的多样化。在农业产业链各个环节中，由于资产专用性、交易成本和交易频度的差异，关联主体之间存在内部一体化、市场交易和契约一体化等多种协作关系。实践证明，在比较规范的市场制度下，契约一体化模式是交易成本较低的资源配置方式。以不同紧密程度的合同形式进行纵向联合，包括非正式合同、正式合同、对产品特性提出特殊要求的合同、对产品生产方法提出特殊要求的合同等。因此，农业产业链主要依靠由外部交易关系或准市场关系组成的前后关联来延伸，即产业链中每个环节的活动由一个或若干个企业来完成，形成了以契约为基础的农业产业链分化整合。农业产业链延伸拓展，既是产业价值链延长的过程，又是价值增值的过程。农产品从生产资料供应、生产、加工到营销、运输所形成的价值链过程很少能由一家农业企业来完成，于是价值链开始分解，一些新的农业企业加入了产业价值链，并在某个环节上形成专业化的分工，建立起新的竞争优势。这种竞争优势表现为在该环节上具有成熟、精湛的技术和较低的经营成本。它们通过专业化分工而嵌入农业产业价值链，使一些大而全、小而全的农业企业在竞争中处于劣势，迫使他们不得不放弃某些增值环节，从自己的比较优势出发，选择若干环节培育并增强其竞争能力，即核心竞争能力，重新建立起自己的优势地位。价值链的不断分解，使市场上出现了许多相对独立且具有一定比较优势的增值环节，从而引导农业企业努力做精做强，而非做大做全。

(1) 土地流转服务。建立县、乡、村三级农村土地流转服务平台，健全土地流转信息和价格定期发布制度，开展流转信息发布、政策咨询、资格审查、合同鉴定、抵押担保等服务。建立土地质量等级评定、价格评估等制度，科学界定各类农地的质量等级和价格。县(市、区)要依法成立农村土地承包纠纷仲裁委员会，组建仲裁庭，依法加强对农村土地流转纠纷进行调查处理，促进农村土地承包经营权流转。

(2) 农资供应服务。充分发挥各级供销系统的农资供应主渠道作用。建立以农资供应商为核心，农资配送中心、农资连锁超市、农资便利店相配套的农资供应网络，拓宽服务覆盖面，提高统一配送率，减少流通环节。整合农资经营网点，打造品牌农资"放心店"，开展多种形式的送货进村活动。加强农资市场监管，规范农资市场秩序，实现农资全程可追溯制度。深入开展"红盾护农"、"春雷行动"等专项服务活动，严厉打击"坑农"、"害农"的行为，切实维护农民合法权益。

(3) 技术推广服务。加快构建以政府公共服务机构为依托，社会力量积极参与的多元化农业科技服务体系。建立以县级推广中心为龙头，乡镇中心站为依托，农民专业服务组织和专业大户为补充的农技推广网络；组织农业大专院校、科研单位和推广部门开展科技合作共建；继续推进科技特派员农村创业行动，面对面给农民提供指导服务。鼓励农技人员深入一线，以技术承包、技术入股分红等方式开展经营性服务，领办帮办一批服务型农业合作组织，加快农业新品种、新技术、新模式推广步伐。

(4) 农业生产服务。制定和实施农业生产技术标准，并把技术标准融入生产全过程。推进以农机股份合作公司、农机合作社为龙头，农机户为基础的农机服务。推行深松整地制度，扩大机械深松整地作业规模，活化土层，加深耕层，改善土壤理化性状，全面提高耕地蓄水、供水、抗旱涝能力。大力加强农田水利设施建设，力争三年内将损毁水利设施全面修缮。加快完善农业气象服务体系，重点建设气象灾害监测预警、气象保障服务系统。加强对农业自然灾害和重大动植物病虫害的预测、预报和预警,建立重大动物疫情监测、动物标识及疫病可追溯制度,加强对突发事件的监控和提高应急处理能力。

(5)质量监管服务。建立高于"国标"的"两大平原"农产品质量安全标准体系,重点对优质、特色和地理标志农产品,制定生产技术规范和操作规程,提高标准到位率。创建农业标准化整体推进示范县、示范乡,对检测合格并申请认证的农产品,加贴地理、绿色、有机、无公害等标识。充分利用电子信息技术,在农产品各流通环节实现质量可追溯,健全产品召回制度。

(6)产品销售服务。加快构建以哈尔滨国家粮食交易中心、黑龙江农垦北大荒粮油批发市场为重点,以区域性粮食批发市场和大中型城市成品粮油批发市场为骨干,以遍布城乡的农产品集贸市场为基础,服务功能齐全的农产品销售体系。加强京津唐、长三角、珠三角等区域中心城市窗口市场建设,逐步形成辐射国内外的销售网络,扩大绿色食品销售专营店和配送中心网点布局。推进散粮铁路运输入关直达,加快打造一批散粮集中转运基地和成品粮集装箱发运基地。推动农产品期货交易,与大连、郑州商品交易所对接,将优势农产品纳入期货交易所备选品种并推动上市。

(7)农业信息服务。加强农村信息基础设施建设,利用计算机、微电子、光电、遥感、互联网等现代信息技术装备农业。重点推进物联网、云计算、移动互联等现代信息技术和农业智能装备在农业生产经营领域的应用。在农业部实施的"三电合一"、金农工程、农村信息化示范工程基础上,统筹黑龙江农业信息网、畜牧兽医信息网、12316热线、短信平台,加强与黑土家园电视节目、惠农直播间广播节目,推进农业信息进村入户工作。加速农业、畜牧、科技、粮食、农垦和其他涉农信息化系统的整合力度,在哈尔滨市构建省级农业公共数据中心,实行信息统一采集、发布。

(8)金融保险服务。加快推进农村金融机构改制,扩大融资规模,提升融资能力,增加农村金融网点。探索在农村设立由民间资本发起的自担风险的民营银行、金融租赁公司,优先批准县以下地区设立的涉农小额贷款公司。创新农民专业合作社资金互助业务,为社员之间开展资金互助提供服务平台。鼓励法人银行设立村镇银行,提高民营资本在村镇银行的持股比例。进一步放宽银行抵押条件,尽快使农民资产转化为金融部门认可、可流转的担保物。创新畜牧场区确权登记发证制度,将养殖场产权证作为产权抵押担保,拓宽畜牧养殖融资渠道。鼓励金融机构加大农村金融产品的营销力度,扩大农村贫困地区的金融服务覆盖面。对符合条件的县级分支机构合理扩大信贷管理权限,优化审贷程序,简化审批手续。增加保险机构,引进或新设保险公司、农业保险互助组织,支持现有商业财险公司开展农业保险业务。开发保险产品,按照农作物物化成本、农作物产量等分别设定保险金额。鼓励开展互助合作保险,探索政策性保险与商业性保险相结合的互助合作保险新模式，稳步推进农业互助合作保险试点工作。建立适应农业保险业务发展需要的基层服务体制，调动农民投保积极性。积极开展地方财政补贴的特色农业保险试点工作。

6.2.2　农垦农业社会化服务的主要形式

1. 通过土地流转有效利用垦区周边农村闲散土地

随着工业化和城镇化对农村优质劳动力的大量吸纳，农业副业化、农民老龄化和农村空心化问题日益显现，一些地方甚至出现土地撂荒现象。农垦的农业生产力发展水平高，经营体制机制呈现出"新型"和"现代"的特征，特别是在科技成果推广应用、农业机械化水平和产业化经营能力等方面始终走在全国前列，代表着现代农业的未来发展方向。农垦既可以做给农民看，也可以带着农民干，在农业现代化中发挥着重要的辐射引领和示范带动作用。在我国经营自家承包地的普通农户仍占大多数的状况下，按照中共中央办公厅、国务院办公厅下发的《关于引导农村土地经营权有序流转发展农业适度规模经营的意见》，农垦通过转包、转让、入股、合作、租赁、互换、窗口展示、科技服务、跨区作业、土地托管、代工代销、投资入股和垦地共建等方式着力做大做强农垦农业社会化服务，示范带动农村新型经营主体和小规模农户发展。由于农垦流转农民不愿耕种的土地不会造成非农化、非粮化，所以可以严防死守国家 18 亿亩耕地红线，提高农业综合生产能力和产业化经营水平，增强国家对粮食安全的掌控能力。

2. 以良种为入口辐射推广良种良法农业技术服务

种业是农垦系统的优势产业之一。目前，全国农垦农作物种子生产量达 1200万吨，其中，对外辐射供种量达 800 万吨以上；对外销售种猪近 30 万头、奶牛冷冻精液 819 万支，并对供种区的农民开展技术培训与咨询服务，推行标准化生产管理。农垦农场有很多农作物良种繁育和推广基地，农场还推行"预约繁种、区域布局、统一标准、规模生产"的外繁基地建设制度，充分利用外部资源，拓展现代种业发展空间。农场通过加强科研基础设施，实施科技人才战略，大力开展科技创新和生产实用技术研究，积极开展合作交流，加快成果转化应用，提高优良品种覆盖率、新技术到位率和普及率。发挥农垦种子公司的人才优势，在周边农村推广旱育秧、催芽器、测土配方施肥、激光整地、井水增温、飞机航化等新技术。在农垦农场的田地里，能直观感受到现代农业技术带来的高效益，越来越多的种粮户来找农场学技术、学管理。聘请水稻、玉米首席专家，开展品种引进试繁、农业高新技术研发以及土壤、肥料、植保等实用性基础技术研究。构建以专家人才为支撑，以科技园区为龙头，以协会组织为载体，以科技示范户为依托的技术推广服务体系。及时总结提炼生产实践中的经验和教训，形成先进适用的管理、技术规范，编印技术手册，制作影像资料，利用网络信息平台，开办种植技术专栏，为种粮户提供生产指导和服务。按照"垦区带动地方、地方支持垦区、垦地一体化"的思路，积极开展场县共建，常年为周边市县农民提供技术服务和代耕、代管、代收作业。

3. 以龙头企业为载体开展社会化综合服务

农垦有大量的农业产业化龙头企业，它们通过强大的加工销售能力与产业链上的农业经营主体结成利益共同体。为确保自己有优质、稳定和可靠的原材料，农业产业化龙头企业有动力为自己产业链上的各类农业经营主体开展社会化服务。龙头企业对农业经营主体的社会化服务主要包括提供技术服务、信息服务和资金服务三个方面。技术方面的服务主要包括技术培训、技术指导和直接技术服务三种形式。技术培训是指企业以培训班的形式对农业经营主体进行种植和养殖方面的知识、技能培训，使农业经营主体的生产达到预期的效果；技术指导是指龙头企业派专业人员对农业经营主体的生产和经营进行相关的指导，并且对农业经营主体生产过程中出现的问题进行解答和提供对策；直接技术服务是指龙头企业派专业人员直接参与农业经营主体的生产过程，其中的技术环节直接由龙头企业进行现场操作等。龙头企业的信息服务主要包括提供技术信息、价格信息、政策法律信息、生产资料供应信息、农产品销售信息和外出打工信息等。龙头企业在资金方面提供的服务主要包括：①提供资金给农业经营主体购买种子、农药、化肥等生产资料；②为农业经营主体提供生产性贷款担保；③帮农业经营主体购买农业保险；④提供信用评级证明；⑤介绍贷款渠道；⑥组织农业经营主体集体贷款等。

4. 以农资采购为入口搭建农资服务云平台

农资包括种子、秧苗、化肥、农药、薄膜、饲料和兽药等，是农业生产的主要投入品。农资流通环节多容易导致农业经营主体购买农资的成本高，农资供应链信息不对称容易导致农资的产品质量问题多，农资供应商偏重产品推销轻技术服务，导致我国农业的现代化技术应用不足、农业技术推广效果不佳。上述是当前我国各类农业经营主体在农资问题上的主要痛点。互联网最大的优势在于互联互通和信息对称，在缩减农资流通环节、简化农业技术服务流程、降低农资交易费用和农业技术推广成本等方面有突出的优势。以农垦的良种销售和各农场农资联合采购为入口，搭建一个线上、线下相结合，为农业经营主体提供农资产品及配套农业技术服务的云平台，可为中国农垦系统1800多个农场自身农业现代化和周边农村农业现代化提供一揽子优质农资购销及配套农技服务解决方案，解决我国农资交易成本高、质量风险大、配套技术服务缺失等突出问题。

5. 开展农机跨区作业提高农业机械化水平

随着科技进步，我国农业的机械化水平正在快速提高，无论是平原大田，还是丘陵山地，从耕整、播种、插秧、施肥、打药、收割、烘干到秸秆处理都可以实行机械化。当前，我国农业适度规模经营加快发展，而农村劳动力又不断减少且人力成本快速上升，加之农业的时令性强，需要抢收抢播，各类农业经营主体的农业机械化服务需求旺盛。但由于单个农业经营主体的经营规模有限，机械闲置期长，农机购买成本高，资金回收期长，更新压力大。农垦的机械化水平高，农机动力装备充足，除了满足自身农场的需求外，还可以走出垦区通过建立农机4S 店等形式，为各类农业经营主体提供机械化育插秧、翻耕、收割、晾晒和秸秆处理等跨区农机作业服务，提高农业生产效率和农机利用率，缓解农业生产劳动力短缺的矛盾，有效推动农业现代化发展。

6. 举办技术服务公司提供农业生产性服务

随着农村青壮劳动力大量外出打工，以及农业生产逐步向市场化、专业化发展，各类农业经营主体对农业社会化服务的需要正逐步由单一环节服务向资金、技术、信息、金融、保险、经营管理等生产性综合服务扩展。农垦为适应各类农业经营主体对生产性服务需求的增长，顺势发展专业化农业服务公司，通过农场示范点、示范片、示范场的运营模式、运营效果和运营质量的展示，为周边农村提供保姆式的全程代耕代种代收、节水灌溉、排灌管理、测土配方施肥、作物栽培技术、病虫害统一防治、畜禽养殖技术及防疫治病、农场物联网建设及农业政策和技术咨询、农产品购销信息、农资供应信息、优良品种开发信息和农业气象变化信息等服务。农业服务公司采取线上线下相结合、中介服务和自营服务相结合的运营模式，为各类农业经营主体提供代耕代种代养、农机作业、农资、农技、烘干、仓储等菜单式一条龙服务。农业服务公司在开展农业生产性服务时，要与农业经营主体签订服务外包合同，明确双方权利义务、服务内容、收费标准、补贴标准，强化对服务质量的监管和评价，提高农业生产性服务的质量和实效。通过农业服务公司开展农业生产性服务，是解决我国土地碎片化、农民兼业化、生产资料市场混乱、农作物抗灾能力弱、作物病虫害和畜禽疫病严重、抗生素使用不规范、农产品质量安全隐患多等制约农业发展的问题的有益探索和实践。

7. 发展粮食银行提高粮食产业的经济效益

"粮食银行"是指粮食仓储加工企业在提供粮食仓储和收购等传统经营业务的基础上，依托自身信用基础，以种粮生产主体存粮为载体，向种粮生产主体提供延期点价收购、短期融资和存粮价格保险等一系列保值、增值服务的新型粮食经营模式。种粮生产主体缺少生产性流动资金时，可与粮食仓储加工企业签合同进行订单种植，并将在田粮食作物未来的粮食产出抵押给粮食仓储加工企业，粮食仓储加工企业以此向旗下设立的担保公司提供反担保措施，担保公司向银行担保为粮食生产主体提供土地流转、农资购买等生产性融资，种粮生产主体粮食收割后，出售给粮食仓储加工企业，扣除银行还贷后的销售收益归粮食生产主体。粮食银行还可解决粮食生产主体收获季节卖粮难的问题，粮食生产主体把粮食存在粮食银行里，可根据市场供求情况灵活选择卖粮时间，提高粮食销售价格。粮食交给粮食银行后一向采用现代化手段晾晒，从而可减少 6%～8%的粮食损失，由加工企业统一加工基本上可达到零损失，这无形中提高了粮食产量。此外，粮食银行将粮食生产主体闲散的粮食集中起来进行存储管理，再进行期货套期保值，进一步降低了粮食生产经营的市场风险，摆脱"谷贱伤农"的困境。

8.发展融资租赁以拓展农业发展的资金来源

融资租赁通过融物与融资相结合，可为农业企业在农村土地流转、农业投入品购买、农机农具购置、生物性资产购买、规模化养殖场建设、信息化智慧农场建设、粮食收储与加工、设备及厂房添置、仓储物流设施建设、连锁分销渠道建设等方面提供闭环垫资、经营租赁、融资租赁、售后租回、委托租赁、杠杆租赁及风险租赁，减轻农业经营主体的重资产投入。由于融资租赁中当承租方经营出现问题时，租赁公司可以回收、处理租赁物，因而在办理融资时对承租方的资信和担保要求不高，加之融资租赁属于表外业务，不体现在承租方的资产负债表中，不影响农业经营主体的资信状况，所以非常适合农业经营主体融资，并有望在我国金融体系中发展成为除银行以外的第二大融资方式。融资租赁与现代农业产融结合，有利于缓解长期困扰农业发展的"融资难"、"融资贵"问题，突破国有农场、家庭农场、种粮大户、合作社和农业企业等各类新型农业经营主体发展现代农业的资金瓶颈。

6.2.3　农垦农业社会化服务的典型示范

1.安徽农垦的生产性服务模式

安徽农垦按照"主体多元化、服务专业化、运行市场化"的总体要求，以农业社会化服务体系建设为重点，促进农业生产全程社会化服务，推进农业生产规模化、组织化发展，农业社会化服务覆盖了农业产前、产中和产后的全过程，其中，产前和产中采取农业服务公司形式，产后服务则主要采取加工销售的带动模式。2013 年，安徽农垦以龙亢农场为依托成立了安徽龙亢农场农业服务有限公司，该公司注册资金 600 万，其中国有股份占 40%，个人股占 60%。公司吸引农机合作社和科技人员参股，整合农机合作社成立协会，逐步形成了以农机标准化创建为基础，以农业服务公司为核心，以农业科技队伍为技术支持，农机合作社和农机大户共同参与，共同创建农业生产全程社会化服务体系的格局。该公司下设农机服务中心，负责农业生产全过程农业作业服务，内部实行机组承包，单机核算；农技服务中心负责新品种实验、示范、推广服务，工厂化育苗、供苗服务，农资供应、物联网技术服务，向农户提供农技培训和生产全过程的技术服务；综合服务中心负责开展"粮食银行"业务服务、金融担保服务、原粮产地初加工服务。公司按照市场化规则，尊重农民意愿，农民可选择全部服务产品，也可选择部分或单个产品服务。公司通过比价比质采购，为农户提供安全、可靠、质优价廉的零利润农资供应服务。同时，为保障公司经营性效益，按农户总农资供应价格的20%给予公司补贴，以此保障服务性组织的经营能力，扩大经营范围，壮大经营规模，并实现区域内病虫害的统防统治。该公司依托自有农技力量，与皖北创新中心、省农科院、安徽农业大学等签订农技服务协议，开展从种到收的全方位、及时性的科技指导服务。建立了"省高校－场农科所－分场（乡镇）－示范户"四级农技指导推广体系。2015 年，公司累计开展以农机作业为主的农业社会化服务30 万亩次，累计供应配方肥 2100 多吨，覆盖 1.7 万亩耕地，农药供应服务 1.5 万亩，免费为近 5 万亩土地开展农情调查、农技指导，开展各类农技培训活动 20余次，共培训农户近 1500 人次，开展各类农技上门指导服务 240 余次，现场指导农户 2200 多人次，发放各类培训指导材料 5000 余份。

　　为了让垦区农场和周边的种粮大户安心种粮，安徽农垦通过做大倮倮米业有限公司的加工销售能力，带动合作社和重粮大户发展。倮倮米业的前身是 1996年成立的安徽农垦大圹圩农场精米加工厂，当时年加工量仅几百吨。现在，倮倮米业已是全国首批、安徽省首家农产品质量可追溯大米企业，"生产可记录、信息可查询、流向可跟踪、责任可追究，确保'从农田到餐桌'全程质量安全可控"。倮倮米业的每一袋大米包装上均有质量追溯号码，可在网上查出该产品从种植到成品粮加工各个环节的信息，点开其中的大田施肥记录，施肥时间、施肥用量、肥料厂家以及管理责任人等一应俱全。公司除了靠品质抢占市场外，还有自身的基地优势。倮倮米业是农业龙头企业，一头连着市场，一头连着以农户为主的基地，市场与基地缺一不可。没有市场，农户不会跟你走；没有基地，市场做不大。倮倮米业的种植基地从 2008 年起步，以"订单农业"的形式推广。2008 年，倮倮米业在大圹圩农场之外发展了 6000 多亩订单，2010 年又在订单农业的基础上发展合作社，产业链逐步完整。2012 年，公司订单农业合作社已发展到 7 家，共有 35000 多亩土地。目前，示范带动周边的土地已达近 10 万亩。倮倮米业的壮大，直接带动了合作社的兴旺。规模种植易于机械化、标准化、统防统治，既能提高产量质量，也能保证效益。倮倮米业采取订单种植，收购价每斤比市场保护价高0.1～0.3 元，价格从源头上有了保证。农民专业合作社不赚农民的钱，合作社无偿为农民提供服务，出现亏损由市农委给予适当补贴。合作社需要统一产品品质。为此，倮倮米业公司对合作社实行"五统一"模式，即统一品种、统一农资、统一农机作业方式和农艺标准、统一原粮购销、统一核算。合作社的发展有助于种粮大户规模化经营。种粮大户在发展现代农业中，从普通承包户成长为新型职业农民，通过土地流转，实现了土地适度规模经营。"种地能手"被种粮大户雇佣为"农业职业经理人"进行种植技术服务。种植大户需要通过合作社与龙头企业签订订单来进行规模化种植，否则市场风险很大。在农业经营日益走向集约化、专业化、组织化、社会化相结合的新型农业经营体系的中，农业龙头企业、农民专业合作组织和农户这三个环节紧密连接在一起，构成我国农业现代化的经营图景。

为了应对农业经营面临的更多风险，在安徽垦区，服务已经不局限于简单生产、加工、销售等环节，区内服务功能渗透更细腻、延伸更长。安徽农垦打造出了"三二一"服务模式。该模式主要指规避三个风险：用农业政策性保险和商业性保险叠加的办法规避自然风险；用职业农工输出或者职业农民种田的办法规避经营责任风险；用粮食银行、农产品期货的办法规避农业市场风险。同时，该模式还重点提出搞好三项服务：资金服务，即农户将当季作物保单质押给银行，并且由农服公司提供担保，同时与粮食回购绑定，由银行根据保额给予农户贷款授信，银行根据农服公司提供的农机、农资等服务进程分期提供贷款资金，贷款直接用于支付农服公司服务费用；技术服务，即为服务对象提供免费的测土配方、农业技术全程指导等服务；烘干仓储服务，由农服公司布点建设一批粮食烘干仓储设施，为服务对象提供烘干仓储服务。通过综合式优质服务，突显了安徽农垦现代农业的示范引领作用。2015 年，安徽农垦农业社会化服务组织开展机耕、施肥、机播、植保、收获、水稻机插秧、秸秆还田等服务 80.2 万亩次，通过标准化和一对一式的服务，进一步推动了各项先进生产技术的示范和推广，推进了农业可持续发展。

2.黑龙江农垦的合作社服务模式

黑龙江垦区的农业社会化服务以宝泉岭农垦分局的"种粮大户+合作社"模式为典型。宝泉岭拥有优质稻米生产基地 330 万亩、玉米生产基地 160 万亩、大豆生产基地 10 万亩，农业是宝泉岭的支柱产业。在如何实现高效农业这一问题上，宝泉岭垦分区深知扶持农业社会化服务是一个重要因素。与普通农户"单枪匹马"种地不同，规模化种粮大户往往会通过加入合作社实行"集团作战"，通过合作社与农机厂家、生资经销商联系"团购"农资，使种粮大户能低成本、高质量储备生产物资。种粮大户加入合作社，与合作社签订种植合同，不仅价格有保证，在合作社的服务下，还解决了销售难题。因此，宝泉岭垦区的农业社会化服务以培育能提供农业社会化服务的合作社为重点，支持那些懂生产、会管理、能经营的各类能人创办、领办合作社，在土地、技术、资金、农机具设备、劳动力等方面开展合作经营，将合作组织的经营活动向产前、产后"两端延伸"。

润丰农机合作社集约经营耕地近 3 万亩，各类农机一应俱全。通过统一农资供应、统一生产管理等手段，社员生产成本大幅降低，平均亩增收 150 元。名山农场出台优惠政策，建立了五味子等中药种植联合体，并与佳木斯三江鑫源中草药种植专业合作社联合经营，为种植户提供全程服务。江滨农场依托种、养、加等产业，建立"龙头企业+基地+农户专业合作社"的经济联合体，产前有基地能人指导种植，产中有合作社提供田管服务，产后有龙头企业负责收获、运输，种植户享受到了全程社会化服务的好处。佰华粮食经营合作社将分散的小杂粮种植户组织起来，给予种植、加工、销售、品牌等环节的全程跟踪服务，大大降低了种植户生产经营成本，保证了种植户效益最大化。绥滨农场龙丰合作社为提升农户水稻种植水平，一方面，邀请水稻专家就水稻品种、农业技术等对人员进行培训，同时邀请电动覆土播种机厂家走进水稻育秧大棚，现场演示机械操作，促进了农业新技术推广；另一方面，通过"理论授课+基地实训+平台交流+跟踪问效"形式加大新型职业农民培养力度，根据不同地域、不同种植特点，请种植户"点题"，然后再提供"菜单式"服务，除此之外，还介绍技术推广、教学、科研人员与种植户结对子，将最前沿的农业技术和信息落实到田头。汇英粮食种植合作社创建了"宝泉岭购销信息网"，搭建起"宝泉岭购销信息电子商务平台"，为种植户提供市场信息、技术服务、供求对接、产品推广等服务，将粮食从种到收全过程融入信息服务体系之中。合作社为种粮大户提供甄选服务，提供农机整地作业服务，提供作物病虫害的统防统治服务，在种植、储运、加工、销售等环节，全程为种粮大户提供各项服务和支撑。2014 年，汇英合作社还投资 1300 多万元建设年生产能力达 3500 吨，集粮食仓储、加工、贸易为一体的绿色农产品精选加工基地，通过后端的加工销售来带动种粮大户的生产积极性。

3.广东农垦的农机社会化服务模式

近年来，广东农垦推广甘蔗全程机械化生产，用农机来取代传统的牛耕人作，不仅高效快捷、劳动强度低，而且生产成本低、综合效益高，其中，以湛江垦区最有代表性。2008 年，国内首家专业性的甘蔗全程机械化公司——广东广垦农机服务有限公司成立，整合湛江垦区三大糖业公司的农机设备、机耕资源和技术人员，购置 1 亿多元的国内外先进农机具，邀请国外专家、工程技术人员开展业务培训。从此"杂牌军"变成了"正规军"，老机手学会了新技术，纷乱混杂的农机作业变为了有序的市场运作。目前，全程机械化已成为湛江垦区甘蔗产业最主要的生产方式。全垦区拥有各类农机具近 500 台，满足甘蔗生产中备耕、种植、田管、收割、运输等过程的要求。由于是用大马力拖拉机实行深松深耕，可一次性完成开沟、切种、施肥、盖膜、覆土、淋水等多道工序；种植行距、下量、覆土深度等都实现规范化，种植质量、功效大幅度提高，种植亩成本下降 30%。近年来，由于劳动力成本越来越高，种植大户的收益空间越来越窄，一些种植大户本想放弃种甘蔗的，但机械化服务的到来，让这些种植大户又有了新的奔头。过去，一般种植大户最多只能种 40 亩蔗田，辛苦劳作一年最多挣 2 万元。由于开展了农机社会化服务，现在的种植大户可以把规模扩大到 200 多亩，种植机一天可种 30 多亩地，斩蔗机一天可收 300 多吨甘蔗，不用担心种、管、收等繁杂的工作，一年收入还能达到 10 万元左右。

广垦农机服务公司不仅服务于当地垦区，还服务于周边农村，甚至远至广西、云南等省的甘蔗主产区。为了吸引周边农村接受公司提供的农机服务，广垦农机服务公司通过"规范、质量、创新、效益"来全面提高农机服务水平。所谓"规范"就是要让公司的运作有序运行，有人找资源，有人管作业，有人干修理，有人搞研发，分工明确，各司其职；"质量"是服务公司生存的基石，必须提供标准化的作业和高效的方式，才能得到蔗农的选择和满意；"创新"则是不断改进技术、改善质量、完善设备，向科技要生产力；"效益"则是公司、农户的经营效益要提升，双赢才是双方共存的基础。只有服务好了，蔗农才会选择农机服务公司的服务，农机社会化服务的价值才得以体现。目前，广垦农机服务公司"走出去"开展农机服务面积已达 2 万多亩。为了让蔗农从小面积耕作尽快转向机械化大规模经营，湛江农垦出台优惠政策：平整土地，规划农田，生产队开展模拟股份试点；农机公司建立甘蔗全程机械化示范基地。目前，仅 3 年时间就发展甘蔗全程机械化 6 万亩，到 2017 年将突破 10 万亩。

4.江苏农垦的一体化公司制农业模式

江苏农垦有 18 个农场，土地面积为 181.8 万亩，其中耕地面积为 100 万亩。为加快转变农业发展方式，提升农业现代化水平，江苏农垦从 2011 年开始，开展种植业资源整合，将垦区种植业、种业、米业、农资物流业等相关资源、资产进行整合，组建"江苏省农垦农业发展有限公司"（简称农发公司）。以农发公司为基础构建了"总部+龙头企业+基地分公司"的农业发展体系，使效益最大化，高效配置资源；龙头企业负责经营环节，开展产品研发、市场拓展等工作，大华种业、苏垦米业双双进入全国行业前列；基地分公司负责生产环节，建设专业化、标准化、集约化的大型优质农产品生产基地，"农技人员+农机化"成为主要生产方式，以全省 1.34% 的耕地生产了超过全省 3% 的粮食，实现稻米质量全程追溯基地面积 67 万亩。

发展公司制农业取得的主要成效如下。

（1）"纵向一体化全产业链"经营模式已经形成。农发公司构建了"总部+龙头企业+基地分公司"的全产业链经营、一体化管控体系。总部从效益最大化视角，高效配置资源，协同产业发展。经营环节交给龙头企业，开展需求分析、产品研发、生产加工、市场开拓、品牌建设等工作。生产环节交给基地分公司，大力建设专业化、标准化、集约化的大型农产品生产基地。"纵向一体化全产业链"使内部利益联结、分配机制清晰合理，促进了价值链延伸和层次提升。"农技人员+农机化"成为农业主要生产方式。农发公司旗下大华种业、苏垦米业进入各自行业全国前十强、前五强，常规种子在江苏市场份额稳居 40%以上。自主稻麦品种分别创下省内最高单产纪录，苏垦大米占到南京主要超市大米销量的 60%，是多家知名超市和食品生产企业的主要大米供应商。

（2）以科技创新为核心的全面创新体系建设取得突破。农发公司组建了企业专属的"江苏省农垦农业科学技术研究院"，每年承担实施大批国家级和省级育种项目，每年新增国家级、省级审定自育品种 5 个以上，区域试验或生产试验新品系 20 个以上。"互联网+农业"扎实推进，开展农业物联网等信息技术的集成应用和试验示范，推动实现农业生产、农产品加工等关键环节远程可视化实时监控。加强与第三方平台紧密合作，大华种业参股全国第一家种子电商平台，苏垦米业在京东商城、苏宁易购等网站开设品牌旗舰店，销售业绩良好，配送范围不断扩大。

（3）开放合作的新格局持续深化。经中德两国农业部批准，建设"中德作物生产与农业技术示范园"，架起了中、德两国农业合作的桥梁。参与农村土地经营权流转，合计签署协议面积 140 多万亩，成功探索出粮食增产、农民增收、企业增效的土地流转新模式。落实国家农业部农垦局"联合、联盟、联营"的发展战略，大华种业与陕西农垦合资成立陕垦大华种业公司。苏垦米业与江苏省粮食局、中储粮、军粮供应中心等合作开展粮食储备、储备粮加工项目，收购多家地方粮食加工企业。苏垦物流与大型农资企业强强合作，达成了多个合作意向。

（4）存续农场转型发展取得新进展。存续农场立足现有资源，创新经营方式，提高经营效益。加快垦区水面养殖资源整合，着力打造全省最大现代渔业示范产业园。规模化、标准化苗木基地建设稳步推进。建成国家级出口食品农产品质量安全示范区，开发观光农业、休闲农业和体验农业，建设"一路一带"连云港国际农业合作示范区。近年来，农场职工年收入增幅在 15%以上，高出全省增幅 5个百分点；农场职工社会保险项目全覆盖。加快新型农场小城镇建设步伐，提升职工幸福指数。

5.湖北农垦的种粮一体化服务模式

湖北农垦是我国内陆最大的垦区，湖北农垦属非集团化垦区，国有农场全部实行属地管理，共有 65 家国有农场，拥有耕地面积 240 万亩。2015 年，湖北农垦在原种业公司基础上，成立了湖北农垦联丰现代农业集团，作为湖北垦区开展种粮一体化社会化服务的主要载体。何谓种粮一体化？"种"就是种业走育、繁、推的发展模式；"粮"就是走仓储、加工、营销的发展模式。既可以通过繁育优良种子来提升品质、推动销售、提升效益，又可以通过国家保护价收购仓储或者加工销售来助力种子、生资的销售，延长农业产业链，做优农业价值链。湖北农垦对原种业公司进行了改组和资本追加，成立了注册资金 2 亿元的"湖北农垦联丰现代农业集团有限公司"，集团公司下设六个二级子公司、一家农科院，即联丰合作联社、绿源农产品有限公司、联丰农业投资有限公司、联丰小额贷款股份有限公司、联丰水产公司、联丰种业有限公司、联丰农科院。

利用集团公司开展战略投资、资源整合、资本运作等方面的业务，通过出资到各个专业化、产业化（如种业、农产品供应等）的公司中去，作为控股股东发展相关产业。作为出资人，整合系统内各个零散产业，形成主导产业，增强市场竞争力；利用联丰合作联社开展生资种子销售等渠道方面的业务，开展产前、产中相关业务和社会化服务，一方面，合作联社在上游与省生资集团开展合作，利用采购优势、资金优势、物流配送优势，按照合作联社的要求，将生资配送到农场和联社的分社；同时，农场分社下订单给联社，联社集中报给省生资公司。通过这种模式，构建了新型的农业生产产前、产中社会化服务体系。利用绿源农产品公司积极开展粮食仓储试点工作。"卖粮难"、"卖难买贵"一直是农业领域的困境和难题，农业产业化关键是解决农产品的出口问题，也是瓶颈问题。针对湖北农垦 2200 万吨粮食产能，但没有一家省级和国家级储备库、出现卖粮难的情况，其原因是湖北农垦借国家将农垦系统单列进行粮食收储的大好政策，向中储粮湖北公司、湖北省粮食局积极争取资源，利用成立的绿源农产品有限公司来打通种粮一体化的关键环节和出口问题，开展粮食仓储这项业务和社会化服务工作。①打通了种粮一体化的关键环节，解决了粮食种植的销路问题，打通了粮食全产业链。②开展全方位社会化服务的重要抓手，利用合作联社开展生资、金融等社会化服务。③建立了与农场开展合作的良好平台，公司出资、农场出地，建立"母子"关系公司，从事生资经营、粮食仓储业务，壮大了集团公司业务。④解决了农工卖粮难的问题，帮助农工增收。⑤做大垦区集团的起步产业。成立了湖北农垦联丰现代农业投资公司、湖北农垦联丰小额贷款公司，组建"湖北农垦农业投资担保公司"，同时与湖北信达资产管理公司等专业投资管理公司合作，拟定共同出资，打造农业产业发展基金。联丰小额贷款公司成立 6 年来，利用自有资金和银行资金的放大效应，累计为农场产业发展提供了近 20 亿元贷款支持，利用联丰农业投资公司和联丰小额贷款公司开展融资、投资等金融方面的社会化服务。

6.宁夏农垦的粮食银行综合服务模式

宁夏垦区以昊王米业集团有限公司为载体，在永宁县投资 6.05 亿元，规划建设了中国西部首家粮食银行——宁夏永宁粮食银行，服务内容涉及仓储服务、生产服务、融资服务、土地托管、粮食加工、金融运作。种粮农户把粮食存在粮食银行，先不结算，粮权也不转移。农户存入粮食的仓储、保管和保险等费用部分由粮食银行来承担。粮食存单能够在一定范围内作为资产凭证进行流通，可转让给第三方或用于抵押融资。以存粮时价格为保底价格，结算时价格下跌，则按保底价格结算，粮食价格上涨带来的新增收益，由粮食银行和农户按照一定比例分成。粮食存在粮食银行一定期限，农户可按约定的利率取得利息收入。粮食银行为种粮农户提供粮食仓储服务，减少农户存粮霉变损失。粮食银行可为专业种粮农户提供种子、农资、机械作业等生产服务，也可以提供担保、信用贷款等融资服务。不愿种粮的农户可以把土地托管给粮食银行。粮食银行同时也是粮食加工经营企业，收储的粮源成为加工原料。大量的粮食汇聚在一起，粮食的金融属性就显现出来。粮食银行可以通过跨地区甚至跨境交易和综合运用多种金融工具规避风险，实现保值增值，做一家一户不可能做的事情。

在粮食银行的基础上，垦区昊王米业集团与宁夏回族自治区供销合作社联合成立了现代农业社会化综合服务中心、现代农业开发公司及现代农业产业化专业合作联合社，联合社下辖 29 个农民专业合作社，托管土地 3 万亩，服务农民 5600 户。粮食银行以资产入股，农民以土地入股，建立现代农业社会化综合服务中心，以资本抵押至银行贷款作为中心发展资金。将入股土地的 1000 亩划分为一单元，由专业合作社负责托管(实行保产、保质按股份分红)。其他各专业合作社进行专业服务，形成紧密联结、融合发展。由发展资金划拨 40%建立信贷担保基金，存入宁夏黄河农村商业银行作为担保基金，用于撬动银行信贷资金，且最高可放大 10 倍额度，为成员解决全产业链各环节的资金问题。将服务中心的每一块土地与保险部门对接实施农业保险，农业种植出现自然灾害时，将获得种植成本的赔付，存入粮食银行的粮食通过参加保险防范意外风险。通过联合社对土地实行托管、统一作业，服务中心以优惠的价格向种植合作社和农户提供农业生产资料，实现种植环节"品种、育秧、耕种、灌溉、施肥、植保、收货"的七统一模式，产加销环节"品牌、品管、烘干、加工、仓储、交易、销售、配送"的八统一模式，并进行特色农产品的全国销售，建立宁夏水稻产业产加销一体化的全产业链现代农业社会化服务体系，实现资源整合、优化，使服务中心体系成员紧密联合、风险共担、利益共享、共同发展。通过统一作业，可将小规模种植、转向连片种植、大型机械设备作业。经测算：1 台大型机械设备一天的耕地效率相当于 10 台小型机械设备的效率，成本上只有小型设备的 60%。种子品种选择方面，企业可以指定品种让农民种植，并且有利于新品种的推广。农资供应方面，几吨、十几吨量得不到优惠，而统一采购两三千吨的量可以进行招标购买质高价廉的农资产品。在生产环节，农民每亩地节省成本 70 元，直接托管 3 万亩地相当于节省 210 万元成本。截至目前，中心服务面积达到 5 万亩，服务农户 6000 户，直接带动就业人数 300 人，间接带动就业人数达到 1000 人，粮食产量达到 3 万吨，农机使用率达到 75%。今后，永宁粮食银行将继续以"立足农村、服务三农"为根本宗旨，同时将在产业融合、企业创新发展等方面不断拓宽领域，将按照永宁粮食银行模式在宁夏全区内建设 5 家粮食银行，建设标准化营业网点 100 家，覆盖宁夏粮食主产区全境，实现"一村一点"。同时，进一步发挥永宁现代农业社会化服务中心的功能，使中心服务面积达到 30 万亩，服务农民 20000 户，直接带动就业人数 1500 人，间接带动就业人数 3200 人，农机化使用率达到 95%。

7. 重庆农垦的涉农融资租赁服务模式

在农业部农垦局大力支持下，2016 年，重庆农垦联合安徽农垦、广西农垦、成都农垦、河北中捷农场、山东兰陵农场、山东南阳湖农场以及北京财信集团、重庆迈瑞城投集团发起设立了中垦融资租赁股份有限公司。融资租赁是指由租赁公司按承租单位要求出资购买重资产，在合同期内将重资产提供给承租单位使用的融资信用业务，是以融资为目的的租赁活动。农业领域中，金融服务非常不充分。但现代农业是重资产行业，产业链规模化、产业化后的各个业务单元都需要重资产投入，都可以设计成融资租赁的资产标的。农机农具、机械厂房、养殖圈舍、种植大棚、运输设备、仓储设施、农批市场和小城镇建设是直接可以开展融资租赁业务的理想标的，而像土地流转、农资采购、奶牛购置、种猪购置、订单农业、连锁渠道也可以开展融资租赁业务。比如，农业经营主体在生产当中已经确定要增加或者是更新设备但资金不够时，可请求融资租赁公司为其提供融资支持，帮助农业经营主体把设备买下来租给农业经营主体使用，由农业经营主体向融资租赁公司按期支付租金。又比如，农业经营主体可以自有农场、牧场的产品产出为抵押向融资租赁公司申请规模化土地转租、农资购买资金垫付、订单农业的生产性资金垫付，向农业经营主体开展奶牛、种猪等生物性资产的分成租赁或可转换债租赁。不过，由于这些业务的自然风险和市场风险较大，所以往往需要借助农业保险进行风险规避，并主要采取风险租赁的模式。

中垦租赁的涉农业务最早是从农机租赁开始的，然后逐步延伸到整个农业产业链。在农机租赁业务开展过程中，公司又把业务向其他领域延伸，还为中垦乳业公司开展了创新性的"活体租赁"（奶牛租赁），从原来的设备租赁业务开始延伸到生物资产租赁。牧场通过融资租赁的方式买青贮收获机、挤奶设备时，公司了解到牧场对奶牛更新方面有融资需求，于是为牧场 5000 头泌乳牛办理售后回租业务——从牧场那里把这 5000 头奶牛买下来后又租给牧场。做农业融资租赁非常关键的一点是交易真实。中垦融资租赁公司不是把钱直接给农业经营主体，而是把钱交给农机、农资等涉农服务商，农业经营主体和涉农服务商之间买农资、选设备、订设备是他们之间的事，融资租赁公司只是帮农业经营主体付款，这个钱直接交给涉农服务商，以确保交易的真实。

中垦融资公司对农业经营主体的金融服务是全方位的。比如，农业经营主体通过融资租赁获得了农机设备，设定的租期是一年或者两年，农业经营主体按期还完款后，设备就归农业经营主体。如果农业经营主体在购买种子、化肥，甚至子女上学、大病医疗等方面需要资金，按照融资租赁的业务范围是不能直接放款的，融资租赁公司的钱是不能在没有任何设备作为保障的情况下直接给出。这时候，就可以让农业经营主体把农机卖给中垦融资租赁公司，以获得一大笔应急资金，农业经营主体再通过设备回租的形式分期向融资租赁公司以租金的形式还款。此外，由于农业有较高的自然风险和市场风险，中垦融资租赁公司在为农业经营主体开展租赁业务的同时，还配套为农业经营主体提供农业保险等增值服务，有保险理赔作为租赁还款的最后一道保险，把农业经营主体和融资租赁公司的租赁风险降到最低。

中垦融资租赁公司，是贯彻落实各中央文件精神的生动实践和重要举措，是重庆加快建设长江经济带西部地区核心增长极、全国重要功能性金融中心、西部创新中心的重要载体和创新平台，是推进全国农垦联合联盟联营、建设农垦国际大粮商战略的重大尝试和积极探索。中垦融资租赁公司是以互联网思维做中国农垦国际大粮商建设的重要融资平台，是以产业升级思维做农垦改革发展的增值服务商，是以开放合作思维做农业创新金融产品的优质供应商。2016 年，中垦融资公司实现租赁资产 2 亿元，主营业务收入 1200 万元，营业外收入 1500 万元，利润 2500 万元，取得了"当年发起设立、当年揭牌运行、当年产生效益"的好成绩。未来，中垦融资租赁公司力争通过 3～5 年的努力实现三个目标，完成四项任务，即实现融资租赁业务达到 400 亿元的规模目标，现年租赁业务收入 80 亿元和年利润 10 亿元的经营目标，实现净资产收益率 15% 的股东回报目标。四项任务是推进全国化布局，建成由 5～8 家子公司组成的"全国化布局、区域化深耕、特色化经营"的中垦融租赁集团，努力建设成为全国融资租赁领军企业；引入战略投资者，推进增资扩股，深化混合所有制改革，实现资本、资源、资金的融合，进一步增强资本实力；加快证券化进程，登陆资本市场，建成全国首个涉农融资租赁上市企业；促进规范化运营，建立健现代企业制度，强化内部治理，提升公司管理能力、决策效率和运营效率。

6.3　发展合作化共享农业

6.3.1　小农场与大市场对接

生产者与消费者碎片化分散，经销商逐级批发多环节流通，是我国农产品从田间到厨房的基本格局，也是我国传统农业经营效益低下、农产品质量安全事件频发、消费者质量安全信任危机的主要根源。在生产环节，由于农户经营规模太小，出于生计压力或经济理性的觉醒，农户要么非农转移弃耕撂荒，或农业兼业化，给粮食安全造成重大隐患，要么追求更高产量滥用违禁品，给食品安全构成重大威胁。在流通环节，农产品从田间到厨房的供应链链条长，交易成本高，质量安全漏洞多。由于信息不对称，产销脱节，农产品"卖难买贵"时有发生。多重因素叠加，导致当前我国农产品出现生产量、进口量、库存量"三量齐增"的怪象(陈锡文，2015)，形成农民增产不增收，而消费者又很难在国内放心消费的供需悖论。因此，迫切需要通过供给侧结构性改革，调整产品结构，提升产品质量，缩短供应链条，增加供应链透明度，促进农产品供给品种、数量、质量和价格契合消费者需求，增强消费者对国内农产品质量安全的信心(邵腾伟等，2016)。其实早在20世纪90年代，我国农业就已经开始出现供给侧结构失衡问题，并引起学术界和实务界的广泛关注，过去的提法叫转变农业发展方式，只是多年转变农业发展方式的努力成效甚微，我国农业发展方式仍然很粗放(王庚等，2016)。一个重要的原因是没有找到行之有效的技术手段实现农户组织化、供应链透明化和农产品产销对接，致使我国农业长期维持在小农经济的落后状态。

互联网时代的到来，为整体把握和系统解决我国农业供需失衡问题提供了新的思路。互联网最大的优势在于信息对称和互联互通，随着互联网的深入发展，农业作为人类最古老的产业正在接受着互联网这个新锐力量的影响和重塑，一步步接入互联网的秩序和逻辑之中(Maria et al.，2013)。传统农业生产全凭经验行事，施肥、饲喂和用药投放往往不少即多，既影响产量和资源利用，又带来环境污染和生态破坏。借助互联网，可根据空间变异定位、定时、定量地实施一整套现代化农事操作和管理程序，实现精准化生产，提高资源利用率、劳动生产率、土地产出率，以及农产品质量和农耕生态文明水平(Paul et al.，2013)。传统农产品产、供、销各个环节存在不同程度的不透明、不对称、不规范情形，运用互联网可以把产业链上、中、下游各利益相关者集成在互联互通的网络上形成产业集聚，进行网上直接交易匹配，并通过大数据建立征信体系，做到产业链信息对称和全程质量追溯，既降低交易成本又保障产品质量。传统农业各自为政的小生产与碎片化，及多样化的市场需求往往导致产销脱节，从而使产品价格大起大落。碎片化的生产者通过网络化合作，运用大数据技术挖掘和聚合消费者的个性化需求，按照分类聚合的消费者需求去柔性化组织农产品的生产，形成C2B(customer to business)以销定产电商模式(Lehner，2013)，可让农产品产销对接，以销定产在理论上和实践上是可行的。

互联网对传统农业的改造也为农业生产经营接入分享经济模式创造了便利条件。分享经济(sharing economy)亦称共享经济(Felson et al.，1978)，是指利用互联网等现代信息技术整合、分享海量的分散化闲置资源，满足多样化需求的经济活动。随着互联网、云计算、大数据、物联网、移动支付、虚拟现实(virtual reality，VR)、基于位置的服务(location based service，LBS)和区块链(blockchain)等现代信息技术及其创新应用的快速发展，资源要素的快速流动与高效配置变得容易，人们分享产品、技术和服务的交易成本大幅度降低，由此引发分享经济在金融服务、交通出行、房屋出租、知识技能等方面率先发展，并加速向农业等传统领域渗透。伴随着互联网的广泛普及，消费者主权(consumer sovereignty)开始回归，碎片化的消费者以社群方式组织起来，主动介入农业生产流通环节进行消费体验(experience consumption)，以监督供给侧提高产品质量。进而消费者和生产者不再只是单纯的买卖关系，而是共同捍卫食品安全的生产消费者(prosumer)，而合作社也以土地托管等方式对其农田实行统一管理，实现生产资料和农化服务的共享化，从而开启了现代农业共享经济时代。"prosumer"最早出自美国 Bill Quain 教授的 *Prosumer Power* 一书，它是由 producer(生产者)和 consumer(消费者)两词合并而成。广义上讲，创造消费行为的人都可以称为生产消费者；狭义上讲，生产消费者首先必须是消费者，然后通过对自己所使用的产品进行口碑宣传，使更多的人产生了消费行为，促进产品通过定制化方式进行流通。prosumer 在农业领域里出现必将为互联网时代下的现代农业共享化发展带来深远影响。鉴于此，本书深入讨论基于 prosumer 的现代农业分享经济，探索消费者深度介入农业供给侧条件下的现代农业分享经济模式，为分享经济升级改造传统农业寻找有效实施路径。

6.3.2　共享农业的理论框架

1.互联网农业分享经济模型框架

发挥互联网的信息对称和互联互通优势，可将碎片化的小农户聚合为组织化的农民合作社(consumer to business，C2B)，碎片化的消费者聚合为社群化的食物社区(business to consume，B2C)，然后由农民合作社直接向食物社区产消对接(business to business，B2B)，形成消费者向食物社区聚合订单、食物社区通过电商平台向农民合作社下订单、农民合作社把订单分解到有关农户并组织生产的 C2B2B2C 的基本框架(图 6-2)。在这种模式下，产品生产出来后由有关农户集中到合作社，再由合作社直接向食物社区配送，消费者直接到食物社区指定的取货点取货，并在食物社区的组织下充分参与合作社农产品生产供应环节的消费体验和产品质量监督。

2.食物社区实现农产品消费共享

设有 n 个消费者成为某食物社区的参与者，其中，第 i 个消费者的购买量为 λ_i，E_i 为该消费者在购买过程中的时间、精力、体力及货币投入品组合，对应成本为 C_i，并假定 $C_i = E_i^2$。设消费者未与其他消费者聚合为食物社区之前单独购买行为获得的价值(含产品价值、服务价值、形象价值等)为 $Z_i = \lambda_i E_i$，于是可得第 i 个消费者的顾客让渡价值为

$$U_i = Z_i - C_i = \lambda_i E_i - E_i^2 \qquad (i=1,2,\cdots,n) \tag{6-1}$$

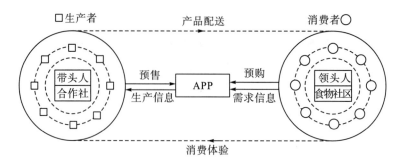

图 6-2　农业分享经济的基本框架

当消费者聚合到食物社区以后，一个消费者的消费体验通过信息共享成为其他消费者的共同知识，单个消费者时间维度的多样化波动需求通过众多消费者的参与聚合为批量化均匀需求，也便于生产者组织生产供应，从而让食物社区的所有消费者受益。因此，单个消费者对食物社区的参与投入对其他参与者存在价值外溢，设 $\delta_i > 0$ 为第 i 个消费者受益于其他消费者消费投入的外溢系数，则此时该消费者的消费价值与顾客让渡价值分别为

$$Z_i^0 = \lambda_i \left[1 + \delta_i \left(\sum_{j=1}^{i-1} E_j + \sum_{j=i+1}^{n} E_j \right) \right] E_i \quad (i=1,2,\cdots,n) \tag{6-2}$$

$$U_i^0 = \lambda_i \left[1 + \delta_i \left(\sum_{j=1}^{i-1} E_j + \sum_{j=i+1}^{n} E_j \right) \right] E_i - E_i^2 \quad (i=1,2,\cdots,n) \tag{6-3}$$

假定消费者是同质化的，不妨设 $\lambda_i = \lambda$、$\delta_i = \delta$，于是食物社区所有消费者的顾客让渡价值为

$$U = \sum_{i=1}^{n} U_i^0 = \sum_{i=1}^{n} \left\{ \lambda \left[1 + \delta \left(\sum_{j=1}^{i-1} E_j + \sum_{j=i+1}^{n} E_j \right) \right] E_i - E_i^2 \right\} \tag{6-4}$$

式(6-4)是由 $E_i\ (i=1,2,\cdots,n)$ 联合决定 U 取值的多元连续函数，其 Hessian 矩阵为

$$H = \begin{bmatrix} -2 & 2\delta\lambda & \cdots & 2\delta\lambda \\ 2\delta\lambda & -2 & \cdots & 2\delta\lambda \\ \vdots & \vdots & & \vdots \\ 2\delta\lambda & 2\delta\lambda & \cdots & -2 \end{bmatrix}_{n \times n}$$

计算得 $|H| = (-2)^n (1+\delta\lambda)^{n-1} \left[1 - \delta\lambda(n-1) \right]$。由 $\lambda = 1/n$、$0 < \delta < 1$，知 $1 - \delta\lambda(n-1) > 0$，由此得 H 矩阵的所有奇数阶顺序主子式小于零，所有偶数解顺序主子式大于零，可判断 H 为负定矩阵，式(6-4)存在极大值。对式(6-4)求一阶最优化条件，得极大值点 $(E_1, E_2, \cdots, E_n)$ 满足：

$$\begin{cases} \dfrac{\partial U}{\partial E_1} = \lambda\left[1 + 2\delta\left(E_2 + E_3 + \cdots + E_n\right)\right] - 2E_1 = 0 \\[2mm] \dfrac{\partial U}{\partial E_2} = \lambda\left[1 + 2\delta\left(E_1 + E_3 + \cdots + E_n\right)\right] - 2E_2 = 0 \\[2mm] \qquad\qquad\qquad\vdots \\[2mm] \dfrac{\partial U}{\partial E_n} = \lambda\left[1 + 2\delta\left(E_1 + E_2 + \cdots + E_{n-1}\right)\right] - 2E_n = 0 \end{cases} \tag{6-5}$$

由式 (6-5) 得每个消费者最优购买需要的要素投入为

$$E_i^* = \lambda\big/\left[2 - 2\lambda\delta(n-1)\right] \qquad (i = 1, 2, \cdots, n) \tag{6-6}$$

每个消费者此时获得的顾客让渡价值为

$$U_i^* = \lambda^2\big/4\left[1 - \lambda\delta(n-1)\right] \qquad (i = 1, 2, \cdots, n) \tag{6-7}$$

将式 (6-6) 代入式 (6-1)，得消费者 i $(i = 1, 2, \cdots, n)$ 分散购买时的顾客让渡价值为

$$\begin{aligned} U_i &= \lambda E_i - E_i^2 = \frac{2\lambda^2}{4\left[1 - \lambda\delta(n-1)\right]}\left(1 - \frac{1}{2\lambda\delta(n-1)}\right) \\[2mm] &= 2U_i^*\left(1 - \frac{1}{2 - 2\lambda\delta(n-1)}\right) < 2U_i^*\left(1 - \frac{1}{2}\right) = U_i^* \end{aligned} \tag{6-8}$$

即消费者在相同购买要素投入下，通过社群化食物社区的协同消费，每个单消费者都获得了更大的顾客让渡价值。

3.合作社实现农产品生产共享

与消费者社群化聚合带来投入减少和产出增加类似，小农户通过合作社进行组织化聚合可实现土地共享、农机共享和农技共享，将小块碎片化土地聚合为连片规模化土地进行机械化和标准化生产以提高农业生产效率，让农机产能饱和以减少农机闲置浪费和购买投入，让种养殖能手的技术推广覆盖到更大范围的农业土地上。不仅如此，分散的小农户聚合到合作社，得以以集体力量进入市场，还可显著提升市场话语权和定价权，降低农资购买成本，提升农产品市场销售价格。

在农户缺乏组织化的情况下，分散农户只能与收购商（用 M 表示）一对一单独进行产品收购谈判。假设收购商与 t 户分散农户分割总额为 N 的生产者剩余。设农户与收购商 M 的谈判顺序为 r $(r = 1, 2, \cdots, t)$，用 x_r 表示谈判顺序为 r 的农户分得的剩余，用 $x_{M,r}$ 表示谈判顺序为 $r \sim t$ 的农户与收购商分割的剩余总额。于是有

$$\begin{cases} x_{M,1} = N \\ x_{M,r+1} + x_r = x_{M,r} \end{cases} \qquad (r = 1, 2, \cdots, t-1) \tag{6-9}$$

定义 $F_r = \left\{\left(x_{M,r}, x_r\right) : x_{M,r+1} + x_r = x_{M,r}\right\}$ $(r = 1, 2, \cdots, t-1)$，并假定农户与收购商的

GNB(generalized nash bargaining)的威胁点 $(d_1, d_2) = (0,0)$ ，于是得收购商与谈判顺序为 r 的农户讨价还价模型为

$$\max_{(x_{M,r+1}, x_r) \in F_r} x_{M,r+1}^{\alpha} x_r^{\beta} \qquad (r = 1, 2, \cdots, t-1) \qquad (6\text{-}10)$$

式中， α 和 β 分别表示农户和收购谈判能力且有 $\alpha + \beta = 1$ ，由于农户在市场谈判中是价格接受者，有 $0 < \alpha \leqslant 1/2 \leqslant \beta < 1$ 。设 x_M 为收购商在与谈判顺序为 t 那最后一农户谈判中分到的剩余利益，于是收购商与该农户的 GNB 讨价还价模型为

$$\max_{(x_M, x_t)} x_M^{\alpha} x_t^{\beta} \qquad (6\text{-}11)$$

对式(6-10)关于 x_r 和式(6-11)关于 x_M 优化并联立求解，得

$$\begin{cases} x_r = \alpha^{r-1} \beta N & (r = 1, 2, \cdots, t) \\ x_M = \alpha^t N \end{cases} \qquad (6\text{-}12)$$

由式(6-12)可以看出，农户所得剩余利益与谈判顺序相关，顺序越靠后分得剩余越少，最后的农户仅得剩余利益 $\alpha^{t-1} \beta N$ 。在此情况下，必然发生分散农户私下"行贿"收购商，以获得靠前谈判顺序的情况，竞争的结果是各农户最终实际分得剩余利益降为 $\alpha^{t-1} \beta N$ ，收购商得到 $(1 - t\alpha^{t-1}\beta) N$ 的剩余利益，即

$$\begin{cases} x_r = \alpha^{t-1} \beta N & (r = 1, 2, \cdots, t) \\ x_M = (1 - t\alpha^{t-1}\beta) N \end{cases} \qquad (6\text{-}13)$$

现假定 t 户同质农户结成联合体(用 F 表示)，参与消费者通过互联网聚合而成的众筹预购团体(用 B 表示)的订单供货，设 F 与 B 共同分享总额为 N 的生产者剩余，设他们各自实际所分剩余分别为 x_F 和 x_B ， x_t 为一户农户所得剩余，仍假设 F 与 B 谈判威胁点为 $(d_1, d_2) = (0,0)$ ，于是有下列目标约束函数：

$$\begin{cases} \max \left(x_F^*\right)^{\alpha^*} \left(x_B^*\right)^{\beta^*} \\ \text{s.t.} x_F^* + x_B^* = N \\ \alpha^* + \beta^* = 1 \\ x_r^* = \dfrac{x_F^*}{t} & (r = 1, 2, \cdots, t) \end{cases} \qquad (6\text{-}14)$$

式中， α^* 和 β^* 分别为 F 与 B 的谈判能力，由此解得 B 和谈判顺序为 r 的农户所得剩余利益分别为

$$\begin{cases} x_B^* = \beta^* N \\ x_r^* = \dfrac{\alpha^*}{t} N & (r = 1, 2, \cdots, t) \end{cases} \qquad (6\text{-}15)$$

由于 F 与 B 的谈判地位相当，为简便起见，设 $\alpha^* = \beta^* = 1/2$ ，于是式(6-15)转化为

$$
\begin{cases}
x_B^* = \dfrac{1}{2}N \\[2mm]
x_r^* = \dfrac{1}{2t}H \quad\quad (r=1,2,\cdots,t)
\end{cases} \tag{6-16}
$$

由式(6-14)和式(6-16)联立，得

$$
x_r^* - x_r = \left(\frac{1}{2t} - \alpha^{t-1}\beta\right)N > 0 \quad\quad (r=1,2,\cdots,t) \tag{6-17}
$$

由此可见，由于市场谈判能力的提升，生产者联合将为生产者争取到更多剩余利益。

4.产销一体促进供应链信息对称

传统农产品从田间到消费者通常需要经过农村"最初一公里"集货、产地批发、多环节中转、销地批发、农贸市场、生鲜超市和城市"最后一公里"等诸多环节才能最终与消费者见面，形成连续多重委托代理链。设农产品传统供应链共有 m 个交易主体，从而形成 $m-1$ 个连续的委托代理关(图6-3)。

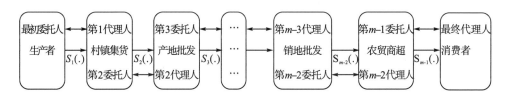

图6-3　农产品电商双重委托代理链

在传统农产品供应链模式中，设 a 为可观测的委托代理目的，是供应链上各交易主体的共同知识；$s_j(\cdot)$ 是第 j 个交易主体根据自身的冯·诺依曼-摩根斯坦效用函数制定的制约条件，用 $s_j\big[s_{j-1}(.)\big]$ 表示第 j 个交易主体对第 $j+1$ 个交易主体的制约，其建立在第 $j-1$ 个交易主体对自己的制约基础之上，于是有 $s_j\big[s_{j-1}(.)\big]$，$(j=2,3,\cdots,m-1)$；$s_1(a)$，$j=1$。定义不确定条件下的效用函数 u_j $(j=1,2,\ldots,m)$ 服从边际效用递减规律，$u_j' > 0$，$u_j'' \leqslant 0$，即供应链上的各交易主体都是风险中性或风险规避者，u_j 为其保留效用；交易成本函数 c_j $(j=1,2,\ldots,m)$ 满足 $c_j' > 0$、$c_j'' > 0$ 的边际递增条件；第 j 个交易主体的努力水平为 a_j $(j=1,2,\ldots,m)$，$0 \leqslant a_j \leqslant 1$；密度函数及其对 a_j 的偏导数分别为 $f(a;a_2,a_3,\ldots,a_m)$ 和 $f_{a_j}(a;a_2,a_3,\ldots,a_m)$。传统农产品供应链信息不对称，供应链上一个交易主体的努力程度降低，即使供应链上其他交易主体的努力程度不变，整条供应链运行效率也因此降低。为了深入研究，先假定供应链上各交易主体间信息完全对称，于是，整条供应链的委托代理

关系可表述为

$$
\begin{cases}
\displaystyle\max_{S_1(a)} \int u_1\big[\pi - s_1(a)\big] \cdot f(a;a_2,a_3,\cdots,a_m)\mathrm{d}a \\[2mm]
\text{s.t.(IC)} \int u_j\big[s_{j-1}(s_{j-2})\big] \cdot f(a;a_2,a_3,\cdots,a_m)\mathrm{d}a - c_j(a_j) \geq \bar{u}_j,\ (j=m) \\[2mm]
\displaystyle\int u_j\big[s_{j-1}(s_{j-2}) - s_j(s_{j-1})\big] \cdot f(a;a_2,a_3,\cdots,a_m)\mathrm{d}a - c_j(a_j) \geq \bar{u}_j,(j=2,3,\cdots,m\text{-}1) \\[2mm]
\text{(IR)} \int u_j\big[s_{j-1}(s_{j-2})\big] \cdot fa_j(a;a_j,a_{j+1},\cdots,a_m)\mathrm{d}a = c'_j(a_j),(j=m) \\[2mm]
\displaystyle\int u_j\big[s_{j-1}(s_{j-2}) - s_j(s_{j-1})\big] \cdot fa_j(a,a_j,a_{j+1},\cdots,a_m)\mathrm{d}a = c'_j(a_j),(j=2,3,\cdots,m-1)
\end{cases} \quad (6\text{-}18)
$$

将式(6-18)分解为最初委托代理、中间委托代理和最终委托代理三个部分,即有

$$
\begin{cases}
\displaystyle\max_{s_1(a)} \int u_1\big[a - s_1(a)\big] \cdot f(a;a_2,a_3,\cdots,a_m)\mathrm{d}a \\[2mm]
\text{s.t.(IC)} \int u_2\big[s_1(a) - s_2(s_1)\big] \cdot f(a;a_1,a_2,\cdots,a_m)\mathrm{d}a - c_2(a_2) \geq \bar{u}_2 \\[2mm]
\text{(IR)} \int u_2\big[s_1(a) - s_2(s_1)\big] \cdot fa_2(a;a_1,a_2,\cdots,a_m)\mathrm{d}a = c'_2(a_2)
\end{cases} \quad (6\text{-}19)
$$

$$
\begin{cases}
\displaystyle\max_{s_j(s_{j-1})} \int u_j\big[s_{j-1}(s_{j-2}) - s_j(s_{j-1})\big] \cdot f(a;a_2,a_3,\cdots,a_m)\mathrm{d}a \\[2mm]
\text{s.t.(IC)} \int u_{j+1}\big[s_{j-1}(s_{j-2}) - s_j(s_{j-1})\big] \cdot f(a;a_2,\cdots,a_m)\mathrm{d}a - c_{j+1}(a_{j+1}) \geq \bar{u}_{j+1} \\[2mm]
(IR) \int u_{j+1}\big[s_{j-1}(s_{j-2}) - s_j(s_{j-1})\big] \cdot fa_{j+1}(a;a_2,\cdots,a_m)\mathrm{d}a = c_{j+1}(a_{j+1})
\end{cases} \quad (6\text{-}20)
$$

$$
\begin{cases}
\displaystyle\max_{S_m(s_{m-1})} \int u_m\big[s_{m-1}(s_{m-2}) - s_m(s_{m-1})\big] \cdot f(a;a_2,a_3,\cdots,a_m)\mathrm{d}a \\[2mm]
\text{s.t.(IC)} \int u_m\big[s_{m-1}(s_{m-2})\big] \cdot f(a;a_2,\cdots,a_m)\mathrm{d}a - c_m(a_m) \geq \bar{u}_m \\[2mm]
\text{(IR)} \int u_m\big[s_{m-1}(s_{m-2})\big] \cdot f(a;a_2,\cdots,a_m)\mathrm{d}a = cm(a_m)
\end{cases} \quad (6\text{-}21)
$$

由于假定信息完全对称,所有代理人的努力程度 a_j $(j=2,3,\ldots,m)$ 都可以被所有委托人直接观察到,所有交易主体都没有私人信息,上述三段委托代理可独立地实现帕累托最优,每位代理人只有做出最有利于自己委托人的业绩才最有利于自己,因此式(6-19)～式(6-21)可解除激励兼容约束条件,得

$$
\begin{cases}
\displaystyle\max_{S_1(a)} \int u_1\big[\pi - s_1(a)\big] \cdot f(a;a_2,a_3,\cdots,a_m)\mathrm{d}a \\[2mm]
\text{s.t.(IC)} \int u_2\big[s_1(a) - s_2(s_1)\big] \cdot f(a;a_1,a_2,\cdots,a_m)\mathrm{d}a - c_2(a_2) \geq \bar{u}_2
\end{cases} \quad (6\text{-}22)
$$

$$
\begin{cases}
\displaystyle\max_{s_j(s_{j-1})} \int u_j\big[s_{j-1}(s_{j-2}) - s_j(s_{j-1})\big] \cdot f(a;a_2,a_3,\cdots,a_m)\mathrm{d}a \\[2mm]
\text{s.t.(IC)} \int u_{j+1}\big[s_{j-1}(s_{j-2}) - s_j(s_{j-1})\big] \cdot f(a;a_2,\cdots,a_m)\mathrm{d}a - c_{j+1}(a_{j+1}) \geq \bar{u}_{j+1}
\end{cases} \quad (6\text{-}23)
$$

$$\begin{cases} \max\limits_{s_m(s_{m-1})} \int u_m \left[s_{m-1}(s_{m-2}) - s_m(s_{m-1}) \right] \cdot f(a; a_2, a_3, \cdots, a_m) \mathrm{d}a \\ \mathrm{s.t.(IC)} \int u_m \left[s_{m-1}(s_{m-2}) \right] \cdot f(a; a_2, \cdots, a_m) \mathrm{d}a - c_m(a_m) \geqslant \overline{u}_m \end{cases} \tag{6-24}$$

对式 (6-22) 运用拉格朗日函数求最优化一阶条件，即

$$\max L(s_1) = \int u_1 \left[a - s_1(a) \right] \cdot f(a; a_2, a_3, \cdots, a_m) \mathrm{d}a + \lambda_1 \Big\{ \int u_2 \left[s_1(a) - s_2(s_1) \right] \\ \times f(a; a_1, a_2, \cdots, a_m) \mathrm{d}a - c_2(a_2) - \overline{u}_2 \Big\}$$

得

$$\lambda_1 = \frac{u_1' \left[\pi - s_1(a) \right]}{u_2'(s_1 - s_2)} = \frac{u_1'}{u_2'} \tag{6-25}$$

同理对式 (6-23)、式 (6-24) 运用拉格朗日函数求最优化一阶条件，得

$$\lambda_j = \frac{u_j' \left(s_{j-1} - s_j \right)}{u_{j+1}' \left(s_j - s_{j+1} \right)} = \frac{u_j'}{u_{j+1}'} \qquad (j = 2, 3, \cdots, m-1) \tag{6-26}$$

$$\lambda_m = \frac{u_{m-1}' \left(s_{m-2} - s_{m-1} \right)}{u_m' \left(s_{m-1} \right)} = \frac{u_{m-1}'}{u_m'} \tag{6-27}$$

将式 (6-25)～式 (6-27) 合并，得

$$\lambda_j = \frac{u_j'}{u_{j+1}'} \qquad (j = 1, 2, \cdots, m-1) \tag{6-28}$$

由式 (6-28) 可以看出，当相邻交易主体的边际替代率相同时，委托代理链可达到帕累托最优。但现实情况却是农产品供应链中间环节多，信息不对称。但由式 (6-28) 递推，可得

$$u_j' = \lambda_j \lambda_{j+1} \cdots \lambda_{j+k} u_{j+k+1}' = \prod_{l=0}^{k} \lambda_{j+1} u_{j+k+1}' \qquad (k = 1, 2, \cdots, m-j-1) \tag{6-29}$$

式 (6-29) 表明，在信息完全对称条件下，多个彼此相邻的交易主体合并，其委托代理链仍然是帕累托最优，即当经济体与外界交易成本太高时可采取内部合并降低交易成本。因此，尽管现实情况并不能保证图 6-3 中各个交易主体信息完全对称，但通过缩减中间环节，乃至像图 6-2 那样实现产销直接对接，可减少供应链中的信息不对称，而消费体验的植入则进一步促进信息对称化与透明化。

5.产销对接降低交易成本

生产者与消费者借助电商平台缩减中间环节并在供给侧植入消费体验，不仅可以促进供应链信息对称化与透明化，还可节省交易费用。先不考虑农产品在供应过程中的变质及损耗，在图 6-2 所示的传统供应模式下，设第 $s(s = 1, 2, \cdots, m-1)$ 环节经营者销售一个单位农产品的售价为 $p_s^{(0)}$，相应进货成本为 $p_{s-1}^{(0)}$（其中 $p_0^{(0)} = p_0$ 为农产品出场价）。为简化起见，交易环节的毛利率、增值税率和其他税

率在不同的交易环节是相同的，分别为 θ、t_a 和 t_0，于是第 s 交易环节的会计等式为

$$p_{s-1}^{(0)} + \theta p_s^{(0)} + t_a\left(p_s^{(0)} - p_{s-1}^{(0)}\right) + t_0 p_s^{(0)} = p_s^{(0)} \quad (s = 1, 2, \cdots, m-1) \tag{6-30}$$

由式 (6-30) 得 $p_s^{(0)}$ 与 $p_{s-1}^{(0)}$ 的递推关系为

$$p_s^{(0)} = (1 - t_a) p_{s-1}^{(0)} \big/ (1 - \theta_s - t_a - t_0) \quad (s = 1, 2, \cdots, m-1) \tag{6-31}$$

由式 (6-31) 得市场终端价为

$$p_{m-1}^{(0)} = p_0 \prod_{s=1}^{m-1}(1 - t_a) \bigg/ \prod_{s=1}^{m-1}(1 - \theta - t_a - t_0) \tag{6-32}$$

现将农产品在供应过程的自然腐烂和拣拾转运损毁考虑进去，设第 s 交易环节损耗率为 $\phi \in (0,1)$，相应进货量 Q_{s-1} 与销售量 Q_s 为

$$Q_s = Q_{s-1}(1 - \phi) \quad (s = 1, 2, \cdots, m-1) \tag{6-33}$$

在考虑损耗的情况下，设第 s 环节农产品售价为 p_s、进货价为 p_{s-1}（其中 $p_0 = p_0^{(0)}$ 为农产品出场价），于是式 (6-30) 转化为

$$Q_{s-1}p_{s-1} + \theta_s Q_s p_s + t_a\left(Q_s p_s - Q_{s-1}p_{s-1}\right) + t_0 Q_s p_s = Q_s p_s, (s = 1, 2, \cdots, m-1) \tag{6-34}$$

将式 (6-33) 代入式 (6-34)，化简得

$$p_s = \frac{(1 - t_a) p_{s-1}}{(1 - \theta - t_a - t_0)(1 - \phi)} \quad (s = 1, 2, \cdots, m-1) \tag{6-35}$$

由此得传统多环节供应链模式下消费者购买农产品的价格为

$$p_{m-1} = p_0 \left(\frac{1 - t_a}{(1 - \theta - t_a - t_0)(1 - \phi)}\right)^{m-1} \tag{6-36}$$

由于式 (6-36) 中 $\dfrac{1 - t_a}{(1 - \theta - t_a - t_0)(1 - \phi)} > 1$，因此交易环节越多，消费者购买产品的价格越高。若采取如图 6-2 所示的互联网农业分享经济模式（$m = 2$），这时消费者购买农产品的价格降低到 $\dfrac{(1 - t_a) p_0}{(1 - \theta - t_a - t_0)(1 - \phi)}$，单位产品节省交易费用 $\left[\left(\dfrac{1 - t_a}{(1 - \theta - t_a - t_0)(1 - \phi)}\right)^{m-1} - \dfrac{(1 - t_a)}{(1 - \theta - t_a - t_0)(1 - \phi)}\right] p_0$。节省的交易费用通常不全归消费者，而是由生产者与消费者分享，根据式 (6-36)，可假定生产者与消费者把节省的交易费用五五分成。这时合作社农户的农产品出场价格 p_0^* 和食物社区消费者的购买价格 p^* 满足以下公式：

$$\begin{cases} p_0^* = p_0 + \dfrac{1}{2}\left[\left(\dfrac{1-t_a}{(1-\theta-t_a-t_0)(1-\phi)}\right)^{m-1} - \dfrac{(1-t_a)}{(1-\theta-t_a-t_0)(1-\phi)}\right]p_0 > p_0 \\[4mm] p^* = p_{m-1} - \dfrac{1}{2}\left[\left(\cdot\dfrac{1-t_a}{(1-\theta-t_a-t_0)(1-\phi)}\right)^{m-1} - \dfrac{(1-t_a)}{(1-\theta-t_a-t_0)(1-\phi)}\right]p_0 < p_{m-1} \end{cases} \tag{6-37}$$

式 (6-37) 表明，现代农业分享经济模式让生产者与消费者均实现了 Pareto 改进。应当指出，在上述推导过程中，假定图 6-2 的传统供应链模式与图 6-1 的互联网农业分享经济模式的物流费用相同。事实上，由于传统供应链的中间环节多，农产品装卸次数及运输里程多，物流费用高，如果考虑这些因素，则图 6-1 所示的互联网农业分享经济模式较图 6-2 的传统农业多环节供应链模式会节约更会交易费用。

6.3.3　共享农业示范性案例

1. "土地信托" 开启农产品生产共享

土地托管是指农民专业合作社等农业社会化服务组织作为受托方接受农民委托，对从分散小农户那里受托的农田实行统一专业化管理。土地托管从本质上促成了生产资料和农化服务的共享化，这是中国农村基层在面临土地规模化经营取向与农户土地碎片化分散的现实矛盾中探索出来的一套农业分享经济模式。托管方通过提供劳务、服务、采购等方式，对分散土地进行集中统一经营，实现粮食种植的规模化、标准化、机械化、专业化、一体化，从而有效降低农资、农机、劳动等粮食生产成本，提高粮食产量和质量，通过统一销售等方式提高粮食单价并降低交易成本，从而较大程度提高经济收益。比如，某合作社土地托管的分享经济特征就比较典型。该合作社的分享经济特征主要体现在土地共享、农机共享和农技共享方面。在土地共享方面，通过共享闲置土地，农民带土地入社，推动了农业规模化、机械化发展，提高了农业种植效率。在农机共享方面，农民带机入社，农机通过 APP 进行作业，做到满负荷运行，提高了农机使用效率，降低农业生产成本。在农技共享方面，通过合作社聚集种植、养殖能手，手把手向周边农户示范推广高产农业种植、养殖技术。该社通过土地、农机和农技共享，最大限度满足农民不同的需求，一方面，为继续从事农业的农民减少了生产性投入，降低了经营风险，增加了经营收入。另一方面，为外出务工经商的农民工专业化代劳农业生产经营活动，从而使他们更加安心地外出务工经商，而家里的农业生产经营收入却并未减少，增加了农民的收入。与传统的通过土地流转实现规模化经营不同，该合作社的土地托管在方式上更灵活，政策约束较小，商业可持续性强。该合作社的土地托管不是采取让农民以较低固定土地流转金出让土地经营权，而是让托管农民支付服务费以享用土地托管服务方提供的菜单式服务，收获的粮食或粮食变现所得仍然归农民所有，既保留了农民的土地承包经营权，又让农民获得了远高于土地流转的收益，托管方则通过服务费用和农资、粮食差价赚取利润。与农民自种地相比，该合作社的土地托管有明显的规模经济效应，农资因统一采购形成议价优势，从而使成本下降，生产经营因标准化、机械化作业，生产成本大幅下降，农民和合作社通过规模化经营共享红利获得了更高的收益。

2．"乡间货的"开启农产品流通共享

农产品的需求端主要在城镇，而供给端则在乡村，城乡间的物流不畅一直是制约农业发展的最大障碍。基于互联网的"乡间货的"为破解城乡物流不畅提供了新的思路。"乡间货的"是一款装在智能手机终端的 APP，该软件定位于县到村级 2 吨以下的零担货运市场，上游货源与县级以上的干线物流快递公司合作，下游捎带乡镇、村的货源到县城各物流点、快递点。农户下载安装该款 APP 在手机上，通过触屏式的点击发布货源，就会有车主找上门来，将货物捎带到县城交付给干线物流公司，配送到全国县级以上城市。同时，农村各种机动车司机下载安装车主版的该款 APP，就会成为类似"滴滴打车"或"Uber"的运营车辆，灵活参与到干线物流公司需要配送到乡村或乡村需要交付给干线物流公司的产品业务，从而有效解决了农产品进城的前端物流配送问题，以及工业品下乡的末端物流配送问题，并提高了农村各类机动车辆的利用效率。

在传统的农村物流体系下，农村常会面临农产品进城"最初一公里"难及工业品下乡"最后一公里"难的问题，农户购货发货从县城到村的这一段路，往往都需要自己开车运送，费时费力又增加了成本。"乡间货的"共享物流平台的搭建，实现了农村物流资源的共享，让车主、货主及第三方实现共赢，有利于农产品进城与工业品下乡的双向联动，并孕育巨大的商业价值。按照农村零担物流占农产品物流总额的 5%保守估计，每年农村零担物流产品市值就有 1650 亿元。未来农村 9.5 亿人口的网购需求无疑将推动农村物流平台快速发展，像"乡间货的"这样的物流共享平台将充满无限的想象空间。

3．"俺家特供"开启农产品消费共享

随着生活水平的提高，加上近年频发的农产品质量安全事故，越来越多的消费者开始把目光投向农村定制产品，有的甚至租用农民土地自己耕种，希望通过自我农业劳动与自我农耕体验来获得放心食品。但由于驱车下乡耕种或采收农产品要占用消费者很多闲暇时间，尤其是地块小无法耕种丰富的产品满足消费者的多样化需求，因此消费者自己下乡耕种的参与成本高，商业可持续性差。

"俺家特供"是一款私家定制安全农产品的 APP，是为互联网的城市消费者低成本定制安全农产品的解决方案。在该模式下，碎片化的城市消费者基于地理位置可识别技术按照地理位置邻近原则，每 100 名左右的消费者聚合为一个消费者社群——食物社区，食物社区由一名发起人进行该消费者社群的组织管理。食物社区的家庭消费者通过 APP 在合作社提供的产品目录中选购农户家散种、散养的农产品，形成城市家庭和乡下农户的"1+1"农产品特供组合，相互间通过微信、QQ 进行农产品生产经营关键环节的视频播放，消费者与农户在网上对每次交易或服务质量相互进行评价，累积各自的信用，合作社统一为出场的农产品标上二维码，方便消费者扫码以跟踪产品生产农户、采摘时间、保质日期甚至主要成分等信息。与此同时，合作社还为食物社区消费者设置了农耕体验、观光休闲、质量追溯、物流配送等体验场景，方便食物社区消费者自发或有组织地进行随机消费体验，到合作社那里随机抽查农户的生态农作情况，了解农产品背后的故事、种养基地、丰收体验、物流体验、质量追溯，以此打造安全透明的农产品供需链。合作社由专人负责农户给消费者的订单配货，隔天一次将各农户为消费者家庭特供的菜篮子由"乡间货的"定时配送到食物社区指定取货点，由消费者前往社区取货点自提。相比于过去城市消费者个体与农村小农户个体的对接，"俺家特供"采取消费者社群模式实现了消费者与消费者、生产者与生产者、消费者与生产者之间的生产消费共享，既降低了交易费用，又增强了消费体验，将成为互联网分享经济时代农产品产销对接的必然趋势。

6.3.4　研究结论及对策建议

为增强消费者对国内农产品质量安全的信心，本书在国家提出调整农产品结构、提高农产品质量、发展农产品电商的基础上，把消费体验植入到供给侧，通过电商缩减流通环节，通过消费体验沟通产销信息，改造生鲜供应链传统的多重连续委托代理模型，构建植入消费体验的生鲜电商 C2B2B2C 模型，从理论上论证了消费体验的植入对促进产销信息对称、降低交易成本、扩大产品需求有明显效果，有利于消除消费者对国内农产品质量的"不安全感"和"信任危机"，促进消费者主权回归。

研究表明，消费者社群化聚合、生产者合作化联合、消费者与生产者融合为生产消费者在互联网农业分享经济中的有效实现形式，可促进供应链信息对称、产销对接和交易成本降低，提升农产品质量安全水平和消费者对国内农产品质量安全的信心。"土地托管"、"乡村货的"和"俺家特供"是当前我国农业分享经济在生产、流通和消费端出现的典型案例，它们的融合发展必将成为我国互联网农业分享经济发展的主要方向。

6.4　发展预售制众筹农业

6.4.1　农产品以销定产对接

农户单打独斗的小规模分散经营、经销商逐级批发的多环节流通、地理位置碎片化分散的消费需求，是我国生鲜农产品从田间到厨房的基本格局，也是我国农业经营效益低下、农产品质量安全事件频发的主要根源。在生产环节，由于经营规模太小，农户要么非农转移弃耕撂荒，农业兼业化给粮食安全造成重大隐患，要么追求更高产量滥用违禁品，给食品安全构成重大威胁。在流通方面，农产品从田间到厨房往往要经过很多环节，每增加一个环节就相应增加物流费用、管理费用、损耗和税赋，农产品在终端市场与消费者见面不仅价格高，新鲜度和营养也大打折扣。一些商贩为了维持产品新鲜度和好的卖相而违禁使用保鲜剂、防腐剂，使农产品质量安全雪上加霜。同时，由于产销脱节，农产品产量和价格大起大落，卖难买贵时有发生。民以食为天，食以安为先，如何通过有效的产销对接确保农产品有效供给和质量安全已成为全社会关注的焦点。

农产品生产流通及质量安全作为重大民生问题自然引起了广泛的研究关注并达成许多共识。由于我国人多地少，农业生产只能采取以家庭经营为主的方式最大化土地产出效率，但要克服小规模分散经营与市场产销脱节、标准化生产水平低、农村"最初一公里"集货等问题，家庭经营还必须通过合作社等分享经济模式组织起来；农产品流通则需要通过冷链物流和本土化产销对接减少变质损耗，降低流通成本，通过全程质量追溯和全产业链运行，降低产品质量安全风险。生鲜农产品电商发展缘于巨大的市场需求空间，但"最后一公里"配送难问题十分突出，须坚持本土化和O2O(online to offline)网购店发展方向。农产品事关消费者营养健康，消费者介入生产流通环节进行消费体验有助于监督生产流通环节并提高产品质量安全水平，进而消费者和生产者不再只是单纯的买卖关系，而是共同捍卫食品安全的生产消费者。我国社区支持农业 CSA(community supported agriculture)的兴起正缘于此，但仍受制于消费者的碎片化分散问题。我国农业供给侧的这些问题已经引起学术界的重视，但解决问题绝非一朝一夕。事实上，生鲜农产品产销体系是一项庞大的系统工程，整体效率的提升取决于短板的补长和各个环节的协同，但已有研究多为生鲜农产品流通环节的局部优化，对从生产到消费全产业链协同性的系统研究较少，加之在实践上缺少具有高度产业链整合能力和商业可持续性的互联网技术手段，以致困扰我国生鲜农产品供应链的交易成本高和质量保障水平低等问题一直未得到有效解决。

互联网最大的优势在于去中心化和去层级化。在互联网思维影响下催生的众筹 (crowdfunding) 预售、网络众包 (crowdsourcing)、消费者 C2B (consumer to business) 聚合和 Farmigo 社群化集中等新型生产消费组织形式,可广泛运用于改造我国传统落后的生鲜农产品供应链。众筹预售是指生产者通过网络平台面向潜在消费者发起产品或服务预售项目,聚合碎片化的网络消费者组团预购,发起人根据消费者预购的订单组织生产,并按预售契约向消费者提供产品或服务。众筹预售最大的好处是以销定产,减少生产的盲目性。与普通预售相比,众筹预售借助互联网,使参与预售的消费者偏好更接近且来源更广泛,有利于生产者在细分市场上更加专业化量产。与普通产品的众筹预售不同,由于生鲜农产品保质保鲜期短,众筹预售要求参与众筹的消费者与生产者之间的距离以同城为宜,消费者之间以社区为单元,相对集中不能太分散。

网络众包是指将自身不擅长或没有比较优势的业务环节通过网络交由最优化的外部组织来完成。网络众包通过互联网扩大了传统农业供应链上利益相关者的征集范围,让生鲜农产品消费团体有更大的选择空间,找到更合意的农业生产者提供产品。消费者 C2B 指分散且弱势的个体消费者通过互联网聚合成强势的社群化消费团体,向生产者进行产品批量定制并讨价还价。Farmigo 社群化集中是近年在美国刚兴起的一种生鲜电商模式,它通过选择消费意见领袖,将碎片化分散的城镇消费者按地理位置邻近原则聚合到食物社区,并与当地农场实现产销对接,是一种比较适合生鲜电商发展的商业模式。我国随着家庭农场和合作社等适度规模经营主体的广泛兴起和发展壮大,也具备了推广运用 Farmigo 社群化集中的良好条件。

互联网技术及思维运用于生鲜农产品供应链,有利于生产者和消费者之间的信息对称和产销对接,降低交易成本,促进供应链透明化,重拾消费者对我国农产品质量安全的信心。基于此,本书运用博弈论对生鲜农产品生产流通和质量安全保障进行整体把握,针对生产者和消费者的碎片化分散问题,提出生产者通过加入合作社、消费者通过加入网络化社群进行规模化聚合,以解决生鲜农产品在农村"最初一公里"集货难与到城市"最后一公里"配送难问题;针对生鲜农产品的产销脱节导致供需失衡的问题,提出先由食物社区向电商平台众筹预购,后由电商平台向合作社等生产基地众包生产,实现规模化需求与组织化供给的产销对接和以销定产;针对供应链条冗长问题,提出搭建电商平台,撮合生产基地直接向食物社区配送,缩减流通环节,降低交易成本;针对生鲜农产品供给侧缺乏质量监督和消费者对国内农产品质量安全的信任危机的问题,提出在供给侧植入消费体验,促使生产者采取绿色生产措施,提高产品质量,并使消费者在眼见为实的切身体验中重拾对国内农产品质量安全的信心,从而构建起社群化的消费者与规模化的生产者通过电商平台进行点对点的生鲜农产品供应链纵向一体化众筹预售与众包生产联合决策模型,为上述问题提供解决方案。研究成果对提高我国生鲜农产品产销衔接，促进绿色生产，缩减流通环节，降低交易成本，增强消费体验，重拾消费者对国内农产品质量安全的信心及生鲜农产品电商的发展有参考价值。

6.4.2 产销对接的预售模型

1. 农产品电商 C2B2B2C 产销对接

假定碎片化小农户聚合为合作社等组织化生产基地 C2B，碎片化消费者聚合为社群化食物社区 B2C，生产基地与食物社区为产销对接 B2B，形成消费者向食物社区聚合订单，食物社区通过电商平台向生产基地下订单，生产基地将订单分解到农户组织生产的 C2B2B2C 框架(图 6-2)。领头人既是食物社区的消费领袖，又是电商平台在食物社区的销售代表，电商平台根据领头人销售业绩进行体验营销激励。生产基地接受电商平台的认证许可后，方可参与食物社区预购订单的投标，中标生产基地按照该食物社区预购订单组织生产和配送，产品由生产基地直接配送到食物社区提货点，由消费者前往自提。为简便起见，本书把作为消费者意见领袖的领头人的销售行为内化到电商平台，将决策链条缩减为食物社区、电商平台和生产基地的三方决策，而把电商平台与领头人之间需要进一步探讨的决策过程及收益分配放到体验营销的机制设计中。另外，本书还假定一个食物社区同时只与一个生产基地结对，电商平台共发展 n 组同质化的食物社区与生产基地产销对子。

消费者购买生鲜农产品不仅是购买产品，更是购买健康生活，所以很在乎质量安全，足见消费需求不仅与产品价格 p 负相关，还与消费者的消费体验水平 $t(t \geq 0)$ 和生产基地产品质量改进努力 $m(m \geq 0)$ 正相关。现实中，尽管 p 与 t 和 m 也正相关，但在不影响问题定性判断下，不妨设假设一个食物社区的生鲜农产品消费需求为线性函数：

$$D(p,t,m) = a_0 - a_1 p + a_2 t + a_3 m \qquad (6-38)$$

式中，a_0、a_1、a_2、a_3 均为正。

考虑到消费体验会引起组织协调边际成本递增，设 $g(t) = \frac{1}{2}\delta t^2 (\delta > 0)$ 为一个由食物社区的消费体验引起的电商平台组织协调成本函数。由于质量改进会引起边际生产成本递增，设 $h(m) = \frac{1}{2}\theta m^2 (\theta > 0)$ 为对接生产基地改进产品质量努力的成本函数。另设 w 为电商平台付给对接生产基地的产品采购价格，c 为生产基地向对接食物社区配送产品的生产成本及物流费用。

2.产销双重委托代理的分散决策

从供应链视角看，消费者通过领头人发起组建的食物社区向电商平台众筹预购产品，电商平台通过众包向生产基地分包订单采购产品，形成食物社区委托电商平台预购产品、电商平台委托生产基地定制产品的双重委托代理骨架(图6-4)。

图6-4　农产品电商双重委托代理链

电商平台(用E表示)作为最初代理人,根据食物社区(用M表示)的消费需求,以消费者的产品采购价格 p 和消费体验水平 t 为约束变量,追求电商平台的利益最大化,于是得电商平台在一对食物社区与生产基地的对接中的期望收益为

$$\Pi_{(1)}^{E} = (p-\omega)(a_0 - a_1 p + a_2 t + a_3 m) - \frac{1}{2}\delta t^2 \tag{6-39}$$

其 Hesse 矩阵为

$$\boldsymbol{H}_{(1)}^{E} = \begin{bmatrix} -2a_1 & a_2 \\ a_2 & -\delta \end{bmatrix}$$

在 $2a_1\delta - a_2^2 > 0$ 条件下, $\boldsymbol{H}_{(1)}^{E}$ 为负定矩阵。求解 $\dfrac{\partial \Pi_{(1)}^{E}}{\partial p} = \dfrac{\partial \Pi_{(1)}^{E}}{\partial t} = 0$,并令 $\dfrac{\delta}{2a_1\delta - a_2^2} = A$,得

$$p = \omega + (a_0 + a_3 m - a_1\omega)A \tag{6-40}$$

$$t = \frac{a_2 A}{\delta}(a_0 + a_3 m - a_1\omega) \tag{6-41}$$

生产基地作为电商平台的代理人,在 p 、 t 和 c 外生变量约束下,对 ω 和 t 进行决策,寻求自身利益最大化,得生产基地在一对食物社区与生产基地对接中的期望收益为

$$\Pi_{(1)}^{M} = (\omega - c)(a_0 - a_1 p + a_2 t + a_3 m) - \frac{1}{2}\theta m^2 \tag{6-42}$$

将式(6-39)和式(6-40)代入式(6-41),得

$$\Pi_{(1)}^{M}(\omega, m) = a_1 A(\omega - c)(a_0 + a_3 m - a_1\omega) - \frac{1}{2}\theta m^2 \tag{6-43}$$

其 Hesse 矩阵为

$$\boldsymbol{H}_{(1)}^{M} = \begin{bmatrix} -2a_1^2A & a_1a_3A \\ a_1a_3A & -\theta \end{bmatrix}$$

在 $a_0 - a_1c > 0$、$A > 0$、$a_0 + a_3m - a_1\omega > 0$ 及 $2\theta - a_3^2A > 0$ 条件下，$\boldsymbol{H}_{(1)}^{M}$ 为负定

矩阵。由 $\dfrac{\partial \Pi_{(1)}^{M}}{\partial \omega} = \dfrac{\partial \Pi_{(1)}^{M}}{\partial m} = 0$ 得生鲜农产品的最优出场价格 $\omega_{(1)}^{*}$ 及生产基地质量改善

水平 $m_{(1)}^{*}$ 分别为

$$\omega_{(1)}^{*} = c + \frac{\theta(a_0 - a_1c)}{a_1(2\theta - a_3^2A)} \tag{6-44}$$

$$m_{(1)}^{*} = \frac{a_3A(a_0 - a_1c)}{2\theta - a_3^2A} \tag{6-45}$$

将式(6-43)和式(6-44)代入式(6-39)和式(6-40)，得电商对生鲜农产品的最优
众筹预售定价 $p_{(1)}^{*}$ 和相应消费体验水平 $t_{(1)}^{*}$ 分别为

$$p_{(1)}^{*} = \omega_{(1)}^{*} + \frac{\theta A(a_0 - a_1c)}{2\theta - a_3^2A} \tag{6-46}$$

$$t_{(1)}^{*} = \frac{a_2A\theta(a_0 - a_1c)}{\delta(2\theta - a_3^2A)} \tag{6-47}$$

将式(6-43)～式(6-46)代入式(6-38)、式(6-39)和式(6-40)，得生鲜电商供应
链的消费需求 $D_{(1)}^{*}$ 及电商平台收益 $\Pi_{(1)}^{E^{*}}$、生产基地收益 $\Pi_{(1)}^{M^{*}}$ 和全链收益 $\Pi_{(1)}^{*}$ 分别
为

$$D_{(1)}^{*} = \frac{a_1\theta A(a_0 - a_1c)}{2\theta - a_3^2A} \tag{6-48}$$

$$\Pi_{(1)}^{E^{*}} = \frac{A}{2}\left[\frac{\theta(a_0 - a_1c)}{2\theta - a_3^2A}\right]^2 \tag{6-49}$$

$$\Pi_{(1)}^{M^{*}} = \frac{A\theta(a_0 - a_1c)^2}{2(2\theta - a_3^2A)} \tag{6-50}$$

$$\Pi_{(1)}^{*} = \Pi_{(1)}^{E^{*}} + \Pi_{(1)}^{M^{*}} = \frac{1}{2}A\theta(3\theta - a_3^2A)\left(\frac{a_0 - a_1c}{2\theta - a_3^2A}\right)^2 \tag{6-51}$$

3.产销组织化对接的一体化联合决策

通过纵向一体化缩减产业链上的委托代理环节，可最大限度将外部信息不对
称予以内部化并将其克服，这时，一对食物社区与生产基地通过电商平台对接形
成的供应链总收益为

$$\Pi_{(2)}(p,t,m) = (p - c)(a_0 - a_1p + a_2t + a_3m) - \frac{1}{2}\delta t^2 - \frac{1}{2}\theta m^2 \tag{6-52}$$

其 Hesse 矩阵为

$$\boldsymbol{H}_{(2)} = \begin{bmatrix} -2a_1 & a_2 & a_3 \\ a_2 & -\delta & 0 \\ a_3 & 0 & -\theta \end{bmatrix}$$

在 $\theta > a_3^2 A$ 条件下，$\boldsymbol{H}_{(2)}$ 为负定矩阵。由 $\dfrac{\partial \Pi_{(2)}}{\partial p} = \dfrac{\partial \Pi_{(2)}}{\partial t} = \dfrac{\partial \Pi_{(2)}}{\partial m} = 0$ 得生鲜农产品

最优的众筹预购价格 $p_{(2)}^*$、消费体验水平 $t_{(2)}^*$ 及生产基地质量改进水平 $m_{(2)}^*$ 分别为

$$p_{(2)}^* = c + \frac{\theta A(a_0 - a_1 c)}{\theta - a_3^2 A} \tag{6-53}$$

$$t_{(2)}^* = \frac{a_2 \theta A(a_0 - a_1 c)}{\delta(\theta - a_3^2 A)} \tag{6-54}$$

$$m_{(2)}^* = \frac{a_3 A(a_0 - a_1 c)}{\theta - a_3^2 A} \tag{6-55}$$

将式(6-52)~式(6-54)代入式(6-51)，得最优消费需求 $D_{(2)}^*$ 和全链收益 $\Pi_{(2)}^*$ 分别为

$$D_{(2)}^* = \frac{a_1 \theta A(a_0 - a_1 c)}{\theta - a_3^2 A} \tag{6-56}$$

$$\Pi_{(2)}^* = \frac{\theta A(a_0 - a_1 c)^2}{2(\theta - a_3^2 A)} \tag{6-57}$$

4.产销组织化对接联合决策的协同效应

由式(6-50)和式(6-56)联立得

$$\begin{aligned} \Pi_{(2)}^* - \Pi_{(1)}^* &= \frac{1}{2} A\theta \frac{(a_0 - a_1 c)^2}{\theta - a_3^2 A} - \frac{1}{2} A\theta(3\theta - a_3^2 A)\left(\frac{a_0 - a_1 c}{2\theta - a_3^2 A}\right)^2 \\ &= \frac{1}{2} A\theta^2 \frac{\theta + 8a_3^2 A}{\theta - a_3^2}\left(\frac{a_0 - a_1 c}{2\theta - a_3^2 A}\right)^2 > 0 \end{aligned}$$

比较式(6-46)和式(6-53)、式(6-44)和式(6-54)、式(6-47)和式(6-55)，得

$$\frac{a_2 \theta A(a_0 - a_1 c)}{\delta(2\theta - a_3^2 A)} = t_{(1)}^* < t_{(2)}^* = \frac{a_2 \theta A(a_0 - a_1 c)}{\delta(\theta - a_3^2 A)}$$

$$\frac{a_3 \theta A(a_0 - a_1 c)}{2\theta - a_3^2 A} = m_{(1)}^* < m_{(2)}^* = \frac{a_3 \theta A(a_0 - a_1 c)}{\theta - a_3^2 A}$$

$$\frac{a_1 \theta A(a_0 - a_1 c)}{2\theta - a_3^2 A} = D_{(1)}^* < D_{(2)}^* = \frac{a_1 \theta A(a_0 - a_1 c)}{\theta - a_3^2 A}$$

由此可见，纵向一体化联合决策是分散决策的帕累托改进，伴随着食物社区消费者的消费体验不断增多，生产基地的产品质量得以改善，进而促进消费需求的增加和产业链收益的增加，众筹预售与众包生产联合决策的协同效应十分明显。

不过，联合决策的协同效应并不会自觉发生，它还需要运用现代激励理论将电商平台、生产基地和食物社区结成利益共同体，尤其是要通过体验营销激励调动领头人的积极性，实现生产基地的绿色生产与食物社区的体验消费良性互动。

6.4.3 众包生产与众筹预售

1.绿色生产激励

为激发生产基地采取绿色生产措施，向消费者提供更高质量的绿色健康生鲜食品，需要设计电商平台对生产基地绿色生产的弹性激励机制。生产基地产品出场价格随着质量提升而不断增加，当产出达到联合决策的最优水平时，不仅产品售卖的累计收益可以达到分散决策最优状态的收益 $\Pi_{(1)}^{M^*}$，还可以与电商平台投资人和食物社区领头人共同分享联合决策较分散决策溢出的收益 $\Pi_{(2)}^* - \Pi_{(1)}^*$。

假定电商平台向生产基地的众包采购价，亦即生产基地的出场价 $\omega(m)$，与生产基地的产品质量水平呈线性关系，并满足 $\omega'(m) > 0$ 且 $\omega(0) = c$、$\omega(m_{(2)}^*) = \omega_{(2)}^*$，即 $\omega(m) = \dfrac{(\omega_{(2)}^* - c)m}{m_{(2)}^*} + c$ 且 $0 \leqslant m \leqslant m_{(2)}^*$，其中，$\omega_{(2)}^*$ 满足 $(\omega_{(2)}^* - c)D_{(2)}^* - \dfrac{1}{2}\theta m_{(2)}^2{}^* = \Pi_{(1)}^{M^*}$。

由于 $m_{(2)}^*$ 是联合决策最优产品质量水平，电商平台不会对超过 $m_{(2)}^*$ 的质量努力增加激励，于是得

$$\omega(m) = \begin{cases} c + \dfrac{\left(\Pi_{(1)}^{M^*} + \dfrac{1}{2}\theta m_{(2)}^*{}^2\right)m}{D_{(2)}^* m_{(2)}^*} & \left(0 \leqslant m < m_{(2)}^*\right) \\[4mm] c + \dfrac{\Pi_{(1)}^{M^*} + \dfrac{1}{2}\theta m_{(2)}^*{}^2}{D_{(2)}^*} & \left(m \geqslant m_{(2)}^*\right) \end{cases} \tag{6-58}$$

更高的质量水平意味着更高的成本支出，因此，生产基地不会主动把产品质量提高到 $m_{(2)}^*$ 以上，其结果是产品质量水平只维持在联合决策的最优水平 $m_{(2)}^*$ 上。将式(6-57)代入式(6-42)，得生产基地参与联合决策的初次收益 $R_{M-1} = \Pi_{(1)}^{M^*}$，这恰好为生产基地分散决策下的最大收益。与电商平台投资人和食物社区领头人共同分享联合决策较分散决策收益溢出 $\Pi_{(2)}^* - \Pi_{(1)}^*$ 的二次利益分配将在下面股权激励部分予以讨论。

2.体验营销激励

电商平台的内部管理主要包括后台管理和市场营销。由于后台管理相比于由领

头人开展的市场营销，在工作难度和运行费用方面都低得多，且后台管理在平台上每增加一对食物社区与生产基地对接的边际成本几乎为零，因此电商平台的收益应主要流向领头人。假定分散决策下食物社区领头人获得平台所有收益为 $\Pi_{(1)}^{E^*}$，而平台投资人的投资回报及其后台管理费用则通过引导供应链朝着全链收益最大的联合决策带来的收益溢出中获取。可考虑采取被市场营销实践证明行之有效的累进价格折扣弹性激励措施，当食物社区众筹预购达到联合决策最优水平时，领头人不仅可以获得相当于采取分散决策时电商平台达到的最优收益 $\Pi_{(1)}^{E^*}$ 作为累计价格折扣，还可获得与电商平台和生产基地共享联合决策较分散决策溢出 $\Pi_{(2)}^{*} - \Pi_{(1)}^{*}$ 的收益，这溢出部分的收益也是电商平台的投资回报及后台管理费用的来源。

假定食物社区消费者仍然按联合决策最优均衡点的价格水平 $p_{(2)}^{*}$ 预购，电商平台让利给领头人的价格折扣 η 是众筹预购量 D 的线性函数，满足 $1 = \eta(0) \geq \eta(D) \geq \eta_{(2)}^{*}$，于是得

$$\eta(D) = 1 - \frac{(1-\eta_{(2)}^{*})D}{D_{(2)}^{*}} \quad (0 \leq D \leq D_{(2)}^{*})$$

其中，$\eta_{(2)}^{*}$ 满 $(p_{(2)}^{*} - \eta_{(2)}^{*}p_{(2)}^{*})D_{(2)}^{*} - \frac{1}{2}\delta t_{(2)}^{*2} = \Pi_{(1)}^{E^*}$。

由于 $D_{(2)}^{*}$ 是联合决策的最优预购量，电商平台不会对超过 $D_{(2)}^{*}$ 的消费需求增加激励，于是得

$$\eta(D) = \begin{cases} 1 - \dfrac{\left(\Pi_{(1)}^{E^*} + \frac{1}{2}\theta t_{(2)}^{*2}\right)m}{p_{(2)}^{*}D_{(2)}^{*}} & (0 \leq D < D_{(2)}^{*}) \\ 1 - \dfrac{\Pi_{(1)}^{E^*} + \frac{1}{2}\theta t_{(2)}^{*2}}{p_{(2)}^{*}} & (D \geq D_{(2)}^{*}) \end{cases} \quad (6\text{-}59)$$

累进价格折扣促使领头人努力将食物社区的众筹预购量滚雪球式地增加到 $D_{(2)}^{*}$。这时 $\eta(D) = \eta_{(2)}^{*}$，领头人获得电商平台价格折扣让利的累计收益 $R_{S-1} = \Pi_{(1)}^{E^*}$，恰好为电商平台在分散决策下的最大收益。除此之外，领头人还参与分享联合决策较分散决策溢出 $\Pi_{(2)}^{*} - \Pi_{(1)}^{*}$ 的收益。应当指出的是，电商平台之所以愿意给领头人这么多的利益回报，是因为在领头人的努力下，电商平台可从联合决策更优水平溢出收益中弥补回自己对领头人的利益让渡，并从平台上不断增加的食物社区与生产基地产销对接对子中获得规模报酬。现实生活中，很多企业重奖销售人员就是这个道理。

3. 股权分享激励

由于对投资人最有效的激励是股权收益，所以无需对电商平台进行收益保底。当生产基地的产品质量和实物社区的体验消费达到全链联合决策的最优状态时，生产基地和食物社区领头人的初次收益分别为 $\Pi_{(1)}^{M^*}$ 和 $\Pi_{(1)}^{E^*}$，全链有 $\Pi_{(2)}^* - \Pi_{(1)}^* = \Pi_{(2)}^* - (\Pi_{(1)}^{M^*} + \Pi_{(1)}^{E^*}) > 0$ 的剩余收益作为对生产基地和食物社区领头人的二次返利及电商平台的投资收益（包括后台运行费用）。设电商平台投资量化为股份，共有 T 股，电商平台投资人每股保留收益为 r_m，且满足 $n(\Pi_{(2)}^* - \Pi_{(1)}^*) > Tr_m$，电商平台按 $n(\Pi_{(2)}^* - \Pi_{(1)}^*) \geqslant (T + nM + nS)r_m$ 向每个生产基地和食物社区领头人分别配 M 股和 S 股。

向生产基地配股的条件是产品质量水平常态化维持在 $m_{(2)}^*$ 及以上，且提供 $D_{(2)}^*$ 及以上产品满足消费需求。向食物社区领头人配股的条件是该食物社区众筹预购量常态化维持在 $D_{(2)}^*$ 及以上规模。于是得电商平台投资回报 R_T、每个生产基地配股股利 R_{M-2} 和对接食物社区领头人配股股利 R_{S-2} 分别为

$$R_T = n(\Pi_{(2)}^* - \Pi_{(1)}^{M^*} - \Pi_{(1)}^{E^*}) \frac{T}{T + nM + nS} \tag{6-60}$$

$$R_{M-2} = n(\Pi_{(2)}^* - \Pi_{(1)}^{M^*} - \Pi_{(1)}^{E^*}) \frac{M}{T + nM + nS} \tag{6-61}$$

$$R_{S-2} = n(\Pi_{(2)}^* - \Pi_{(1)}^{M^*} - \Pi_{(1)}^{E^*}) \frac{S}{T + nM + nS} \tag{6-62}$$

由此得每个生产基地及对接食物社区领头人和电商平台投资人全链总的收益分别

$$R_M = R_{M-1} + R_{M-2}$$
$$= \Pi_{(1)}^{M^*} + n(\Pi_{(2)}^* - \Pi_{(1)}^{M^*} - \Pi_{(1)}^{E^*}) \frac{M}{T + nM + nS} > \Pi_{(1)}^{M^*} \tag{6-63}$$

$$R_S = R_{S-1} + R_{S-2}$$
$$= \Pi_{(1)}^{E^*} + n(\Pi_{(2)}^* - \Pi_{(1)}^{M^*} - \Pi_{(1)}^{E^*}) \frac{S}{T + nM + nS} > \Pi_{(1)}^{E^*} \tag{6-63}$$

$$R_T = n(\Pi_{(2)}^* - \Pi_{(1)}^{M^*} - \Pi_{(1)}^{E^*}) \frac{T}{T + nM + nS} > 0 \tag{6-64}$$

由式(6-62)~式(6-64)可以看出，在联合决策下，生产基地及食物社区领头人和电商平台的收益较分散决策条件下均有增加，表明联合决策确实是分散决策的帕累托改进。

4.合作表决机制

生产基地和对应食物社区领头人的配股数 M 和 S，取决于它们与电商平台的

谈判能力。由于单个生产基地或食物社区领头人所配股份远低于与电商平台投资者所持股份，为避免一股独大，考虑将生产基地和食物社区分别联合起来，运用 n 人合作模型(cooperative n-person game)的 Shapely 值计算各利益相关方谈判表决权，强化彼此的合作性质，确保各方利益诉求在联合决策中被公平表达。

设 K 为 T 、M_n 和 S_n 分别代表电商平台投资人、生产基地联合体和食物社区领头人联合体，相应的股份份额分别为 $r_T = \dfrac{T}{T+nM+nS}$ 、$r_{M_n} = \dfrac{nM}{T+nM+nS}$ 和 $r_{S_n} = \dfrac{nS}{T+nM+nS}$ 。设 Z 为 $\{T, M_n, S_n\}$ 的任一子集，$v(Z)$ 为 Shapely 特征函数，当 Z 中利益相关方组合股权比例超过 50% 时令 $v(Z)=1$ ，否则令 $v(Z)=0$ ，则三个主要利益相关方在全链联合决策中的表决权各自占的份额 $\psi_K(v)$ 为

$$\psi_K(v) = \omega(|Z|)[v(Z) - v(Z \setminus K)], \quad (K = T、M_n、S_n) \tag{6-65}$$

其中，$\omega(|Z|)$ 为加权因子，满足 $\omega(|Z|) = (N-|Z|)!(|Z|-1)! / N!$ $(N=3)$ ，$|Z|$ 是子集 Z 中利益相关者个数，$Z \setminus K$ 表示子集 Z 去掉 K 利益相关者的集合。这样，生产基地和对接食物社区领头人按 ψ_{M_n} 和 ψ_{S_n}（而不是 r_{M_n} 和 r_{S_n}）的权重与电商平台投资人谈判表决重要事项，确保全链联合决策公平。

6.4.4　产销联合决策的案例

某企业投资 500 万元建起一个生鲜农产品电子商务平台，并通过领头人努力发展起 10 个食物社区与 10 个生产基地结成稳定的一对一产销对子（$n=10$）。对接食物社区每周众筹预购需求参数 $a_0 = 5000$ ，$a_1 = 2000$ ，$a_2 = a_3 = 30$ ，生产基地生产成本及物流配送费用 $c = 1$ 元/kg。取 $\delta = 0.3$ ，$\theta = 0.95$ ，计算得 $A = 0.001$ 。根据式(6-44)计算得分散决策下生产基地的产品质量水平 $m_{(1)}^* = 90$ 。由式(6-47)～式(6-50)得分散决策下生产基地与对接食物社区每周交易量 $D_{(1)}^* = 5700\,\text{kg}$ ，生产基地每周获得的总收益为 $\varPi_{(1)}^{M^*} = 4275$ 元，食物社区领头人每周体验营销获得的总收益为 $\varPi_{(1)}^{E^*} = 4061$ 元，二者之和为分散决策下全链的总收益 $\varPi_{(1)}^* = 8336$ 元。由于分散决策并不是电商平台追求的目标，电商平台追求的是从联合决策中获得规模报酬的股权收益，因此，分散决策中未考虑电商平台的投资回报及后台运行费用。

由式(6-54)得联合决策下生产基地的产品质量水平 $m_{(2)}^* = 1800$ ，是分散决策产品质量水平的 20 倍。由式(6-55)和式(6-56)得联合决策下每周交易量 $D_{(2)}^* = 114000\,\text{kg}$ ，是分散决策下每周交易量的 20 倍；全链总收益 $\varPi_{(2)}^* = 85500$ 元，是分散决策下每周收益十多倍。由式(6-48)和式(6-49)得出生产基地和食物社区领头人的初次收益为 $R_{M-1} = \varPi_{(1)}^{M^*} = 4275$ 元、$R_{S-1} = \varPi_{(1)}^{E^*} = 4061$ 元。假定电商平台

投资按每股 1 万元折为 500 股，每个生产基地配股 25 股，每个食物社区领头人配股 25 股，由式(6-60)和式(6-61)得股权激励对生产基地和食物社区领头人的二次返利分别为 R_{M-2}=19166 元、R_{S-2}=19166 元，这部分即为联合决策下生产基地和领头人多获得的收益。由式(6-62)~式(6-64)得每个生产基地和食物社区领头人每周的总收益分别为 R_M=23441 元、R_S=23227 元，电商平台从每一组食物社区与生产基地对接中每周获得收益 38332 元，从发展起的 10 组食物社区与生产基地对接中获得总收益 R_T=383320 元，相比于分散决策(收益为零)，电商平台通过联合决策让生产基地和领头人获得更好收益的同时，自己获得了更大的规模报酬。此外，尽管电商平台股份份额 $r_T = 500 / (500 + 250 + 250) = 50\%$，但由式(6-65)得电商平台与生产基地和食物社区领头人的表决权均为1/3(计算过程见表 6-1、表 6-2 和表 6-3)，确保了联合决策参与者利益诉求公平表达。

表 6-1　生产基地在全链联合决策中的表决权重 $\psi_M(v)$ 计算

Z	$\{M\}$	$\{M, S\}$	$\{M, T\}$	$\{M, S, T\}$
$v(Z)$	0	1	1	1
$v(Z \setminus M)$	0	0	0	1
$v(Z)-v(Z \setminus M)$	0	1	1	0
$|Z|$	1	2	2	3
$w(|Z|)$	1/3	1/6	1/6	1/3
$w(|Z|)[v(Z)-v(Z \setminus M)]$	0	1/6	1/6	0

表 6-2　食物社区领头人在全链联合决策中的表决权重 $\psi_S(v)$ 计算

Z	$\{S\}$	$\{S, M\}$	$\{S, T\}$	$\{S, M, T\}$
$v(Z)$	0	1	1	1
$v(Z \setminus S)$	0	0	0	1
$v(Z)-v(Z \setminus S)$	0	1	1	0
$|Z|$	1	2	2	3
$w(|Z|)$	1/3	1/6	1/6	1/3
$w(|Z|)[v(Z)-v(Z \setminus S)]$	0	1/6	1/6	0

表 6-3　众筹平台投资人在全链联合决策中的表决权重 $\varPsi_T(v)$ 计算

Z	$\{T\}$	$\{T, M\}$	$\{T, S\}$	$\{T, M, S\}$
$v(Z)$	0	1	1	1
$v(Z\setminus T)$	0	0	0	1
$v(Z)-v(Z\setminus T)$	0	1	1	0
$\lvert Z\rvert$	1	2	2	3
$w(\lvert Z\rvert)$	1/3	1/6	1/6	1/3
$w(\lvert Z\rvert)\left[v(Z)-v(Z\setminus T)\right]$	0	1/6	1/6	0

从本案例可以看出,与各决策参与主体从自身利益最大化出发的分散决策相比,生鲜农产品供应链采取众筹预售与众包生产进行产销衔接联合决策,并通过绿色生产激励机制、体验营销激励机制、股权共享激励机制和合作博弈表决机制进行联合决策,使产品质量水平和产需规模显著提高,生产基地和食物社区领头人的收益大幅增长,电商平台优势的规模经济效应十分明显。而合作表决机制的引入,又确保了各决策参与主体利益诉求的公平表达,而不是简单地用股权占比衡量话语权。这是一个多方共赢的平台,消费者与生产者从产销对接减少的交易环节中获益,生产者的绿色生产与消费者的体验消费形成双向正反馈和正激励。由此可见,社群化消费者与组织化生产者通过电商平台进行生鲜农产品点对点的产销对接,对优化生鲜农产品供应链,化解长期困扰我国生鲜农产品供应链的产销不衔接、链条不透明、质量不安全等问题,提高供应链运行效率和质量,重拾消费者对我国生鲜农产品质量安全信心有重要管理启示。

6.4.5　研究结论及对策建议

为适应消费者主动介入农产品生产流通环节去追求产品质量安全保障和体验农耕文明,本书受去中心化和层级化的互联网思维启发, 构建了社群化的消费者与组织化的生产者通过电商平台进行点对点的生鲜农产品全产业链纵向一体化众筹预售与众包生产联合决策模型及其运行机制。研究表明,与各决策主体从各自利益最大化出发的分散决策相比,生鲜农产品采取众筹预售与众包生产联合决策,对扩大网购需求、保障产品质量、提高产业链收益有显著协同效应,而运行机制可有效激励产业链上的绿色生产与体验营销,确保产业链上各方利益诉求在联合决策中可被公平表达。研究成果可为解决我国生鲜农产品供应链的产销脱节、产业链条冗长、消费体验缺失、质量监督不足、食品安全信任危机等问题,破解我国生鲜农产品在农村"最初一公里"集货难与到城市"最后一公里"配送难的问题，提高生鲜农产品产销体系运行效率提供决策参考。不过，由于生鲜农产品具有保质保鲜期短、冷链物流成本高、消费体验花费大、单价低但购买频率高等特点，该联合决策机制主要适合同城的城乡产销对接，而对跨区域、远距离的生鲜农产品产销对接并不适宜，这是该机制在实践应用中需要引起注意的地方。

6.5　发展种养加循环农业

6.5.1　循环农业的综合效益

　　纯粹从产出的角度看，单位面积土地进行种植业养活的人口数量要远远高于从事畜牧业养活的人口数量，前者是后者的6～7倍。所以，在古代，只要具备发展种植业的基本条件，人们基本上都会全力发展种植业，试图获得最大产出，从而最大限度地满足人口增长所带来的粮食需求。但从长期发展的角度来看，实行种养结合反而更有利于农业的长远发展。种养结合的优势主要体现在以下几个方面。

　　(1)有利于缓解劳动力的稀缺压力。农业劳动力可分为常年农业劳动力和农忙农业劳动力两类。常年农业劳动力主要从事农业生产的日常护理，是农业生产的长期性需求，农业生产对常年的农业劳动力需求量少。农忙农业劳动力是农业生产的暂时性劳动力需求，最为典型的是农作物收获季节的劳动。比如小麦收割时需要增加大量劳动力进行收割、脱粒、晾晒和入库，否则拖延到了雨季，农作物就会遭到大量损失。在这种情况下，农民陷入了两难的境地：如果不增加劳动人手，固然可以控制劳动投入成本，但农业产出可能降低，甚至还会面临无法完成农业劳动的风险；如果增加劳动人手，则意味着劳动投入成本巨大。但是，如果采取种养结合的模式，农业劳动力分为种植业的常年劳动力和从事养殖业的常年劳动力，两者在农忙收获时节可以相互调剂，不再临时聘用农忙劳动力，从而实现了在岗农业劳动力的充分就业。

　　(2)有利于保护农地生态。随着人口增长和土地资源的饱和，土地耕作会逐步由休耕、轮耕向永耕转变，从而导致土壤肥力下降。为了增加产出，人们往往会对土地进行深度开发，一方面，通过精耕细作和增加劳动投入获得增长效应，一方面，利用农药、化肥等现代性农业技术提高单位面积土地产出率，导致垦殖过度，使农地基本生态遭到破坏。而通过种养结合，养殖业动物的粪便可作为土地的肥料，可提高土壤肥力，减少对化学农业的依赖。

　　(3)有利于优化产业结构。种养结合改善了农村传统的单一种植产业，以较低的代价满足了人类温饱需求，优化了消费结构。养殖业的发展也需要种植业为其提供饲料，这使得种养结合的循环农业能够实现种植业与养殖业的有机结合，从而促进农业格局的合理化。

6.5.2 循环农业的生态原理

以某种养结合的农场为例。某农场有一个存栏量为1万头的规模化生猪养殖场，1 年产生粪便 3600 多吨、污水 2400 多吨，尽管养殖场对这些粪污进行了沼气发酵，但由于养殖场与农户的农业生产是分离的，养殖场大量的沼渣、沼液只好淤积在养殖场附近，致使当地的生态环境持续恶化，村民怨声载道，好不容易发展起来的养猪场不仅难以继续扩大经营规模，而且其生存都很成问题。以该养猪场为基础，以市场需求为导向，以农村劳动力的有效利用和产业生态循环为手段，按照投入产出物料平衡、物质代谢生态平衡和季节时令连续的要求整合产业链，通过农业废弃物的无害化与资源化利用，实现种植业、养殖业及农产品加工业之间的有效沟通与耦合，形成具有规模经济和生态效益的循环经济永续发展系统。

6.5.3 循环农业的生态构建

1.产业项目的采集

根据当地的土壤、气候、季节、产业基础和市场需求，采取当地的农户提供、农业专家建议和文献资料查找等办法，收集了如表 6-4 所示的产业项目。

表 6-4 当地适宜的种养项目

项目代码	项目名称	单位产值/元	持续时间及必要说明
(1)，Ⅰ	马铃薯	3200	跨年度，10 月下旬至 11 月中旬催芽，生长为 12 月初至次年 3 月
(2)，Ⅱ	紫色马铃薯	3600	跨年度，10 月下旬至 11 月中旬催芽，生长为 12 月初至次年 3 月
(3)，Ⅲ	黑麦草	2100	跨年度，11 月上旬至次年 3 月底
(4)，Ⅳ	榨菜	1800	跨年度，9 月上旬至 10 月中旬播种，次年 3 月下旬至 4 月中旬采收
(5)，Ⅴ	季节性蔬菜	——	跨年度，根据土地闲置情况全年内机动安排
(6)	干玉米	2800	两季：4 月上、中旬~7 月中下旬；8 月中旬~11 月下旬
(7)	青贮玉米	2400	两季：4 月上、中旬~7 月中旬；8 月中旬~10 月下旬
(8)	苜蓿	2000	春播时间为 3~4 月，夏播时间为 6~7 月，秋播时间为 8~9 月，尾茬为 10 月底
(9)	紫薯	3200	4 月 15~10 月 20 日

续表

项目代码	项目名称	单位产值/元	持续时间及必要说明
⑩	青蒿	2800	3月初至下旬播种，8月中下旬收割
⑪	皇竹草	3000	3~10月(有冻霜年份)；全年(无冻霜年份)
⑫	养牛	15000	全年，用于消纳种植的牧草
⑬	养蚯蚓	——	全年，用于消纳养牛的粪污
⑭	养鸡	4400	全年，用于消纳养殖的蚯蚓，采取林下天然放养形式
⑮	养鱼	4000	全年，用于消纳牧草和蚯蚓
⑯	养猪	——	全年，已经存在，它只为产业循环提供沼气生产原料

注：①种植业按亩计算产量，鸡、鱼按每亩水域或林地年均容纳的数量计算，牛按头计算产量；②价格按当地市场价格计，单位产值等于单位产量乘以价格；③"——"表示对该项目主要起循环作用，产值忽略不计；④跨年度项目年初用阿拉伯数值代码，年末用希腊字母代码。

2.产业项目的选择

项目选择的思路是通过沼气系统将养殖的粪污生态利用为沼气(甚至发电)、沼液(制造高新液体肥)、沼渣(制造固体有机肥)，然后运用高效液体肥、固体有机肥进行有机种植，生产有机养殖所需的牧草、粗料和精料，有机养殖的粪污作为沼气系统热、电、肥一体化的原材料，从而使整个产业链处于一个封闭的系统，基本做到养殖不用外来的添加剂和饲料，种植不用化肥，达到降低产业生产成本，提高农产品的品质，增加农业经营效益的目的(图6-5)。

图6-5　循环农业的循环流图

由于养猪场在整个项目体系中只是为热电肥沼气系统提供粪污原材料，因此，项目的产业主线是种植业所需的有机牧草及精料，同时为尽量内销沼气系统生产的有机肥料，通过轮作让耕地和农村劳动力一年四季得以充分利用，项目中也涉足一些经济作物种植，于是构建如图 6-6 所示的网络图。

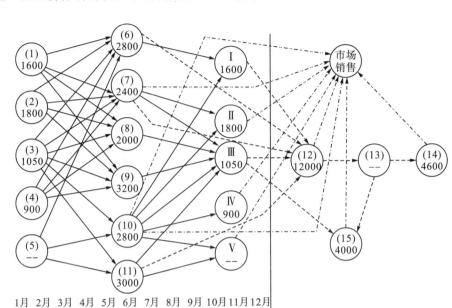

图 6-6　循环农业产业项目网络图

注：①项目在时间轴上按持续的时间先后顺利罗列，同一项目跨年度的分为年前、年后在时间轴的起端和终端分别列出；②图中竖线左侧为种植项目，右侧为部分养殖项目；③圆圈内的数值序号为项目代码、数值为单位产值，跨年度的项目单位产值年初、年终各计一半；④有向实线表示种植项目间的轮作关系，有向虚线表示项目间的食物链关系，有向点画线表示项目成果退出系统进入市场出售。

对种植项目进行产业链选择。首先沿着有向实线箭头的方向，逐一列出年初和年末项目序号相同(前者为阿拉伯数值代码，后者为希腊字母代码)的产业链。然后按最大路算法进行产业链的选择，按着单位产值总和最大的要求进行排序，表 6-5 列出了位于前八位的产业链。

表 6-5　种植业项目产业链

序号	产业链	亩产值/元	序号	产业链	亩产值/元
1	(1)→(6)→ I	6000	5	(3)→(11)→Ⅲ	5100
2	(2)→(7)→ Ⅱ	6000	6	(3)→(10)→Ⅲ	4900
3	(3)→(7)→Ⅲ	5500	7	(3)→(8)→Ⅲ	4100
4	(3)→(9)→Ⅲ	5300	8	(5)→(11)→ V	3000

由于青贮玉米、青蒿种植已有市场订单，且牛肉主要从外地省市进购，市场对牛肉的需求旺盛，所以肉牛养殖必须发展，而肉牛养殖的牧草用种植黄竹草、

黑麦草解决，肉牛养殖的精料用种植干玉米、马铃薯解决。基于此，产业项目将选择(1)→(6)→Ⅰ、(2)→(7)→Ⅱ、(3)→(7)→Ⅲ、(3)→(11)→Ⅲ、(3)→(10)→Ⅲ四条产业链进行系统耦合。

　　3.产业生态的耦合

　　在图 6-6 中删除其他未进入产业系统的项目，整理得如图 6-7 所示的产业项目系统图。

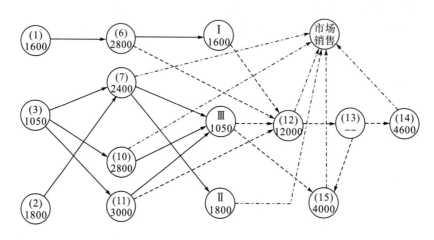

图 6-7　产业项目系统图

　　将农业废弃物资源化生态利用的热电肥沼气系统添加进产业项目系统，得到如图 6-8 所示的产业循环流程图。由于产业链的生产函数不易确定，加上系统的约束条件太多，不宜采用产业链横向耦合法进行产业生态的耦合，所以采用线性规划的方法进行耦合。

　　(1)目标函数。目标函数为利润最大化，为简化计算，这里用产值最大化替代。产业系统的主要产出是肉牛、肉鸡、鱼、青贮玉米、青蒿和紫色土豆。设肉牛的年出栏数为 x_1 头、林下养鸡 x_2 亩、鱼塘为 x_3 亩、产业链(2)→(7)→Ⅱ种植 x_4 亩、产业链(3)→(10)→Ⅲ种植 x_5 亩、产业链(3)→(7)→Ⅲ种植 x_6 亩、产业链(3)→(11)→Ⅲ种植 x_7 亩，于是紫色马铃薯种植面积为 x_4 亩、青蒿种植面积为 x_5 亩、皇祖草种植面积为 x_7 亩、干玉米和马铃薯种植面积为 x_8 亩、青贮玉米种植为 $x_4 + x_6$ 亩、黑麦草种植 $x_5 + x_6 + x_7$ 亩。目标函数为

$$\max 12000x_1 + 4400x_2 + 4000x_3 + 3600x_4 + 2400(x_4 + x_5) + 2800x_5 \qquad (6\text{-}66)$$

　　(2)物料约束。由于肉牛养殖以黑麦草、皇竹草为牧草，以干玉米、马铃薯为

精料[*]，根据牛从牛犊到出栏的生长发育需要，牧草和精料之间量的配比应低于 8，于是有

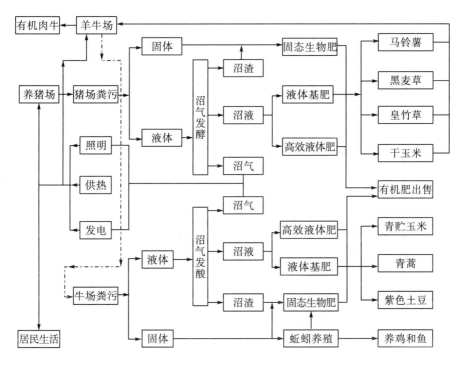

图 6-8　产业循环流程图

$$[8x_7 + 5(x_5 + x_6 + x_7)] : (2x_8 \times 0.20 + 0.6x_8) \leqslant 8:1 \qquad (6\text{-}67)$$

$$(2x_8 \times 0.2 + 0.6x_8) \geqslant 2x_1 \qquad (6\text{-}68)$$

（3）肥料约束。存栏 1 万头生猪年产生粪便 1.2 万吨，可生产有机肥 5000 吨。设种植 1 亩马铃薯需有机肥 0.5 吨，种植 1 亩玉米需有机肥 1 吨，种植 1 亩黑麦草需要有机肥 1 吨，种植 1 亩皇竹草需要有机肥 2.5 吨；种植 1 亩青贮玉米需要有机肥 0.65 吨，种植 1 亩青蒿需要有机肥 0.5 吨，种植 1 亩紫色土豆需要有机肥 0.5 吨，1 头牛每年产粪可制成有机肥 4 吨。于是有

$$1 \times (x_5 + x_6 + x_7) + 2.5x_7 + (0.5 + 1.0)x_8 \leqslant 5000 \qquad (6\text{-}69)$$

$$0.65 \times (x_4 + x_6) + 0.5x_4 + 0.5x_5 \leqslant 4x_1 \qquad (6\text{-}70)$$

（4）环境约束。该村农业用地共计 4500 亩，其中，适宜牧场种植的低洼田地 2500 亩，适宜玉米种植的丘陵坡地 1800 亩，适宜放养鸡的林地 110 亩，适宜有机鱼养殖水域面积 90 亩，所以有

---

[*] 皇竹草亩产按 8 吨计算、黑麦草亩产按 6 吨计算、土豆亩产按 2 吨计算、干玉米两季亩产 0.6 吨计算，1 吨马铃薯的营养价值相当于 0.2 吨干玉米；1 头牛犊育到出栏需要 2 吨以上与干玉米等量的精饲料。

$$x_2 + x_3 + x_4 + x_5 + x_6 + x_7 + x_8 \leqslant 4500 \tag{6-71}$$

$$x_4 + x_8 \leqslant 2500 \tag{6-72}$$

$$x_5 + x_6 + x_7 \leqslant 1800 \tag{6-73}$$

$$x_2 \leqslant 110 \tag{6-74}$$

$$x_3 \leqslant 90 \tag{6-75}$$

综合式(6-66)～式(6-75)，整理得目标约束函数为

$$\begin{cases} \max: 12000x_1 + 4400x_2 + 4000x_3 + 6000x_4 + 2800x_5 + 2400x_6 \\ \text{s.t.} \begin{cases} 5x_5 + 5x_6 + 13x_7 - 8x_8 \leqslant 0 \\ 2x_1 - x_8 \leqslant 0 \\ x_5 + x_6 + x3.5x_7 + 1.5x_8 \leqslant 5000 \\ -4x_1 + 1.15x_4 + 0.5x_5 + 0.65x_6 \leqslant 0 \\ x_2 + x_3 + x_4 + x_5 + x_6 + x_7 + x_8 \leqslant 4500 \\ x_4 + x_8 \leqslant 2500 \\ x_5 + x_6 + x_7 \leqslant 1800 \\ x_2 \leqslant 110 \\ x_3 \leqslant 90 \\ x_1, x_2, x_3, x_4, x_5, x_6, x_7, x_8 \geqslant 0 \end{cases} \end{cases} \tag{6-76}$$

用 MATLAB 软件对式(6-76)进行最优化计算，得

$$\begin{cases} x_1 \approx 500 \\ x_2 = 100 \\ x_3 = 90 \\ x_4 \approx 800 \\ x_5 \approx 200 \\ x_6 \approx 1400 \\ x_7 \approx 200 \\ x_8 \approx 1700 \end{cases} \tag{6-77}$$

由此可知，整个项目按照 800 亩"紫色马铃薯-青贮玉米"、200 亩"黑麦草-青蒿"、1400 亩"黑麦草-青贮玉米"、200 亩"黑麦草-皇竹草"、1700 亩"马铃薯-干玉米"进行种植布局，时令安排见表 6-4。年养殖肉牛 500 头，林下养殖 110 亩，水产养殖 90 亩。具体经济指标见表 6-6。

表 6-6　项目运行的经济指标

项目名称	经营规模	年产量	年产值/万元	年纯收入/万元
肉牛养殖	500 头	400 吨	480	100
林下养鸡	110 亩	15 吨	45	10

续表

项目名称	经营规模	年产量	年产值/万元	年纯收入/万元
鱼塘养鱼	90 亩	90 吨	90	20
紫马铃薯	800 亩	400 吨	400	70
青蒿种植	200 亩	50 吨	30	10
青贮玉米	2200 亩	6600 吨	400	80
干玉米	1700 亩	1020 吨	——	中间循环
马铃薯	1700 亩	3400 吨	——	中间循环
黑麦草	1800 亩	9000 吨	——	中间循环
皇祖草	200 亩	1600 吨	——	中间循环
沼气发电	——	300 万千瓦时		中间循环
液体肥	——	5000 吨		中间循环
生物肥	——	5000 吨		中间循环
花卉肥	——	1000 吨	200	50
合　计	——	——	1625	340

6.6　发展消费者体验农业

6.6.1　体验捍卫消费者主权

经过不懈努力，我国农业取得了举世瞩目的成就，"但愿苍生俱饱暖"的历史夙愿终于实现，"中国人的饭碗主要装中国粮"的国家粮食安全防线更加牢靠。但同时也应清醒看到，发端于我国改革开放的农业增长一直主要依靠增加投入来维持，由此在供给侧积累了诸多矛盾和困难，突出表现为农产品供需错位、生产成本飙升、生态环境破坏和质量参差不齐，导致当前我国农产品出现生产量、进口量、库存量"三量齐增"的怪象，所以国家提出农业供给侧结构性改革，强调通过农产品结构调整和质量提升，发展农产品电商，开展农产品质量追溯，促进农产品供给品种、数量、质量和价格契合消费者需求。不过，供给侧结构性改革并不只是完善要素配置、生产出消费者需要的商品，还涉及消费者信心问题。据农业部农产品质量安全中心抽查，全国农产品质量合理率高达 98%，但消费者的信任度还不到 80%，这就不难理解为什么国内那么多消费者喜欢海淘，有的甚至趁出国旅游"爆买"。因此，要重塑消费者对国内农产品质量安全的信心，还要在供给侧植入消费体验，促进消费者主权回归。事实上，随着人们生活水平的提高，单纯的产品本身已很难满足消费者的需求，人们越来越喜欢了解产品背后的故事，与那些种出这种产品的人交流。除了质与量这些硬实力外，产品带给消费者生动的体验更能打动消费者。

所谓消费者主权（consumer sovereignty），是指消费者根据自己的意愿和偏好把需求信息通过市场传递给生产者，生产者根据来自消费者的需求信息安排生产，然后把产品或服务提供给消费者。消费者主权理论最早由亚当·斯密提出，后经马歇尔的发展，已成为古典经济学不可动摇的原则。奥地利学派、剑桥学派以及哈耶克、费里德曼等更是把消费者主权看作是市场经济中最重要的原则。在古典经济学里，消费是生产的实现，消费者的效用函数是生产者的利润函数的激励约束。生产服从于消费，生产者服从于消费者，在生产者和消费者的竞争关系中，起主导作用的是消费者。但在互联网时代到来之前，古典经济学的设想一直没有实现，原因是生产者通常是处于垄断地位的机构，可动用规模性的力量对市场进行操作，对消费者进行控制，处于一盘散沙的消费者很难团结起来对生产者采取集体行动，生产者主权远大于消费者主权，是生产创造消费，而不是需求创造供给。但在互联网时代，农产品不仅可以通过电子商务缩减流动环节、节省交易费用，而且消费者可以通过社交网络联合起来结成强大的社群，以群体的方式展示自己的力量，生产者主权逐渐让位于消费者主权。消费者通过亲临现场的线下手段或物联网、移动互联网的线上手段，主动介入生产流通环节进行消费体验，以更多地了解供给侧农产品质量安全的实际情况。

所谓消费体验（experience consumption），是指消费者在使用产品或享受服务时体察到的感觉及认识。消费体验最早出自美国经济学家约瑟夫·派恩和詹姆斯·吉尔摩的《体验经济》一书，该书倡导生产者应创造条件让消费者融入供应链中，让消费者乐意为产品之外的感受买单。消费体验不仅包括消费者购买产品时的感受，还包括消费者购买前的信息搜索和购买后的使用感受，凡是与消费者发生关系的所有环节都是消费体验的组成部分。管理思想家亚德里安·斯来沃斯基曾把产品的性能分为物用层面和表达层面，并指出富有魔力的产品应在物用层面实现卓越的性能，在表达层面赋予产品无法割舍的情感共鸣。"好产品自己会说话"，卓越的性能和超出预期的体验，就会让产品形成独特的魅力品格。产品的本质是向人们提供一种愉悦，消费者选择和使用某种产品，其动机归根结底是为了取悦自己。产品好不好，不是产品做了什么，而是消费者体验到了什么。生产者最重要的事情是生产好产品以讨好消费者、打动消费者，增强消费者的信任感和认同度。消费者一旦对产品或服务产生信任和认同，就会重复购买，并向亲朋好友推荐。生产者靠一己之力的市场推广再快也是有限的，只有让消费者驱动消费，才能形成病毒式传播，迅速建立壁垒。而消费者驱动消费的前提是产品或服务能在情感上打动消费者，在心理上满足消费者，让消费体验超出消费者的预期。这种"因为体验才导致消费"的好处在于农产品消费者在购前的体验过程中就能预先了解农产品生长环境、生产过程、产品品质和物流配送，减少信息不对称，对农产品质量放心。同时，也让消费者有机会释怀亲近自然的天性。

　　农产品是人类赖以生存的必需品，消费者购买农产品，不仅仅是产品，更是健康的生活，所以特别在意产品质量安全。一直以来，我国农产品产销信息不对称，加之近年又先后发生毒奶粉、毒大米、蜡苹果、牛肉膏、瘦肉精等性质极其恶劣的质量安全事件，让消费者越来越困惑，甚至对整个农产品质量安全状况产生了怀疑。基于此，在集成已有的碎片化研究基础上，本书将消费体验理论、消费者主权理念植入到生鲜农产品电商的供给侧，探索构建线上线下相结合、消费者广泛参与、供需双方互动互信的农产品透明供应链，以消除消费者对国内农产品质量的"不安全感"和"信任危机"。

6.6.2　消费体验的模型构建

1. C2B2B2C 模型框架及假设

　　在消费者拥有主权情况下，生鲜农产品的交易逻辑应当如下：消费者首先根据自己的意愿和偏好把需求信息通过市场传递给生产者，生产者根据来自消费者的需求信息安排生产，然后把产品或服务提供给消费者，从而形成 C2B2C 的范式。但现实生活中，尤其在我国，生鲜农产品真正的生产者和消费者都是碎片化的。如果碎片化的消费者与生产者直接点对点对接，交易成本极高。为降低交易成本，市面上已诞生了一种叫 Farmigo 的电商模式，碎片化的消费者按居住地位置就近聚合为不同食物社区，碎片化的生产者加入合作社形成规模化的生产基地，食物社区与生产基地实行组织与组织的对接，最终形成 C2B2B2C 的模式框架(图 6-2)。食物社区由具有消费意见领袖的领头人组织该社区消费者向电商平台预购产品，并组织该食物社区消费者参与生产基地的选择与生产流通环节的消费体验。合作社(生产基地)接受电商平台的认证许可后参与食物社区预购订单的投标，中标后按照食物社区预购订单组织生产和配送，产品由生产基地直接配送到食物社区指定的提货点，由消费者自行前往提货。

　　消费者参与到生鲜电商的供给侧开展消费体验。设食物社区的需求函数为 $D(t) = f(t)\varepsilon$，t 为食物社区消费者参消费体验水平，$f(t)$ 为生鲜品需求函数，概率分布函数为 $\psi(\cdot)$，ε 为消费体验外的其他因素对需求的影响，$E(\varepsilon) = 1$。$f'(t) > 0$、$f''(t) < 0$ 表示消费需求随消费体验增加而增加，但边际需求递减。$g(t)$ 为消费体验引起供应链的成本增加，满足 $g(0) = 0$，$g'(t) > 0$、$g''(t) > 0$ 表示体验成本随体验水平增加而增加，且边际成本递增。设食物社区每次向电商平台的众筹预购量为 Q、价格为 p_{III}，电商平台向生产基地的购买价格为 p_{II}，生产基地的单位生产成本为 p_{I}，未能通过电商平台预销出去的产品残值为 p_{Θ}，并假定 $p_{\Theta} < p_{\mathrm{I}} < p_{\mathrm{II}} < p_{\mathrm{III}}$。

2.消费体验不足时的购买需求

在生产者主权大于消费者主权的传统模式下，供给侧的消费体验明显不足，即便通过电商平台交易，消费者也只能依据电商平台的供应信息进行有限消费体验，电商平台在揣摩消费者的消费体验诉求基础上进行产品供应决策，消费者与电商平台形成典型的 Stackelberg 动态博弈，电商平台的期望收益为

$$\Pi_e(Q,t)=(p_{II}-p_I)Q-(p_{II}-p_\Theta)f(t)\int_0^{Q/f(t)}\Psi(t)\mathrm{d}t \tag{6-78}$$

对式(6-78)求 Q 的一阶偏导数，得

$$\frac{\partial \Pi_e(Q,t)}{\partial Q}=(p_{II}-p_I)-(p_{II}-p_\Theta)\Psi\big[Q/d(t)\big]$$

因

$$\frac{\partial^2 \Pi_e(Q,t)}{\partial Q^2}=-\frac{p_{II}-p_\Theta}{f(t)}\Psi'\left(\frac{Q}{d(t)}\right)<0$$

令 $\dfrac{\partial \Pi_e(Q,t)}{\partial Q}=0$ ，由式(6-78)得食物社区消费者的最大购买量为

$$Q^{\#}=f(t)\Psi^{-1}\left(\frac{p_{II}-p_I}{p_{II}-p_\Theta}\right) \tag{6-79}$$

食物社区的最优消费体验决策会考虑电商平台的供应决策 $Q^{\#}$ ，这时食物社区的期望收益为

$$\Pi_s(Q^{\#},t)=(p_{III}-p_{II})f(t)\Psi^{-1}\left(\frac{p_{II}-p_I}{p_{II}-p_\Theta}\right)-(p_{III}-p_{II})f(t)\int_0^{\Psi^{-1}\left(\frac{p_{II}-p_I}{p_{II}-p_\Theta}\right)}\Psi(t)\mathrm{d}t-g(t)$$

$$\tag{6-80}$$

对式(6-80)求一阶导数，得

$$\frac{\partial \Pi_s(Q^{\#},t)}{\partial t}=(p_{III}-p_{II})f'(t)\left[\Psi^{-1}\left(\frac{p_{II}-p_I}{p_{II}-p_\Theta}\right)-\int_0^{\Psi^{-1}\left(\frac{p_{II}-p_I}{p_{II}-p_\Theta}\right)}\Psi(t)\mathrm{d}t\right]-g'(t) \tag{6-81}$$

因

$$\frac{\partial^2 \Pi_s(Q^{\#},t)}{\partial t^2}=(p_{III}-p_{II})f''(t)\left[\Psi^{-1}\left(\frac{p_{II}-p_I}{p_{II}-p_\Theta}\right)-\int_0^{\Psi^{-1}\left(\frac{p_{II}-p_I}{p_{II}-p_\Theta}\right)}\Psi(t)\mathrm{d}t\right]-g''(t)$$

而

$$\Psi^{-1}\left(\frac{p_{II}-p_I}{p_{II}-p_\Theta}\right)-\int_0^{\Psi^{-1}\left(\frac{p_{II}-p_I}{p_{II}-p_\Theta}\right)}\Psi(t)\mathrm{d}t=\Psi^{-1}\left(\frac{p_{II}-p_I}{p_{II}-p_\Theta}\right)\big[1-\Psi(\xi)\big]<0 \ ,\ 0<\xi<\Psi^{-1}\left(\frac{p_{II}-p_I}{p_{II}-p_\Theta}\right)$$ 所

以 $\dfrac{\partial^2 \Pi_s(Q^{\#},t)}{\partial t^2}<0$ 成立，令 $\dfrac{\partial \Pi_s(Q^{\#},t)}{\partial t}=0$ ，消费者最优消费体验水平 $t^{\#}$ 满足

$$H\left(t^{\#}\right)=\frac{g'\left(t^{\#}\right)}{f'\left(t^{\#}\right)}=\left(p_{\mathrm{III}}-p_{\mathrm{II}}\right)\left[\Psi^{-1}\left(\frac{p_{\mathrm{II}}-p_{\mathrm{I}}}{p_{\mathrm{II}}-p_{\Theta}}\right)-\int_{0}^{\Psi^{-1}\left(\frac{p_{\mathrm{II}}-p_{\mathrm{I}}}{p_{\mathrm{II}}-p_{\Theta}}\right)}\Psi\left(t^{\#}\right)\mathrm{d}t^{\#}\right] \tag{6-82}$$

由式 (6-78) 和式 (6-80) 两式联立得消费体验缺失的供应链收益为

$$\Pi_{es}\left(Q^{\#},t^{\#}\right)=\Pi_{e}\left(Q^{\#},t^{\#}\right)+\Pi_{s}\left(Q^{\#},t^{\#}\right)$$

$$=\left(p_{\mathrm{III}}-p_{\mathrm{I}}\right)f\left(t^{\#}\right)\left[\Psi^{-1}\left(\frac{p_{\mathrm{II}}-p_{\mathrm{I}}}{p_{\mathrm{II}}-p_{\Theta}}\right)-\int_{0}^{\Psi^{-1}\left(\frac{p_{\mathrm{II}}-p_{\mathrm{I}}}{p_{\mathrm{II}}-p_{\Theta}}\right)}\Psi\left(t^{\#}\right)\mathrm{d}t^{\#}\right]-g\left(t^{\#}\right) \tag{6-83}$$

由式 (6-69)、式 (6-82) 和式 (6-83) 联立得消费体验缺失的供应链最优决策为

$$\begin{cases}\max\Pi_{es}\left(Q^{\#},t^{\#}\right)=\left(p_{\mathrm{III}}-p_{\mathrm{I}}\right)Q^{\#}-\left(p_{\mathrm{III}}-p_{\Theta}\right)f\left(t^{\#}\right)\int_{0}^{\Psi^{-1}\left(\frac{p_{\mathrm{II}}-p_{\mathrm{I}}}{p_{\mathrm{II}}-p_{\Theta}}\right)}\Psi\left(t^{\#}\right)\mathrm{d}t^{\#}-g\left(t^{\#}\right)\\[2mm]\mathrm{s.t.}\ Q^{\#}=f\left(t^{\#}\right)\Psi^{-1}\left(\frac{p_{\mathrm{II}}-p_{\mathrm{I}}}{p_{\mathrm{II}}-p_{\Theta}}\right)\\[2mm]H\left(t^{\#}\right)=\left(p_{\mathrm{III}}-p_{\mathrm{II}}\right)\left[\Psi^{-1}\left(\frac{p_{\mathrm{II}}-p_{\mathrm{I}}}{p_{\mathrm{II}}-p_{\Theta}}\right)-\int_{0}^{\Psi^{-1}\left(\frac{p_{\mathrm{II}}-p_{\mathrm{I}}}{p_{\mathrm{II}}-p_{\Theta}}\right)}\Psi\left(t^{\#}\right)\mathrm{d}t^{\#}\right]\end{cases} \tag{6-84}$$

3.消费体验充分时的购买需求

随着消费者主权的回归，消费者介入生产流通环节进行消费体验有助于监督生产流通环节，提高产品质量安全水平，进而消费者和生产者不再只是单纯的买卖关系，而是共同捍卫食品安全的生产消费者，这时生产者与消费者进行了一体化的高度融合，于是供应链的期望收益为

$$\Pi_{ps}\left(Q,t\right)=\left(p_{\mathrm{III}}-p_{\mathrm{I}}\right)Q-\left(p_{\mathrm{III}}-p_{\Theta}\right)f\left(t\right)\int_{0}^{Q/f(t)}\Psi\left(t\right)\mathrm{d}t-g\left(t\right) \tag{6-85}$$

对式 (6-85) 求 Q 的一阶偏导数，得

$$\frac{\partial\Pi_{ps}\left(Q,t\right)}{\partial Q}=\left(p_{\mathrm{III}}-p_{\mathrm{I}}\right)-\left(p_{\mathrm{III}}-p_{\Theta}\right)\Psi\left[Q/d\left(t\right)\right]$$

因

$$\frac{\partial^{2}\Pi_{ps}\left(Q,t\right)}{\partial Q^{2}}=-\frac{p_{\mathrm{III}}-p_{\Theta}}{f\left(t\right)}\Psi'\left(\frac{Q}{f\left(t\right)}\right)<0$$

令 $\dfrac{\partial\Pi_{ps}\left(Q,t\right)}{\partial Q}=0$，得食物社区最优众筹量为

$$Q^{*}=\left(t\right)\Psi^{-1}\left(\frac{p_{\mathrm{III}}-p_{\mathrm{I}}}{p_{\mathrm{III}}-p_{\Theta}}\right) \tag{6-86}$$

对式 (6-86) 求 t 的一阶偏导数，得

$$\frac{\partial \Pi_{ps}\left(Q^*,t\right)}{\partial t}=\left(p_{\text{III}}-p_{\text{I}}\right)f'(t)\left[\frac{Q^*}{f(t)}\varPsi\left(\frac{Q^*}{f(t)}\right)-\int_0^{Q^*/f(t)}\varPsi(t)\mathrm{d}t\right]-g'(t) \quad (6\text{-}87)$$

由 (6-87) 式得

$$\frac{\partial^2 \Pi_{ps}\left(Q^*,t\right)}{\partial t^2}=\left(p_{\text{III}}-p_{\text{I}}\right)f''(t)\left[\frac{Q^*}{f(t)}\varPsi\left(\frac{Q^*}{f(t)}\right)-\int_0^{Q^*/f(t)}\varPsi(t)\mathrm{d}t\right]$$

$$-Q^{*2}\left(p_{\text{III}}-p_{\text{I}}\right)\varPsi'\left(\frac{Q^*}{f(t)}\right)\frac{\left[f'(t)\right]^2}{\left[f(t)\right]^3}-g''(t)$$

由于有

$$\frac{Q^*}{f(t)}\varPsi\left(\frac{Q^*}{f(t)}\right)-\int_0^{Q^*/f(t)}\varPsi(t)\mathrm{d}t=\frac{Q^*}{f(t)}\left[\varPsi\left(\frac{Q^*}{f(t)}\right)-\varPsi(\zeta)\right]>0$$

其中，$0<\zeta<Q^*/f(t)$，所以 $\dfrac{\partial^2 \Pi_{ps}\left(Q^*,t\right)}{\partial t^2}<0$ 成立，令 $\dfrac{\partial \Pi_{ps}\left(Q^*,t\right)}{\partial t}=0$，得消费者参与最优消费体验水平 t^* 满足：

$$H\left(t^*\right)=\frac{g'\left(t^*\right)}{f'\left(t^*\right)}=\left(p_{\text{III}}-p_{\Theta}\right)\left[\varPsi^{-1}\left(\frac{p_{\text{III}}-p_{\text{I}}}{p_{\text{III}}-p_{\Theta}}\right)-\int_0^{\varPsi^{-1}\left(\frac{p_{\text{III}}-p_{\text{I}}}{p_{\text{III}}-p_{\Theta}}\right)}\varPsi\left(t^*\right)\mathrm{d}t^*\right] \quad (6\text{-}88)$$

由式 (6-85)、式 (6-86) 和式 (6-87) 联立得供应链最优决策为

$$\begin{cases}\max \Pi_{ps}\left(Q^*,t^*\right)=\left(p_{\text{III}}-p_{\text{I}}\right)Q^*-\left(p_{\text{III}}-p_{\Theta}\right)f\left(t^*\right)\displaystyle\int_0^{\varPsi^{-1}\left(\frac{p_{\text{III}}-p_{\text{I}}}{p_{\text{III}}-p_{\Theta}}\right)}\varPsi\left(t^*\right)\mathrm{d}t^*-g\left(t^*\right)\\[4mm] \text{s.t. } Q^*=f\left(t^*\right)\varPsi^{-1}\left(\dfrac{p_{\text{III}}-p_{\text{I}}}{p_{\text{III}}-p_{\Theta}}\right)\\[4mm] H\left(t^*\right)=\left(p_{\text{III}}-p_{\text{I}}\right)\left[\varPsi^{-1}\left(\dfrac{p_{\text{III}}-p_{\text{I}}}{p_{\text{III}}-p_{\Theta}}\right)-\displaystyle\int_0^{\varPsi^{-1}\left(\frac{p_{\text{III}}-p_{\text{I}}}{p_{\text{III}}-p_{\Theta}}\right)}\varPsi\left(t^*\right)\mathrm{d}t^*\right]\end{cases} \quad (6\text{-}89)$$

4.消费体验不足与充分时的对比分析

因 $p_{\text{III}}>p_{\text{II}}>p_{\text{I}}>p_{\Theta}$，得 $\dfrac{p_{\text{III}}-p_{\text{I}}}{p_{\text{III}}-p_{\Theta}}>\dfrac{p_{\text{II}}-p_{\text{I}}}{p_{\text{II}}-p_{\Theta}}$、$\varPsi^{-1}\left(\dfrac{p_{\text{III}}-p_{\text{I}}}{p_{\text{III}}-p_{\Theta}}\right)>\varPsi^{-1}\left(\dfrac{p_{\text{II}}-p_{\text{I}}}{p_{\text{II}}-p_{\Theta}}\right)$。

令 $J(t)=t-\displaystyle\int_0^t\varPsi(t)\mathrm{d}t$，得 $J'(t)=1-\varPsi(t)>0$，于是有

$$\varPsi^{-1}\left(\frac{p_{\text{III}}-p_{\text{I}}}{p_{\text{III}}-p_{\Theta}}\right)-\int_0^{\varPsi^{-1}\left(\frac{p_{\text{III}}-p_{\text{I}}}{p_{\text{III}}-p_{\Theta}}\right)}\varPsi(t)\mathrm{d}t>$$

$$\varPsi^{-1}\left(\frac{p_{\text{II}}-p_{\text{I}}}{p_{\text{II}}-p_{\Theta}}\right)-\int_0^{\varPsi^{-1}\left(\frac{p_{\text{II}}-p_{\text{I}}}{p_{\text{II}}-p_{\Theta}}\right)}\varPsi(t)\mathrm{d}t$$

比较式 (6-82) 与式 (6-88)，得 $H(t^*) > H(t^\#)$。因 $H'(t) = \left[\dfrac{g'(t)}{f'(t)}\right]' =$

$\dfrac{g''(t)d'(t) - f'(t)f''(t)}{\left[f'(t)\right]^2} > 0$，表明 $H(t)$ 单调递增，所以 $t^* > t^\#$，进而有 $f(t^*) > f(t^\#)$，

比较式 (6-82) 与式 (6-86) 得 $Q^* > Q^\#$。可见，在生鲜电商供给侧植入消费体验，通过 O2O 形式让消费者更广泛地参与消费体验，由于对产品质量有眼见为实的真实感受，消费者对农产品的质量安全充满信心，从而会扩大对生鲜农产品的网购需求。

6.6.3 消费体验的场景设置

传统商业模式中，客户只在发生交易后消费体验才开始，互联网时代下的消费体验从通过微博、微信开始关注生产者时就已经开始了，他们正是通过持续的体验，从关注到产生兴趣，到成为使用者，到成为粉丝，到最后形成社群。凡是与产品和消费发生关系的所有过程都是消费体验，消费体验没有终点，如果有终点，那就是消费者的一个"赞"或一次分享。因此，生鲜农产品电商的消费体验应当覆盖整个供给侧，包括农耕体验、质量追溯、物流配送、产品呈现、网购操作、售后服务等重要体验场景。

(1) 农耕生产体验场景。人类最早要通过农业劳动才能维持生存，但随着工业化和城镇化发展，有一部分人可以不通过农业劳动也能生存。但在人类的天性里，亲近自然根深蒂固，尤其是久居喧嚣都市的人们渴望通过感受田园自然风光，通过参与农业生产劳动来疏解平时繁重的工作压力，体味"采菊东篱下，悠然见南山"的韵味。农业生产者提供工具、种子、水、有机肥等物质投入和必要的技术指导，消费者亲自参与或观看农业生产者翻耕、播种、浇水、除草等农业生产过程，"知道食品从何而来，谁种植了这些蔬菜，有机会参与种植、了解种植知识"，让消费者与生产者一道改进产品质量水平，增强对我国农产品质量安全的信心。据此可以推断：农耕体验的广度（次数）和深度（动手操作）将会正向影响消费者的体验，而由此给生产者或消费者带来的成本增加则会负向影响消费者的体验。

(2) 质量追溯体验场景。消费者对生鲜农产品的购买从传统线下渠道转移到线上，很大程度上缘于他们对传统线下渠道产品质量的担忧，而一些藏在远山无人知的优质农产品则借助互联网打开了销路，尤其是那些通过二维码、在线视频进行全程质量追溯的生鲜产品深受城市消费者喜爱，消费者通过手机扫描二维码、打开在线视频就可查证产品哪里耕种、何时采摘、谁来采摘、保质期以及产品成分等重要信息。据此可以推断：线上提供信息化的质量追溯查询，线下提供现场质量保障展示，将会使消费者获得好的体验，提高消费者对生鲜电商的满意度

评价。

(3) 物流配送体验场景。生鲜农产品的物流配送涉及装卸、转运和配送，是保障生鲜农产品质量的重要环节，也是生鲜农产品电商发展的主要障碍，尤其是农村"最初一公里"的集货难和城市"最后一公里"的配送难的问题。易腐易损、保质保鲜期短是生鲜农产品最显著的特征，配送时间过长，产品会腐烂变质，这就要求生鲜农产品在包装时就要采取一些必要的保鲜措施，即采取全程冷链配送，快速送达消费者。据此可以推断：保鲜措施越给力、采取全程冷链配送、产品送达时间越短、只有开箱验货合格后消费者才收货，将会使消费者获得好的体验，提高消费者对生鲜电商的满意度评价。

(4) 产品呈现体验场景。由于消费者一日三餐的需求具有量小、样多的典型特征，因此生鲜品的品类丰富程度和价格是影响消费体验的重要因素。消费者比较倾向于一站式购买，讨厌一餐食材需要到多家网站下单，甚至还要到线下农贸市场或超市补货。很多消费者网上购物是因为价格便宜，商家的产品定价要合理，要设置一些阶梯价格折扣和团购价格进行薄利多销，搞一些限时抢购活动进行网络促销，增加消费者参与感。包装不结实，产品就会变质失去好的品相。据此可以推断：产品越丰富、货源越充足、包装越结实、价格越适中、促销花样多，将有助于消费者获得好的体验，提高消费者对生鲜电商的满意度评价。

(5) 网购操作体验场景。由于消费者的产品选购和资金结算主要在网上进行，这就要求生鲜电商的购物网页、手机 APP 和微信公众号设置富有特色，界面友好，浏览翻阅方便，购物流程简单，结算支付便捷，产品介绍图文并茂且富有美感，让消费者网上购买生鲜农产品成为一种时尚、一种享受。同时，网站还可以依据消费者的历史购买记录进行大数据分析，分析不同消费者的食物和口味偏好，以便进行产品信息的精准推送。据此可以推断：开通 PC 端和移动端接口、网页图文并茂、浏览翻阅方便、购物流程简单、结算支付便捷、信息推送精准将有助于增进消费者的体验，提高消费者对生鲜电商的满意度评价。

(6) 售后服务体验场景。生鲜农产品作为生活必需品，加之保质保鲜期短，消费者只能小批量频繁购买。因此，生鲜电商不能只做一锤子买卖，必须通过良好的售后服务体验让消费者不断地回头购买。比如，在网页醒目处设置在线客服，告知消费者售后服务联系电话和邮箱，尽量满足消费者的退换货要求，在无法退换货时给消费者适当优惠券进行补偿。又如，给生鲜产品搭配相应食谱、食疗或有新意的烹饪方法，增加一些形象的烹饪教学视频，便于消费者买菜做饭。据此推断：在购物网页醒目处设置客服信息，实时与消费者进行信息沟通，热情对待消费者的退换货要求，对问题订单有及时补救措施，向消费者提供食谱及烹饪方法，将有助于增进消费者的消费体验，提高消费者对生鲜农产品电商的满意度评价。

6.6.4　提升消费者的满意度

1.计量模型与变量选取

上述消费体验的设置是否真实反映消费者的消费体验诉求，可通过消费者对生鲜电商平台服务的满意度来检验。由于消费者对电商的满意度评价为二元离散选择变量，消费体验越好，消费者对电商服务的满意度就越高。为此本书建立如式 (6-90) 的 Probit 模型来分析消费体验对电商满意度的影响。

$$y_i = \varepsilon + \beta X_i \tag{6-90}$$

式 (6-90) 中，y_i 服从正态分布；相应的概率值介于 0 和 1 之间；X 表示生鲜电商供给侧各种形式的消费体验；β 为相应的估计系数。ε 为随机扰动项，对于给定的 X_i，其相应的概率 p_i 满足：

$$p_i = F(y_i) = \frac{1}{\sqrt{2\pi}} \int_{-\infty}^{y_i} e^{-\frac{t^2}{2}} dt + \varepsilon \tag{6-91}$$

2.数据来源与样本概况

本书通过在线问卷调查平台，征集了北京、上海、广州、深圳、杭州等城市共计 350 名生鲜产品网络消费者到天猫喵鲜生、京东生鲜频道、1 号生鲜、顺丰优选、我买网、天天果园、美味七七、易果生鲜、本来生活、沱沱公社、多利农庄、15 分绿色生活等全国或同城 12 家电商体验购买蔬菜、水果、肉蛋奶和水产品，对这些生鲜电商提供的消费进行亲身体验、实时记录与测评，并最终获得了 304 份有效问卷。依据前面对变量的选取，本书所选取变量的含义、赋值、预期影响及描述性统计结果见表 6-7。

表 6-7　变量含义及描述性统计

	变量名称	定义及赋值	预期影响	均值	标准差
因变量	对生鲜电商的总体评价是否满意	是=1，否=0	+	0.782	0.401
	农耕生产体验				
	是否提供农耕生产体验	是=1，否=0	+	0.254	0.469
	生产体验成本是否可接受	是=1，否=0	+	0.544	0.413
质量追溯体验	有无全程质量追溯系统	有=1，无=0	+	0.601	1.753
	是否让消费者参与过程监督	有=1，无=0	+	0.221	0.275
包装配送体验	产品配送有无保鲜措施	有=1，无=0	+	0.145	0.425
	产品配送是否全程冷链	是=1，否=0	+	0.257	1.086

续表

变量名称		定义及赋值	预期影响	均值	标准差
	产品是否当天送达	是=1，否=0	+	0.168	0.654
	产品送达是否当场开箱验货	是=1，否=0	+	0.468	0.145
产品呈现体验	产品包装是否恰当	是=1，否=0	+	0.891	0.864
	产品是否丰富	是=1，否=0	+	0.657	0.543
	备货是否充足	是=1，否=0	+	0.235	0.265
	价格是否合理	是=1，否=0	+	0.264	0.301
	促销是否给力	是=1，否=0	+	0.745	0.123
网购操作体验	是否同时开通 PC 和移动端口	是=1，否=0	+	0.841	0.821
	页面设计是否友好富有特色	是=1，否=0	+	0.354	0.546
	网上购物流程是否顺畅	是=1，否=0	+	0.658	0.857
	网上交易是否安全方便	是=1，否=0	+	0.331	0.226
	网站促销信息推送精准	是=1，否=0	+	0.528	0.362
售后服务体验	是否有专门客服通道	是=1，否=0	+	0.598	0.403
	与客服沟通是否及时	是=1，否=0	+	0.474	0.281
	客服的态度是否热诚	是=1，否=0	+	0.741	0.401
	退换货条件是否苛刻	否=1，是=0	+	0.601	0.425
	对问题订单有无补偿	有=1，否=0	+	0.457	0.301
	是否提供食谱或烹饪方法	是=1，否=0	+	0.102	0.781

3.模型估计及结果分析

模型估计结果见表 6-8。从模型估计的对数似然值来看，模型整体的拟合效果较好。现将影响电商发展供给侧的显著性消费体验因子归纳如下。

(1)农耕生产体验的影响。农耕体验显著影响消费者对生鲜电商的满意度评价。相比于没有农耕体验，提供农耕体验的生鲜电商消费满意度要高 21.4%。统计结果还显示，尽管全国性生鲜电商的知名度要高于同城生鲜电商，但同城生鲜电商的消费者满意度高于全国性生鲜电商 13.5%，可能原因是同城电商的生产基地与消费者近一些，消费体验对生产基地和消费者的成本都低一些，因而双方的消费体验意愿强一些。

(2)质量追溯体验的影响。电商力所能及地为消费者提供产品质量追踪，显著影响消费者的电商满意度评价，与预先判断一致。统计结果也佐证了这一点，生鲜电商产品包装上有二维码、购物网站上有在线视频的消费者满意度高于无产品质量可追溯体系生鲜电商 9.7%。

(3)物流配送体验影响。保鲜措施到位、送达时间短，则品质越新鲜、色泽饱满、品相完美，消费者的满意度更高，与预期判定一致。统计显示，有 85.6%的生鲜电商的向消费者提供开箱验货后才收货的服务，但只有不到一半的消费者对产品送达时限满意，其中下单 12 小时以内送达率只有 28.5%，24 小时以内送达率 48.3%，以至于有超过 10%的生鲜消费者收到货时已经部分或全部解冻。

（4）产品组呈现体验的影响。产品的丰富性、充足性、价格促销显著影响消费者的满意度评价。统计显示，消费者对商品丰富和充足的电商满意率高于商品单一或货源不足的电商 17.6%，75.8%的测评者表示生鲜产品的价格合理，但超过 5%的消费者明确表示电商的促销政策不合理。

（5）网购操作体验的影响。网页浏览体验也是显著影响消费体验，进而影响消费者对电商满意度评价的重要环节。统计显示，有 76.9%的消费者对电商的网络比较满意，认为网页简洁，浏览方便，使用流畅，但也有超过 10%的消费者抱怨电商网页层次紊乱，产品图片模糊，产品介绍粗略，购物流程不畅。

（6）售后服务体验影响。生鲜电商售后体验显著影响消费者的满意度，退换货及时，服务态度好，消费者满意度就高，尤其是那些还向消费者提供食谱和烹饪方法的网站的消费者满意度更是高达 95%。不过，也有 7%的消费者对电商售后服务不满意，主要意见是客服人员态度不好，售后电话或邮箱难以找到，或售后电话打通后无人接听。此外，统计数据还进一步显示，各类电商平台在农耕生产、产品呈现、网购操作方面的体验差距不大，消费者对电商平台的满意度评价差异更多地体现在质量追溯、物流配送和售后服务的差距上。

表 6-8　生鲜电商供给侧消费体验因子模型估计结果

自变量	估计系数	Z 统计量
是否提供农耕生产体验	0.230***	0.574
生产体验成本是否可接受	1.507***	3.213
有无全程质量追溯系统	0.917***	2.221
是否让消费者参与过程监督	0.374*	0.213
产品配送有无保鲜措施	1.439***	5.231
产品配送是否全程冷链	0.718**	1.689
产品是否当天送达	0.276***	0.254
产品送达是否当场开箱验货	1.691***	2.586
产品包装是否结实	0.229	1.586
产品是否丰富	0.912**	1.056
备货是否充足	0.14	0.258
产品出售价格是否合理	0.121**	0.458
网站价格促销是否有吸引力	1.11***	3.689
是否同时开通 PC 和移动端口	0.004**	0.035

续表

自变量	估计系数	Z统计量
页面设计是否友好富有特色	0.291	0.354
网上购物流程是否顺畅	0.31***	0.568
网上交易是否安全方便	1.078*	1.258
网站促销信息推送精准	0.083	0.369
是否有专门客服通道	0.563***	1.554
与客服沟通是否及时	1.043**	2.589
客服的态度是否热诚	0.438*	1.557
退换货条件是否苛刻	0.424***	1.058
对问题订单有无补偿	1.555	3.658
是否提供食谱或烹饪方法	0.038*	0.125
常数项	-8.772	-3.913

注：　McFadden R-squared=0.301。***、**、*分别代表在1%水、5%、10%水平下显著。

6.6.5　研究结论及对策建议

为增强消费者对国内农产品质量安全的信心，本书在国家提出调整农产品结构、提高农产品质量、发展农产品电商的基础上，提出把消费体验植入到供给侧，通过电商缩减流通环节和消费体验沟通产销信息，改造生鲜农产品传统冗长的供应链结构，构建植入消费体验的生鲜电商 C2B2B2C 模型，从理论上论证了消费体验对促进产销信息对称、降低交易成本、扩大产品需求有明显促进作用。在缺少消费者体验的传统模式下，即便是利用电商平台进行产销对接，但由于消费者与生产者不见面，消费者只能依据电商平台的供应信息进行 Stackelberg 动态博弈，生鲜农产品的网购需求较低。当植入充分的消费体验后，生产者与消费者融合为 prosumer，消费体验增进了消费者对产品质量安全的信任，因而网购需求会增加。

围绕影响消费体验的各种因素，本书在生鲜电商的供给侧设置了农耕生产、质量追溯、物流配送、网购操作、产品呈现和售后服务六大体验场景。实证表明，这些体验场景都会显著影响消费者对电商平台服务的满意度评价，因此，生鲜电商应围绕这些体验场景力所能及地向消费者提供丰富多彩的消费体验，提高消费者对电商平台的黏性。应当指出的是，随着电商平台间的农耕生产、产品呈现、网购操作方面差距日益缩小，质量追溯、物流配送和售后服务正逐步成为生鲜电商的核心竞争力。因此，生鲜电商要在全面提供供给侧消费体验的同时，还应重点为消费者提供好质量可追溯、物流配送和售后服务体验，增强消费者的产品质量安全信心。

6.7　发展互联网智慧农业

6.7.1　现代农业智能化的演化发展

回顾国内外农业发展历程，推演现代农业发展趋势，我们可以大致把农业发展方式分为小农户农业、机械化农业、精确化农业和智能化农业四种发展方式，即四个发展阶段（图 6-9）。小农户农业是指农业生产以家庭为单元，生产资料由农户掌握，农业劳动依靠家庭成员手工或畜力农具承担，农业产出以满足家庭自身消费为主。机械化农业是指农业生产普遍使用机械动力和电力，实现农业机械化，节省劳动力，减轻劳动强度，提高农业劳动生产率，增强克服自然灾害的能力。精准化农业是指农业种植、养殖过程中大量使用各种自动化、信息化、远程控制设备，农业生产模式逐渐从以人力为中心向以信息和软件为中心的精确化生产转变。智能化农业是将互联网技术、人工智能、机器视觉等新技术植入到精准化农业中，实现机器间自动"联网"和自动"对话"，并实现农产品生产、加工、流通和消费等全产业链各环节之间互联互通与信息对称。

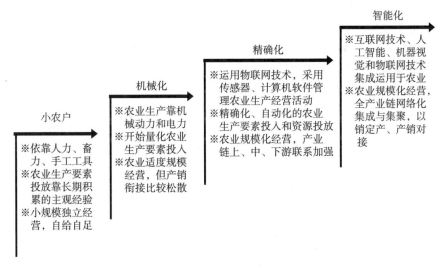

图 6-9　农业发展方式转变四阶段理论

我国农业目前总体上仍处在以小农户生产为主的阶段，并呈现出小农户生产、机械化生产、精准化生产并存与渐进演进态势。农业智能化生产是现代农业发展的主要趋势，相比于美国、日本等发达国家已大规模实施农业智能化生产，我国目前只少量出现了机器人采摘、机器人挤奶等农业智能化生产雏形。但我国农业的现代化改造赶上了互联网时代，可以通过互联网转变传统农业发展方式。深刻运用互联网转变农业发展方式，就是将互联网思维及技术充分运用在农业生产和经营各个环节中，可通过云技术、大数据、感应技术与移动互联网络连接融合，实现人与自动化机械和智能化机械的连接、农业全产业链上利益相关者的互联互通与信息对称、农产品的全程可质量追溯和产销对接，加速我国农业由小农户生产阶段向机械化、精准化和智能化阶段演进。

6.7.2　"互联网+"的智慧农业主要场景

1.智慧农业的全景图

互联网改造传统农业是系统性的，可使传统农业生产方式、经营方式和管理方式上发生根本转变(余守武等，2015)。在农业产业链上衍生出许多新业态，汇集成农业供给侧结构调整的巨大合力(魏延安，2016)。拥有大数据分析能力的农技服务商可在客户提出服务要求前知道并按照客户服务需求派遣服务资源，通过大数据收集、挖掘与分析精准掌握市场行情相机决策，动态监测并快速响应自然灾害、重大疫病和突发事件(宋江伦，2015)。传统农业生产在灌溉、施肥、饲喂和用药等方面全凭经验行事，农业投入品投放往往不少即多，既影响农业产量和资源利用率，也带来环境污染和生态破坏。互联网在农业生产中的运用可根据空间变异定位、定时、定量地实施一整套现代化农事操作和管理，实现精准化生产，提高资源利用率、劳动生产率、土地产出率，以及农产品质量和农耕生态文明水平(付云，2014)。

传统农业在产供销各个环节表现出不同程度的不透明、不对称、不规范情形，导致农产品生产与流通业务环节多、交易成本高、质量风险不可控。运用互联网可以把产业链上、中、下游各利益相关者集成在互联互通的网络上形成产业集聚，进行网上直接交易匹配，并通过大数据建立征信体系，做到产业链信息对称和全程质量追溯，既降低交易成本又保障产品质量(张叶，2015)。传统农业各自为政的小生产模式与碎片化、多样化的市场需求往往因产销脱节，导致农产品价格大起大落和"谷贱伤农，谷贵伤民"。随着农业适度规模经营的兴起和小生产者间的网络化联合，运用大数据技术挖掘和聚合消费者的个性化需求，按照分类聚合的消费者需求去柔性化组织农产品的生产，形成 C2B 以销定产电商模式，让农产品产销对接在理论上可能和在实践上可行。基于此，从农业产前、产中、产后全产业链视角，可以绘就出"互联网+农业"的美好全景(图6-10)。

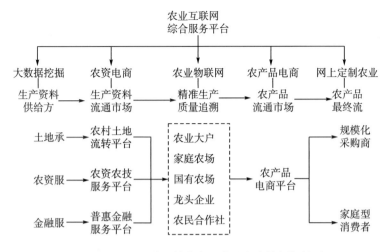

图 6-10　互联网转变农业发展方式的框架体系

2. "互联网+土地流转"场景

农户小生产是我国农业供给侧存在的主要问题，由于缺乏规模经济和范围经济，小农户没有动力采用集约化新技术、新工艺转变农业生产方式。十八大以后，国家政策不断释放改革红利，以确权登记为基础引导农村土地有序流转和适度规模集中。但由于土地交易市场中介组织匮乏，土地供求信息行政化条块分割，导致一些举家外出务工经商或无农业劳动力的农户不知道把土地流转给谁，一些新型农业经营主体却不知道从哪里流转土地，即使已发生的流转也往往存在流转价格不合理、流转合同不规范等问题。农村土地流转中的这些问题，恰是互联网可以发挥作用的地方，通过搭建跨行政边界和地域分界的网络平台，撮合土地供需方规范化交易，可大幅降低土地流转成本，规范农地流转程序，加快农村闲置分散或低效利用的土地向规模化农业经营主体集中。

中农信达网、土流网以及阿里的"聚土地"等是在农地流转市场上较有影响力的网络平台。中农信达网以地级市为单元，将农村和乡镇地区的海量土地信息汇总进入云端数据库，可实现农村土地流转各供需方在线规范化自动匹配交易。土流网一端连接有零散土地出租的农民，一端连接有土地需求的农业经营主体或土地投资者，线上进行土地流转信息发布与交易匹配，线下提供土地信息核实、陪同勘察、价值评估、法律咨询和项目策划，用户下载安装土流网 APP 还可免费进行土地信息采集、发布、检索、测量、价格评估、合同模板、法律在线咨询等操作。"聚土地"是淘宝聚划算平台推出的"互联网私人定制农场"项目，农民将土地流转给电子商务公司，电子商务公司将土地委托给当地合作社组织生产管理，淘宝用户通过网上对土地使用权进行认购并获得农作物产出，从而把二元分割的城乡连接起来，市民足不出户就可获得绿色农产品和免费乡村生态旅游，农民除获得土地租金外，还可在合作社劳动获得工资性收入。

3."互联网+农业金融"场景

土地流转加速土地向新型农业经营主体集中，在农资采购、农机装备、信息化建设和新技术运用等方面的融资需求旺盛。但与工商企业相比，新型农业经营主体单体融资规模小，交易频繁，导致交易成本高，加之农业自然风险和市场风险大，高门槛的传统金融不愿介入农村金融，而低门槛的民间借贷融资成本又高，导致新型农业经营主体融资困难。互联网金融解决了传统金融服务的信息不对称和交易成本高等问题，凸显长尾效应，尤其是基于农业产业化场景的在线供应链金融，能把产业链上、中、下游的客户紧密结合起来形成产业链闭环，通过引入核心企业、物流公司监管及资金流导引工具等新的风险控制变量，辅以线下实体服务体系的信息核实，开展产业链上不同节点封闭授信支持及结算、理财等金融服务，既降低了金融风险，又优化了产业链，还能带动更多金融资源流向农业发展普惠金融。

由于有完整的产业链、庞大的客户群优势，加上互联网金融正好是网络平台资源变现盈利的最好出口，所以诸如大北农、新希望、诺普信、康达尔等大型涉农企业都不约而同地开展起了互联网农业金融，通过现有业务和线下服务体系的积累，以互联网线上即时服务工具为端口，以平台用户群的交易数据为基础建立农村征信系统，然后通过旗下的金融服务平台与金融机构合作，为不同信用等级的农业经营主体提供信贷担保、保理业务、融资租赁、电商小贷、P2P网贷、农业众筹、移动支付、网络理财等普惠金融，既提升企业传统业务销售效率与客户黏性，又通过提成、利差等多种形式增加收入来源，与产业链上的农业经营主体结成利益共同体以获得更好发展。

随着经营规模和资金投入的扩大，农业经营主体的风险意识逐步增强，农业保险成为农业供给侧改革所必需的金融产品。我国保险市场发展滞后，分保能力有限，农业自然灾害风险分散或转移不足。加上农业生产经营风险大、信息不对称、保险赔付率高，国内保险公司开展农业保险积极性低，农业保险产品供给严重不足。借助互联网信息技术监测和收集农业天气、土壤及作物大田表现和畜禽牧场表现、自然灾害、虫害疫病等大数据，通过大数据挖掘定制化设计保险方案，改善农业保险信息不对称、赔付率高等问题。美国 Climate 公司将保险业务平台与农业大数据形成有效协同关系，公司利用互联网保险业务平台每天从 250 万个采集点中获取天气数据，并结合大量的天气模拟、海量的植物根部构造和土质分析等信息，对意外天气风险做出综合判断，以此为依据向农场主提供农业保险。反观国内，和邦股份的种植业保险、新希望的畜禽养殖保险已经上线，国内互联网农业保险将迎来较快发展。

4. "互联网+农业电商"场景

传统模式下，农资产品往往要经过多环节层层加价后高价到达农民手中，而农产品从田间到餐桌的整个链条之间也包含了多个断点，农产品到达消费者手中不仅价格高，产品质量安全风险也大。构建网络直销平台，缩减中间环节，可实现产销对接和产业链透明，降低农业经营主体与农资、农产品市场的信息不对称，保障农资和农产品质量，降低了农资采购成本，扩大农产品销售半径，提高农业比较效益。随着农业规模化经营的发展，农资企业传统的"农资生产-经销商-农业经营主体"经营模式正在向"农资生产-农业经营主体"直销转变。农产品流通也将从传统农贸市场、批发市场向电子商务转型。

大北农、新希望、金正大、诺普信、辉丰股份等是国内较早涉足农资电商的大型涉农企业。它们通过搭建 B2B 农资电商平台对接农资企业与种植、养殖主体，为农业经营主体提供品类丰富的优质农资。同时，鉴于我国农业劳动者的文化素质不高、农业技术水平较低、互联网应用技能缺乏，电商平台还普遍采取 O2O 模式为农业经营主体开展多种形式的社会化服务，线上为农业经营主体提供植保服务、动保服务、市场信息、经营管理、视频培训、专家咨询和金融服务，线下通过实体店网点为农业经营主体提供农资代购及配送、测土配方施肥、农业技术现场指导，增加农业经营主体对农资电商平台的黏性。由于农资电商根植于"三农"，它们在数据采集与挖掘方面有明显优势，还可开展我国粮食和重要农产品生产检测与产量预测、动植物疫病防控、农业生态资源环境、农村经营管理、农业科技、农机应用管理等农业大数据服务业务。

农产品电商平台通常采取 B2B、B2C、C2B 及 O2O 形式。链农、一亩田、大厨网和绿谷网采用 B2B 模式，它们通过互联网对接商超和机构食堂等规模化采购商。我卖网、本来生活、沱沱工社、多利农庄采用 B2C 模式，由于这类平台存在着消费者碎片化分散导致城市最后"最后一公里"配送难的问题，所以通常还要与社区 O2O 模式结合，并呈现出 C2B 定制化特征，以网上下单与门店自提匹配送货时间，助力提升最后一公里的效率。如上海的"厨易时代"和广州的"佳鲜农庄"都在线下开有社区服务站，农产品从仓库配送到服务站全程冷链，社区居民线上下单、门店自提行形成闭环。而"速递易"则是通过在社区铺设自提柜提供"最后一公里"解决方案。

5. "互联网+农业生产"场景

传统农业通过投入化肥、农药、灌溉和密集劳动获得高产量，但同时也带来自然环境恶化和土地资源匮乏等问题，并随着农村劳动力短缺倒逼传统农业转型升级。运用互联网、物联网、农业机械和生物技术，可实现农业生产的精准化与智能化，成为我国智慧农业发展的重要技术手段。智慧农业生产能根据田间因素变化，精准调整土壤和作物管理措施，最大限度优化农业生产要素投入，以获取最高产量和最大经济效益，同时保护农业生态环境和土地等农业自然资源。农业物联网把感应器嵌入农业机械、土壤、灌溉系统等各种物体中，然后物联网与互联网整合起来，通过智能分析，实施实时的管理和控制。依托物联网技术可以对田间情况进行监测及高效作业(链接测绘、灌溉、施肥、收割等设备)以提高作物产量和品质，还可以对农作物运输和储备粮仓进行监控，打造全程透明的农业全产业链，消除农产品质量安全隐患，提升农产品品牌化溢价销售收益。

智慧农业生产具有便利化、实时化、感知化、物联化、智能化等特征。目前，我国基于"互联网+农业生产"的智慧农业已有初步发展，一些规模化农场开始逐渐告别传统的人力劳动场景，养殖场管理人员只要打开电脑就能控制牲畜的饲喂、挤奶、粪便收集处理等工作，农民打开手机就能知晓水、土、光、热等农作物生长基本情况，工作人员轻点鼠标，就能为远处的农作物调节温度、浇水施肥。如测土配送施肥技术在黑龙江等国内一些垦区已得到推广应用，基于智能设备的数据监测，可根据不同土壤条件、不同作物需求，使用有针对性的肥料配方，并在合理使用有机肥的基础上，开方抓药式提出氮微量元素的配方含量。从实际运行效果看，农业病虫害发生率可降低 50%以上，减少人工 70%，亩均节水、节肥、节药、节能 60%，亩均节约成本 20%，表现出卓越的经济效益和生态效益。

6."互联网+全产业链"场景

在互联网的颠覆性创新驱动下，"互联网+农业"以农业生产为中心、互联网为媒介，把农业产前、产中、产后各个环节结成在一张互联互通的网上，进而打造"互联网+农业"的全产业生态网。农业产前的育种、农药、肥料、农具、农机，产中的作物种植、林果种植、畜禽养殖、水产养殖以及捕捞、采摘和收割，产后的加工、销售和消费，以及贯穿整个过程的流通、交易、仓储、物流、金融、文化、旅游，它们相互融合的程度、速度和范畴将不断刷新人们对传统农业的想象，呈现出农业与工业、服务业融合渗透和交叉重组新景象。目前，我国农业已经出现了一些一、二、三产业借助互联网进行"六次产业"融合的雏形。如新希望六合公司，在卖饲料的同时，也把其他养殖投入品提供商和下游生猪采购商引到"福达计划"电商平台上，采取类似"滴滴打车"抢单模式和"大众点评"的评价模式为养殖户提供竞争性的产品购销及服务，通过"云养殖"做到生猪养殖全程可视可溯，并通过 O2O 模式拓宽优质肉品销售渠道。"去农庄网"把城市周边的农家乐、果园、菜园、花园、农场、民宿、游乐场等生态旅游和优质农产品资源整合上线，满足市民对休闲农业和吃住行、优质农产品的购买和消费需要。

6.7.3　"互联网+"的智慧农业实现路径

1. "互联网+"的智慧农业条件约束

(1)农户小规模经营比重大。智慧农业发展需要规模化经营摊薄接入成本，但目前我国农业仍然以农户小规模经营为主，适度规模经营发展缓慢。土地供给方面，经济新常态下的农村劳动力转移和新型城镇化放缓，加之农民的经济条件近年来通过外出务工经商有所改善，普遍对土地流转有较高的价格预期，其结果是土地流转价格高且供给不足，新型农业经营主体难以流转到连片适量土地。土地需求方面，由于国外低价农产品进口压力始终存在，国内农产品价格已触及"天花板"，而农资、土地和人工成本仍在不断上升，农业生产面临着"天花板"和"地板"的双重挤压，农业经营主体流转土地开展规模化经营的意愿不强。

(2)农业电子商务发展缓慢。农资电商发展受阻于农民对线下技术服务缺失的担忧。当前，我国农业劳动力老龄化和妇女化趋势明显，他们普遍缺乏农事技能、电商技能和农资真假辨别能力，购买农资通常到信得过的渠道购买。相比于短期就可以搭建起的农资电商平台，承担配合厂商精准式农化服务和网购店的线下实体网络的建设和巩固需要长期投入。农产品电商发展需要解决农村"最初一公里"货源组织难和城市"最后一公里"物流配送难的问题，前者有赖于适度规模经营的发展和农户组织化，后者有赖于城市冷链物流社区化覆盖，这两难问题的解决注定是个缓慢的过程。

(3)智慧农业接入成本较高。与改变农资、农产品流通方式相比，运用互联网改变农业生产方式要难得多。因为智慧农业技术涉及移动互联网、物联网、云计算、大数据、传感器、人工智能等多学科技术集成，兼具系统性和整体性，任何一项技术瓶颈都将形成"短板效应"，影响智慧农业技术的集成配套和组合效力，而农业具有地域性、季节性和多样性，需要根据不同的土质、气候、水肥、管理条件进行操作调试、数据积累和磨合调整，智慧农业技术集成要求高且前期投入大，需要适度规模经营群体的壮大摊薄使用成本。

2. "互联网+"的智慧农业路径选择

(1)要富有耐心循序渐进地推进。由于我国农产品传统流通渠道环节多，大量利益被中间环节攫取，农业生产者购买力不强，限制了互联网在农业中的广泛使用。与此同时，以阿里、京东和苏宁为代表的大量社会资本下乡叩开了农村电商大门。因此，运用互联网进行农业供给侧改革需要有"耐心"，循序渐进推进。优先发展农业电商，降低农资成本，跟进社会化服务，拓展产品销路，提升农业比较效益，带动适度规模经营，摊薄智慧农业接入成本，提高生产效率和经营效益，才能形成互联网持续优化农业供给侧结构的良性互动。

(2) 从产业 B2B 入手向全产业链延伸。实施"互联网+"的农业供给侧改革要优先发展农业电商。农业电商有很多模式，相比而言，B2B 模式因为采取规模化采购和出货，物流成本和交易成本低，最容易上手和成功，之后才逐步向全产业链延伸。毕竟农业只有全程控制产品质量才能保障食品安全，而缩减中间流通环节，直接将原产地产品送到用户手中，既有利于提高原产地收入，又为消费者提供最新鲜的产品，平台自身还能通过产业链的有效管理提高收益，实现原产地、消费者和电商平台三方共赢。

(3) 从场景 O2O 入手布局一体化服务。在农业领域，互联网普及率相对较低。大部分农民对互联网认识不是很深入，仍然习惯于线下购买农资、线下将农产品贩卖给传统中间商贩。线上购买及线上发布供求信息的习惯有待培养，需要实施"互联网+"的服务商担负起中间的服务职能，在乡镇或村社等农村人口相对集中的交通要塞设置服务网点，由专职人员线下辅导农民使用手机购销或发布农业供求信息和呼叫农技服务，教会农民辨别网上信息真伪，并为农村网上购销提供质检和质保服务，保障供应商和采购商的合法利益。

6.7.4 "互联网+"的智慧农业发展对策

过去缺少互联网这样有效的技术手段，我国农业供给侧生产方式落后、生态环境恶化、流通效率低下、产品结构不平衡、质量安全隐患多等突出问题一直未得到有效解决。互联网最大的优势在于信息对称和互联互通。"互联网+农业"为整体把握和系统解决我国农业供给侧问题提供了新的思路。随着互联网向农村、农业、农民广泛渗透和普及，各种"互联网+农业"场景将不断涌现，创新出"互联网+土地流转"、"互联网+农业金融"、"互联网+农业电商"、"互联网+农业生产"、"互联网+全产业链"等应用场景。"互联网+"对我国农业供给侧影响深远，为新时期我国农业供给侧改革注入了新活力、新动力和新希望。

由于我国农业基础还很薄弱，尤其是农业适度规模经营发展、农民互联网运用技能提升和农业物联网技术进步有一个过程，运用"互联网+"改革农业供给侧需要"耐心"，坚持"慢思维"与"快思维"相结合确定优先顺序，发展农业电商及其 O2O 场景的农业社会化服务，降低农资采购成本和农产品流通成本，提高农业社会化服务的便利性和针对性，通过电子商务促进产销对接，提高农业比较效益。在提升农业比较效益的情况下，壮大农业适度规模经营群体，实现薄利多销，提升农业生产效率和经营效益，推动农业与二、三产业融合发展和全产业链网络化集成与集聚，农业供给侧结构持续优化，步入良性循环轨道。

6.8　发展金融化资本农业

6.8.1　农业的金融抑制及其排斥

金融是现代经济的核心,是国民经济的血液。通过金融活动可以集中大量碎片化的社会闲置资金用于国家经济建设,让资金在各经济主体之间余缺调剂促进国民经济发展。金融的本质是为"有钱人理财,为缺钱人融资"。在一般层面上,金融主要涉及商品、服务贸易向未来收益的资金转移。在更高层面上,金融则通过动员储蓄、配置资本、风险转移进行资金融通,对实体经济发展产生影响(王妍君,2016)。金融机构通过资金融通规模和融资成本的增减引导社会资金流向符合经济发展要求和经济效益好的行业,从而提高社会资金的使用效率,促进经济发展。金融资金的有偿使用对用款单位也会形成一种外部压力,促进其精打细算提高资金使用效益。但是,"金融不是单纯的卡拉 OK、自拉自唱的行业,它是为实体经济服务的,金融如果不为实体经济服务,就没有灵魂,就是毫无意义的泡沫"(黄奇帆,2012)。因为金融作为国民经济的血液系统,只是国民经济分工不同的一个功能系统,它与国民经济健康肌体的其他各大系——实体经济是共生关系,金融对实体经济的供血不足或过多会导致实体经济部门的"缺血坏死"或"脑溢血",影响国民经济肌体的健康发展,进而金融自身也难以独善其身。但长期以来,以银行为主体的传统金融对实体经济的服务并不给力。一方面,货币传导不畅,大量金融资源滞留金融领域,助推房价和用了大宗商品投机,出现明显的流动性陷阱,导致央行一再实施宽松货币政策失效,无法刺激银行放贷、企业投资和居民消费,即资金不再流入实体经济(冉芳等,2016)。另一方面,银行同质化服务导致效率低下,贷款门槛高、周期长,普遍倾向于向低风险、高利润的国有企业发放贷款或向稳定收入阶层进行消费贷款,对农业等信用等级不高、缺乏足够抵押物的弱质性产业的金融服务明显不足,结果是主要金融资源流向房地产、钢铁、煤炭等产能严重过剩的产业,形成金融资源错配(鞠市委,2016)。

农业是农村的支柱产业,也是国民经济的基础产业,是"三农"工作的重心,自然应当是农村金融资源配置的主要方向。尤其在当下,随着国家不断释放农村土地政策红利,农村土地流转加速适度规模经营主体的崛起,新型农业经营主体在流转土地、农业机械、化肥农资、水利设施、土壤改良、农业设施等方面的资金投入大,而自有资金严重不足,有较强烈的融资需求(朱文胜等,2014)。并且,不同于普通小农户,新型农业经营主体由于经营规模大,出现巨灾对经营主体的打击具有毁灭性,所以新型农业经营主体对农业保险服务有强烈的需求。但现实情况是这些规模化农业经营主体的金融服务需求往往得不到满足。据统计显示，截至 2016 年 6 月，全国农村贷款余额达 22.26 万亿元，同期农业贷款余额达 6.67 万亿元，占比仅为 29.96%。农村地区的信贷资源主要配置到非农经营主体或非农产业。即便是有限的涉农资金，运用效率业也不高。以黑龙江为例，截至 2016 年 6 月，涉农贷款余额 7819.9 亿元，但大部分被经商或非农企业俘获，真正贷给农业经营主体从事农业生产经营的还不到 1/10（杨秋爽等，2016）。

　　传统金融不愿服务于农业的主要原因是我国农业普遍小规模经营，面临着较高的自然风险和市场风险，导致农户的信用风险较大，使得农业常常在信贷资源获取中处于弱势地位。农业异于其他产业的基本特征在于生产过程对自然力、自然条件及生命个体的依赖，容易受旱灾、洪涝、病虫害等自然风险的影响，农业的自然灾害风险高（林乐芬等，2015）。千家万户单打独斗的小农户分散经营与社会化大市场还往往造成产需脱节，加之国际金融投机、期货炒作和国际大粮商操纵全球农产品市场供求信息，农产品价格大起大落。同时，由于农产品标准化、品牌化不足，某个地方、某个企业、某种产品出现问题往往带来整个行业的灭顶之灾，农业的经济风险也很高。在自然灾害风险和经济风险的双重威胁下，农民又缺乏有效的担保品，作为经营风险、趋利避险的金融机构在农村自然会采取多吸存少放贷的策略，不愿把更多金融资源配置到高风险的农业中（李庚南，2015）。

　　农业的融资难、融资贵问题一直是学术界关注的热门话题，专家学者们提出了很多真知灼见（温涛等，2005）。我国长期重工业轻农业、重城市建设轻农村发展的政策取向导致"三农"工农剪刀差、城乡剪刀差，形成城市金融对农村金融的倒吸和反哺，是我国"三农"金融抑制与排斥的根本原因。而正规金融不能满足"三农"的融资需求则是我国长期的金融抑制政策的结果（林毅夫等，2005）。高峰（2016）认为，农业自然风险和市场风险大且信息不对称是银行惜贷的重要原因，而在大银行管理体制下，信贷员难以深入了解客户，农村金融的信息不对称问题非常严重（吴晓灵，2010），加上农业经营主体单体融资规模小和交易成本高，所以传统金融不愿意介入农业领域（陈道富，2015）。即使有金融资源愿意向农村配置，由于中国农贷存在着严重的"精英俘获"现象，导致有限的农村金融资源被农村非农精英掠走（温涛等，2016）。为缓解上述问题，冉光和等（2016）建议通过培育农村资产流转市场、加快农村资产产权确认、强化农户贷款担保创新推动农村家庭资产金融价值转化来缓解农村金融资源的匮乏。罗浩轩（2016）提出要通过发展适度规模经营降低金融服务的交易成本。王曙光等（2014）强调要因势利导将互联网金融引入农业，为农业的发展补充金融资源。何广文（2016）进一步提出运用"互联网+农业产业链"的融资模式，为农村金融注入新的源头活水。这些研究成果对全面把握和准确理解我国农村金融的现状、问题和成因有重要帮助，对寻找农村金融抑制与排斥的解决方案有重要启示。只是这些研究成果碎片化分散，系统性和全面性不足。事实上，解决我国农村金融抑制与排斥问题是一项系统工程，既需要对局部问题进行专题性深入研究，也需要对全局问题进行系统集成，但已有文献对后者的研究明显较弱。鉴于此，本书从金融服务实体经济的本质要求出发，从农村金融的首要任务是服务农业产业发展出发，从传统金融机构服务"三农"的主要顾虑和农业经营主体融资门槛太高的现实问题出发，构建现代农业全产业链的金融服务解决方案，解决农村金融信息不对称和农业产业风险分担机制缺乏问题，打消金融机构服务农业的主要顾虑，并降低农业经营主体获得金融服务的门槛，以动员更多的金融资源服务于我国农业的现代化建设。

6.8.2　农业全产业链的资金融通

1.全产业链的融资需求

农业最大的特点是产业链条长。以种植业为例，完整的产业链包括种子、农资、种植、仓储、物流、加工、销售等环节，而每个环节还可以进一步细分为多个子环节。我国农业最大的隐患在于产业链断裂，生产与流通、流通与消费、生产与消费脱节，不能像大自然的雨水那样顺畅地汇集成汹涌澎湃的大江大河。在以"ABCD"为首的国际大粮商加速进入我国粮食产业的背景下，我国农业仅仅着眼于生产环节的增产是远远不够的，必须顺应现代农业产业化、链条化、集团化、集聚化发展趋势，整合信息流、物流等资源，改变产业节点分散、链条不完整的状态，运用全产业链思维将生产、收储、物流、加工、销售各个环节整合起来，以资本为纽带进行全产业链分工协同、网络化集成和产销对接，增强我国农业在生产、加工、流通、储运、销售等环节的控制力及定价权和话语权，在保障国家粮食数量、质量、生态和产业安全的同时，拓展我国粮食产业链上各市场主体在各环节的利润空间。

现代农业是重资产行业，规模化和产业化后，产业链各个业务单元都需要大量资本投入，都可以嵌入成信息对称性强、交易金额大、交易成本低的金融产品，满足金融机构提供金融服务的资产标的要求。在农业的产前，农业经营主体购买农资、农机、农具，开展农场信息化建设，流转土地扩大经营规模，有较大的融资需求。在农业的产中，需要通过农业保险来规避农业经营的自然风险，需要购买农产品期货套期保值来规避农业经营的市场风险。在农业的产后，农产品加工销售企业往往是整个产业链上的核心企业，通常会利用自身在产业链上的优势地位延期支付上游原料供应商的货款，而下游经销商的产品销售与终端客户的现金支付往往存在一定时差，也存在着较大的融资需求。在全产业链下，资金从供应商、生产商、分销商、零售商和最终消费者之间形成封闭循环，从而使贷款人发放的资金安全用于产业链上各环节，带动农业企业、合作社、家庭农场、普通农户形成利益共同体，资金用途清晰、经营透明，有效减少对抵押物的依赖，有利于借款人资金实实在在用于农业产业发展，还款来源有保障。

2.投贷联动的融资组合

根据农业经营主体不同的融资来源，农业融资方式可分为股权融资和债权融资两种基本形式。按照农业经营主体由小到大成长过程中对股权融资的需求，股权融资可分为内部股权融资、天使投资基金、风险投资基金、私募股权基金、产业引导基金、农业众筹融资以及 IPO 上市融资。内部股权融资通过吸纳合伙人投资入股进行融资，由于无须付固定的利息，农业经营主体面临相对较小的财务风险，但这种方法会稀释股权，农业经营主体原有的管理方式可能会造成一定影响。当农业经营主体进入种子期后，就可以吸收天使投资基金的投资，由于天使投资对农业项目的创意性有较高要求，所以一般农业经营主体很难引起天使投资的注意。农业经营进入成长期后，农业经营主体的商业模式或产品基本成型，也在市场上取得了一定成绩，可以申请风险投资基金进入。不过，风险投资基金通常只对有一定技术壁垒的农业项目感兴趣。农业经营进入成熟期，农业经营主体在市场化运作方面取得一定成功，希望通过融资上一个更高的台阶，可申请私募股权投资基金。产业引导基金是各级财政支农资金由过去"撒胡椒面"形式的补贴，改为财政资金保值增值的股权投资形式，对优先发展的农业项目进行产业引导。由于 IPO 是各种股权投资基金退出的重要形式，所以农业经营主体一旦条件成熟，往往会谋求在资本市场上市。近年来，随着互联网金融的兴起，众筹融资开始成为农业融资的新型方式。众筹融资分公益众筹、奖励众筹和权益众筹，农业众筹主要是奖励众筹和权益众筹。农业奖励众筹是农业经营主体以相关农产品作为出资者(城市用户)的回报的众筹形式。城市用户提供资金按照某种价格来预订农业产品，城市消费者在农产品收获季节就可以按照约定的条件收到农产品。在项目实施过程中，农业经营者往往会采取一些措施，让种植过程透明化，农产品全程可质量追溯。国内"大家种"以及"本来生活"与"众筹网"联合推出的尝鲜众筹上的项目基本上都采用这种形式。农业股权众筹因涉及土地产权，目前在我国尚处于试点阶段，比较典型的是"聚土地"。继"聚土地"之后，很多众筹平台都推出了类似的土地众筹项目。这类项目的基本做法是农场辟出专门的土地，供认购者(城市高端消费人群)前来认购耕种，农场提供种子及技术指导，土地产出的农产品由认购者自己采摘食用，让消费者吃到安全的食材，也能体会到劳动的快乐。一些农场还会为不能经常亲临农场的城市认购者提供代耕代种和农产品的采收及配送等全程服务。

农业的债权融资有银行贷款、债券融资、P2P 网贷和民间借贷。由于债券融资门槛高，民间借贷融资成本高，所以农业的债权融资主要是银行贷款，而随着互联网金融向农业领域渗透，P2P 网贷也日渐成为一种新型的农业债权融资。银行贷款可进一步分为信用贷、抵押贷、联保贷、担保贷和保险贷等形式。信用贷完全凭农业经营主体的资信状况进行无附加条件放款。由于农村的征信体系建设滞后，一般农业经营主体难以获得信用贷款，即使获得信用贷款，金额也不高，通常在 5 万元以下，难以满足规模化经营的新型农业经营主体的信贷需求。抵押贷要求农业经营主体在向银行申请贷款时必须提供充足的抵押物作为担保。担保贷是指农业经营主体申请担保公司为自己向银行贷款提供担保，当农业经营主体无法偿还银行贷款时由担保公司代为还款，担保公司则反过来要求农业经营主体提供涉农直补资金担保、土地流转收益保证等反担保措施，并向农业经营主体收取一定担保费。联保贷是指相互间并无直系亲属关系的若干农业经营主体，在自愿的基础上组成联保小组，为小组成员的贷款承担连带保证责任的贷款方式。保险贷是指农业经营主体作为投保人向保险公司购买银行等借款机构作为被保险人的保险，当自己无力偿还银行借款时，由保险公司按保险合同约定代自己向银行还款。P2P 网贷是指农业经营者作为资金需求者通过互联网金融 P2P 平台，寻找有放款能力和投资意愿并能满足其借款需求的资金供给者，资金供需双方不见面，通过互联网渠道进行材料审核、合同签订和资金划转。目前，国内专注或部分涉及农村贷款的 P2P 平台有翼龙贷、宜信、开鑫贷、农发贷等。其中，独创农村加盟模式的翼龙贷，旨在为广大三农、中小微企业主提供 P2P 借贷服务，平台本身不是借贷主体，而是信息服务者、撮合者以及风险控制者，为大众提供低门槛、能触及、低成本、高效率、安全可靠的融投资新渠道。翼龙贷在运营上采用"同城 O2O"模式，资金供给方为城市居民的闲余资金，渠道下沉至三四线城市，资金需求方为同城乡下农村的农业经营主体。

农业经营主体通常不会只采取单一的股权或债权融资，而会进行股权与债权的融资组合，实现投贷联动。以重庆一家在新三板上市的农牧企业为例，该企业想到西安发展一个生鲜乳加工厂，以抢占西安的低温奶市场，需要投资 3300 万元。苦于资金紧张，该企业于是增发了 1000 万股的股票，被几家产权投资基金以每股 2.1 元的市值购买。该企业拿到这 2100 万元后，再向银河配贷 1200 万元，从而筹足了 3300 万元。由于该项目市场前景好，该公司的股价持续增长。各产权投资基金在股价 5 元时成功退出，赚得收益 2900 万元，而银行也获得了固定本息，企业则抓到了商机，获得了发展，这正是投贷联动的魅力所在。至于农业经营主体何时采取股权融资，何时采取债权融资，可通过计算每股收益 $EPS = \left[\left(EBIT - I \right) \left(1 - T \right) - PD \right] / N$ 来粗略判断，其中 $EBIT$ 为息税前利润、PD 为优先股股利、T 为税率、I 为应付利息、N 为流通在外的普通股股数。设有两种融资方案 A 和 B，当两种方案的 EPS 相等时，计算出每股收益无差别的 $EBIT^*$，即 $EPS_A = \left[\left(EBIT^* - I_A \right) \left(1 - T \right) - PD_A \right] / N_A = \left[\left(EBIT^* - I_B \right) \left(1 - T \right) - PD_B \right] / N_B = EPS_B$。此时，若农业经营主体实际的 $EBIT > EBIT^*$ 时，宜采取债权方式增加融资，若 $EBIT < EBIT^*$，宜采取股权方式增加融资，$EBIT = EBIT^*$，则债权和股权融资对

农业经营主体无差异

3.信用合作的共享金融

从目前的情况看，股权和债权融资门槛仍然很高，一般规模较小的农业经营主体，如果没有有效的抵押物或可靠的担保保证，很难从传统机构获得大额融资。从全球破解农村金融抑制与排斥的经验来看，要从根本上破解一般农业经营主体融资难题，还必须发展真正意义上的农村信用互助合作，具体的实现路径可沿着农民合作社内部信用合作和新型社区性农村合作金融组织两个方向进行，通过发展农村资金互助社和融资性担保基金实现农业经营主体间的金融资源共享。

农村资金互助社是农业经营主体作为社员自愿联合起来出资组建的金融互助组织。已经加入合作社的农业经营主体，可以在合作社内部开展信用合作。对于没有加入合作社的农业经营主体，也可以发起设立资金互助合作社，按照"组织封闭、对象封闭、贷款封闭"的模式吸收会员参与。但不管是哪种方式，农业经营主体向资金互助社缴纳的股本金往往都有最低和最高限额，资金只允许贷给资金互助社内部的成员，主要用于发展涉农产业，且累计贷款余额不得超过社员自己缴纳股本金额的一定倍数，贷款利息通常低于同期银行贷款基准利率。资金互助社坚持"吸股不吸存，分红不分息"的原则，入股社员的收益计算是先按社员投入资金互助社的股本金额和投入天数，计算出该成员资金互助积分；然后，互助社在全年的信用合作收益中扣除相应比例的风险金，计算出该资金互助社可分配的资金互助红利金额；最后，根据资金互助社可分红利总额除以社员积分总额，计算出每个积分可分配的红利金额，得出每个成员信用合作应分红利。

资金互助社主要解决的是农业经营主体的小额资金需求。调研发现，农业经营主体的资金需求通常远大于资金互助社能提供的资金规模，导致很多成员的融资需求得不到满足。农业经营主体较大规模的资金需求仍然需要求助银行等正规金融机构。为了获得银行等正规金融机构的大额融资，农业经营主体可采取合作担保的形式将合作资金作为担保金，建立合作性融资担保基金，为农业经营主体成员向银行等正规金融机构申请大额贷款提供担保。合作性融资担保基金的资金来源以农业经营主体为主、地方财政为辅，参加的农业经营主体每户交一定金额股本（比如 3～5 万元），地方财政配套向合作担保基金注入一定资金（比如 10 万元），作为"风险拨备金"与农业经营主体所交的股价一起存入贷款银行。贷款银行根据各农业经营主体的信用等级，按入股金额 3～5 倍的杠杆比率给各农业经营主体成员设立授信额度，从而放大的农业经营主体信用合作的融资规模。由于各农业经营主体在合作组织内部信息对称，合作性融资担保基金担保的风险也显著降低。

4.产融结合供应链金融

农业供应链通常有核心企业、物流企业和上下游企业以及合作社、普通农户、家庭农场等利益共同体成员，包括产前、产中和产后可等业务环节，几乎每一个环节都会涉及资金流动，也会产生融资需求，是开展农业供应链金融的绝佳场景。传统的供应链金融以银行为核心，以上游供货商和下游经销商与供应链核心企业的真实交易为基础，在核心企业信用背书的前提下，由银行向上游供应商和下游经销商提供优惠的金融产品和服务。一些核心企业在与银行的合作过程中，也逐步从后台走向前台，主动为供应链上、下游的成员提供金融服务，其中以粮食银行最为典型。"粮食银行"是指粮食仓储加工企业在提供粮食仓储和收购等传统经营业务的基础上，依托自身信用基础，以种粮生产主体的存粮为载体，向种粮生产主体提供延期点价收购、短期融资和存粮价格保险等一系列保值、增值服务的新型粮食经营模式。种粮生产主体缺少生产性流动资金时，可与粮食仓储加工企业签合同进行订单种植，并将在田粮食作物未来的粮食产出抵押给粮食仓储加工企业，粮食仓储加工企业以此向旗下设立的担保公司提供反担保措施，担保公司向银行担保为粮食生产主体提供土地流转、农资购买等生产性融资，种粮生产主体在粮食收割后出售给粮食仓储加工企业，扣除银行还贷后的销售收益归粮食生产主体。有的粮食银行甚至还自己设立小额贷款公司、商业保理公司、融资租赁公司，或对接 P2P 网贷平台，为粮食银行上游的粮食生产主体或下游的粮油经销商提供直接的融资服务。此外，粮食银行将粮食生产主体闲散的粮食集中起来进行存储管理，再进行期货套期保值，进一步降低了粮食生产经营的市场风险，摆脱"谷贱伤农"困境。

随着涉农电子商务的发展，农业供应链金融逐步向涉农电商金融转型。涉农电商企业利用电商平台在农村积累的大数据，独自或与传统金融机构合作，为参与电商交易的农村用户提供在线供应链金融，形成"电商+互联网金融+农户经营者"的交易闭环生态圈。涉农电商金融依托农业供应链对相关成员企业进行线上审批及授信，打造封闭的农业供应链体系，使资金在供应链体内封闭循环，实现贷款资金在供应链内使用。依据电商平台搭建企业的行业不同，可将农村电商金融分为互联网企业主导的电商金融、银行主导的电商金融和"三农"服务企业主导的电商金融三种基本类型。互联网主导的涉农电商金融的典型代表是蚂蚁小贷和京东供应链金融。银行主导的电商金融利用农产品电商平台发展农业供应链金融服务，如中信银行对接服务网等相关平台和运营商开展 B2B 电商在线融资服务。"三农"服务企业主导的电商金融是指"三农"服务企业在自己传统业务上扩大销量的同时，与传统金融机构合作逐步涉足农村金融服务，为自己服务的对象提供信用担保，甚至还专门成立小贷公司、信用担保、商业保理、融资租赁公司等微型金融公司向传统客户提供金融增值服务，实现流量变现，如大北农、新希望、诺普信等（表 6-9）。这类企业有完整的产业链、庞大的客户群优势，在向农业经营主体提供农资产品、农技服务的同时，以互联网线上即时服务工具为端口，以平台上户群的交易数据为基础建立农村征信系统，通过旗下的金融服务平台与金融结构合作，为不同信用等级的农业经营主体提供土地抵押融资担保、农机分期或融资租赁、农资网络小贷、P2P 网贷、农业众筹等普惠金融，既显著提升农资企业传统业务销售效率与客户黏性，又通过通道提成、利差等多种形式增加收入来源，扶持产业链上利益相关者发展，加之有传统线下实体服务手把手教会农民网上产品购销、资金融通，可线下进一步核实客户信息，真正实现产融结合和融合，对发展农村互联网普惠金融具有特别重要的意义。

随着农村产权交易的日趋活跃，农村产权交易成为供应链金融新的场景。传统金融机构服务"三农"总是显得力不从心，原因在于农户的抵押物不多，而信用放贷风险大。但随着农村土地承包经营权、居民房屋所有权和林权实现权能抵押，农村抵押贷款难问题得以缓解。尤其是通过互联网设立农村产权量化交易系统，使过去分散隔离的产权、债权、林权得以聚合起来与供需方互联互通，为互联网农村普惠金融的嵌入创造了便利条件。以湖南"土流网"和云南"林业惠农云服务"为例，土流网通过 PC 端网站和移动端 APP 进行农村土地流转信息收集、供需信息发布及撮合交易精准匹配的同时，在平台上为农业经营者和土地投资者提供土地抵押贷款、土地银行及农业保险等互联网金融增值服务。以往银行不愿接收农民用土地承包权申请抵押贷款，原因是出现违约时银行拿到零散地块无法变现。在土流网上的农民抵押贷款则完全不同，一旦农户出现违约，银行可将零散地块委托土流网进行变现。为进一步降低风险，土流网还要求申请抵押贷款者先与保险公司签订农业保险协议。与土流网类似，云南林业惠农云服务平台在通过 PC 端网站和移动端 APP 实现传递数字化林权信息及政府惠农政策的同时，为林农提供在线支付、生产资料小微信贷、个人消费信贷、林权质押担保、保险、理财等金融服务，让林农足不出户就可以一站式办理金融业务。通过该系统可以让林业资产快速进入金融资本市场，在金融杠杆的带动下提升林业资源附加值。

表 6-9　　"三农"服务商的电商供应链金融

企业简称	"三农"服务	电商供应链金融
大北农	以猪管网的线上服务(包括养猪学院、猪场 ERP、猪价查询、猪病诊断治疗)和终端门店的线下服务为入口，通过智农商城(智农通 APP、智农网站)的农资(饲料、兽药、疫苗、种子)销售及生猪电商(线上生猪拍卖交易)获取种养殖户海量交易数据，建立种养殖户征信体系，公司通过产品销售和农信网的金融服务实现流量变现	企业向银行推荐需要融资的优质种养殖户(农银贷和农信保)，以自有资金向种养殖户放贷(农富贷)，产业链上利益相关者间进行 P2P 网贷(农农贷)和向种养殖户提供互联网理财与支付(农富宝)
新希望	配合线下服务体系打造集农民技术教育(云教育)、动物保健技术服务(云动保)、猪场物联网(云养殖)、养殖综合服务(云服务)、猪场综合托管服务(云农科)和养殖户和经销商金融服务(云金融)，从育种到养殖(监控)到流通环节全程可追溯的养殖云服务平台，从中积累养殖户的海量交易数据，以建立养殖户征信体系，公司通过产品销售及互联网金融实现流量变现	企业将优质养殖户融资推荐给银行并提供担保(担保养殖)，企业以自有资金向产养殖户放贷(网络小贷)；养殖户与城市资金直接对接(P2P 网贷)，企业对平台交易主体的支付与理财(希望宝)，向养殖户提供养殖保险
诺普信	与经销商深度合作，共同打造基于专业作物的线上线下作物专家和种植达人，为农户提供服务的田田圈 O2O 平台，和为种植农户提供优质农资(农药、肥料、种子、农机)的	把发贷平台从网上募集的资金，以 P2P 形式直接借款给水稻、小麦、土豆、香蕉、茶叶、苹果等主

企业简称	"三农"服务	电商供应链金融
	农集网 B2B2C 平台为入口，从中积累种植农户的海量交易数据以建立种植农户征信体系，公司通过农资销售及农发贷 P2P 互联网金融实现流量变现	要产区的大中型优质种植户，满足农户在作物种植过程中的农资采购需求
康达尔	公司以合作社的方式向社员种植农户提供以土地承包经营权及其农作物作为抵押物的丰收贷、农机融资租赁以及农业股权投资，农户所获资金用于在康达尔合作伙伴中的农资连锁店、农机服务站购买产品和服务，种植出的农产品可选择在康达尔都市农场平台销售，形成资金闭环	为产业链上、下游配套企业和农户提供村镇银行、网络小贷、P2P 网贷、农业融资租赁、农业股权投资等金融服务，对种植大户在发展农业适度规模经营中的资金需求
云农场	以村站和测土配肥站为基础构建"从厂家到农户"的农资流通模式，满足农户定制化农资需求，降低农民农资采购成本，改善农村的土壤环境；以县域为基本单位，建立集农资中转、农技推广、农产品销售为一体的县级服务中心，形成农业产前、产中、产后全方位的种植业一体化农业商城	以农资交易、农技服务为入口，建立物流配送"乡间货的"、农产品交易"丰收汇"、农技在线服务"农技通"，在此基础上植入农村网上支付与理财"云农宝"互联网金融
村村乐	提供乡镇动态、农业行情、农村发展、农民致富等信息，提供村庄产业发展解决方案，提供农资、农技及家电下乡、农产品进城和农民就业创业资讯，搭建村村间、村民间交流平台，采取 O2O 形式招募网络村干部，在农村开展墙体广告、电影下乡、农村连锁超市、农村金融服务等	发挥网络村官线上、线下点对点的桥梁纽带作用，推出村村贷和保险理财，提供农民子女上学、就医看病、产业发展等小额信贷及重大疾病、人寿保险及投资理财等金融服务

资料来源：从企业官网上收集整理。

6.8.3　农业经营活动的风险规避

1.农业经营活动的主要风险

传统金融机构之所以不愿意服务农业，是因为农业经营活动有较高的自然风险和市场风险。农业的自然风险是指农业生产经营活动容易受到干旱、洪涝、冰雪、霜冻、冰雹、泥石流、龙卷风等自然灾害、地质灾害及疫病、虫害等生物灾害的影响。我国是世界上农业自然灾害最严重的国家之一，灾害种类几乎包括了所有灾害类型，干旱、暴雨、涝灾、寒潮等重大灾害频发，其中干旱和洪涝灾害最为严重。据统计，我国每年旱灾损失占各种自然灾害损失的15%以上，每年因旱灾减产粮食在千万吨以上。随着社会经济发展和人口膨胀，水资源短缺现象日趋严重，全国旱灾面积和受灾成灾面积呈逐年上升趋势。农业自然风险往往会导致农业减产甚至绝收，除了增加农业基础设施改变农业靠天吃饭的格局，可通过发展农业灾害保险帮助农业经营主体规避自然风险，保护农业经营主体的农业生产经营积极性。

农业市场风险是指市场环境的不确定性导致农产品的价格波动，给农业经营主体带来损失和福利减少的可能性。农业市场风险的发生缘于农产品市场发育不成熟，及产销信息不对称。与农业自然风险的发生会导致社会福利的总量减少不同，农业市场风险的发生对不同的风险主体的后果往往是不同的，既存在损失的可能性，也存在获利的可能性，使农业生产经营过度刺激与抑制交替进行形成蛛网波动，农产品价格大起大落，导致谷贱伤农、谷贵亦伤农。比如，近年来发生的"姜你军、豆你玩、蒜你狠"等事件，投机者炒作是赚得盆满钵满，但广大农业经营者则因为产销信息不对称而没有生产该农产品，所以市场价格再高也得不到什么好处。为保护农业经营主体的生产积极性，可通过发展农产品价格保险、农产品期权期货稳定农业经营主体的收入预期。

2.规避自然风险的金融工具

农业灾害保险可以帮助农业经营主体规避自然风险。随着经营规模和资金投入的扩大，农业经营主体的风险意识逐步增强，农业灾害保险成为农业适度规模经营发展必需的金融产品。目前，我国已有种植业、养殖业、林业、水产及农机和农房保险，初步构建起来了农业灾害保险体系。但由于我国保险市场发展滞后，分保能力有限，农业自然灾害风险分散或转移明显不足，加上农业生产经营风险大、信息不对称、保险赔付率高，商业保险公司开展农业灾害保险积极性低，农业灾害保险的供给严重不足，保险覆盖面窄，保额普遍较低，尤其是大田作物保额偏低问题突出，需要政府健全农业政策性保险，扩大农产品保险品种范围，特别是水稻、玉米和小麦等粮食品种应逐步实现全覆盖，提高保障水平。不过，随着互联网技术深刻运用到农业领域，运用互联网信息技术监测和收集农业天气、土壤及作物大田表现和畜禽牧场表现、自然灾害、虫害疫病等大数据，通过大数据挖掘定制化设计保险方案，可明显改善农业保险信息不对称、赔付率高等问题。在我国，农业部信息中心正与保险机构开展合作，拓宽农业保险服务渠道，打通村级信息服务站与保险服务站"两站合一"，实现政府、保险、银行、企业、农场"大协作"模式，探索"互联网+"农业保险发展新模式。国内首家网络保险公司——众安在线，于2013年推出的高温险有部分的"自然灾害"保险属性，而且投保方便，理赔灵活。理赔时，投保人无须提供相关证明，保险公司会根据中央气象台的天气预报进行自动赔付。可以预期，随着互联网技术的深刻运用，大数据、云计算和保险精算的进一步融合，基于互联网保险的农业灾害保险会大量涌现，并更好地服务于农业经营主体，规避自然风险。

3.规避市场风险的金融工具

农产品价格保险是规避农业市场风险的重要金融工具。目前，我国规模较大的农业保险险种主要还是以防范自然风险为目标的灾害保险。事实上，也可以设计农产品价格保险防范农业市场风险，为农业经营主体的产量乃至收入提供保险。所谓农产品价格保险，是以第三方公允的农产品价格为标的，以既定价格或价格指数为赔付依据的一种农业保险产品，是对农业生产经营者因市场价格大幅波动，农产品实际价格低于既定价格或价格指数造成的损失给予经济赔偿的一种制度安排。农产品价格保险实施的关键是确定第三方公允的农产品价格标的。经过多年的实践，全国各地在探索农产品价格保险的价格标的方面取得一些成功的经验。比如，上海的蔬菜价格保险，由统计部门抽样调查提供的市内 18 家标准化菜市场前三年蔬菜平均价格作为"保险的依据价格"，如果在保险期内平均零售价格低于"保险的依据价格"，由保险公司对参保方进行差额赔付。又如，北京的生猪价格保险，以国家发展改革委员会每周发布的"猪粮比"为参照系，在保险期内，平均猪粮比低于 6：1 时，视为保险事故发生，保险公司按照合同约定给予养殖户赔偿。农产品价格保险以农产品价格波动产生的损失作为存保对象，与具体的农业生产行为无关，不需要查勘被保险人的实际损失，直接以第三方发布的客观数据与保险的设计价格或价格指数的直接差额进行赔付，既确保了赔付的公正透明，可防止了道德风险和逆向选择，还能降低保险公司的经营成本。由于价格保险的购买者既可以是农业生产者，也可以是从事农产品经营的市场商户，从而大幅度扩大了农业保险保障的范围。

农产品期货也是规避农业市场风险的重要金融工具。在粮食购销市场全面市场化的新形势下，可通过农产品期货进行套期保值。通过先卖后种，发展订单农业，把农业经营主体与千变万化的市场联结起来，解决小生产与大市场之间的矛盾，提高农业经营主体的收益。由于农业经营主体的经营规模一般都很小，单个农业经营主体的农产品产出难以达到期货市场的最低交易规模，加之对期货市场又不了解，而资金实力、知识储备、操作经验及抗风险能力也非常有限，难以直接参与期货市场对价格波动风险进行管理。农业经营主体通常采取"农业经营主体+合作社+期货投资者"的组织形式参与农产品期货，即农业经营主体先加入合作社聚合成一个具有相当产出规模的农业生产组织，然后统一委托期货投资者代表合作社进行期货交易。这里的合作社即可以是基于地理位置集中的传统意义上的线下合作社，也可以是有期货交易需求的分散农业经营主体基于互联网而聚合起来的线上合作社。最简单的形式是"期货+订单"，即期货投资者先在期货市场上卖出一笔期货合约锁定实物交割价格，然后通过合作社向农业经营主体下订单锁定实物购买价格，从而获得稳定的价差收益；而合作社及农业经营主体也获得了稳定的收入预期。当合作社在与期货投资者的交往中学会了操作期货，可由合作社自己进行套期保值，即合作社在现货市场和期货市场对同一种类的农产品同时进行数量相等但方向相反的买卖活动，在买进或卖出实货的同时，在期货市场上卖出或买进同等数量的期货，经过一段时间，当价格变动使现货买卖上出现盈亏时，可由期货交易上的亏盈得到抵消或弥补。由于套期保值交纳的保证金给合作社带来了较高的资金占用成本，可考虑采取"期权+期货"的形式降低合作社进入期货市场的交易成本，合作社以支付少量的权利金为代价向期货投资者买入看跌期权，期货投资者将合作社的期权转化为期货到期货市场上去对冲风险。

6.8.4　结论及政策建议

1.研究结论

现代农业是重资产产业，也是高风险产业，尤其是随着规模化经营的发展，农业产前、产中、产后各个环节都有大量的融资需求，而一旦发生自然风险或市场风险则损失巨大。通过抵押或担保为各个环节的分散经营主体提供金融服务的传统金融支农方式，既难以实现金融机构自身的商业可持续性，也使许多农业经营主体的融资需求得不到满足，农村金融排斥和抑制问题一直很突出，农业"融资难、融资贵"问题迟迟未得到有效解决。

我国农业产前、产中和产后各个环节碎片化分散，既不利于农产品参与国际国内市场竞争，也不利于农业经营主体获得融资。从全产业链的视角为农业提供金融服务正好可以解决我国农业的产业链条断裂和融资俘获能力差的问题。一方面，发挥金融的资源配置功能，促进农业产前、产中和产后各个环节全产业链网络化集成；另一方面，农业全产业链网络化集成使物流、信息流和资金流形成闭环，反过来降低了金融服务农业的金融风险。

在全产业链的模式下，金融机构可通过投贷联动的股权债权融资组合，融资担保基金和资金互助社的信用合作，"粮食银行"等传统线下供应链、涉农电商金融及在线产权交易等现代O2O供应链金融，为农业全产业链上、中、下游各类经营主体提供多层次的融资服务。农业全产业链也方便了金融机构同步嵌入传统灾害保险和基于物联网实时信息采集的互联网保险，来规避农业经营的自然风险，通过农产品价格保险、农产品期货、农产品期权及其组合规避农业经营的市场风险。

2.政策建议

基于以上研究结论，本书提出如下政策建议。

(1)拓展银行涉农贷款的抵押物范围。当前，尽管各种服务"三农"的金融创新层出不穷，但新事物的发展壮大往往需要等待时日。在相当长的时间内，以抵押为主的银行贷款仍然是农业融资的主渠道。以往，金融机构服务"三农"总是显得力不从心，原因在于银行要求的抵押物范围太窄，基本基于信用，违约风险高、收益低，即便是开展联户担保或者能人担保，贷款风险仍然高。事实上，随着农村产权交易的发展和土地"三权"分置的实施，农村的很多东西是都可以成为银行贷款的抵押物。比如，对种植类农业经营主体探索开展农机具抵押、大棚设施抵押、大额订单质押、涉农直补资金担保、土地流转收益保证贷款；对养殖类农业经营主体，探索开展养殖圈舍抵押、畜禽产品抵押、养殖补贴资金担保、水域滩涂使用权抵押贷款等。

(2)建立农村信用互助合作监管制度。合作性金融是基于合作社内部成员间的内生性金融，适合缺少银行贷款抵押物的小规模农业经营主体。由于合作社对借款者的资金用途、还款来源和还款意愿比较了解，能有效避免事前逆向选择和事后道德风险，只要能够遵循内部性、社员制，并依托良好的产业基础，根据社员需要筹集资金，其风险是可控的，可有效避免非法集资行为。但调查发现，由于目前我国对资金互助合作组织的性质和地位还没有明确，缺乏信用互助合作组织的登记和监管制度，农业经营主体参与信用互助合作的积极性并不高，担心随时可能被取缔。因此，国家有关部门应该尽快拿出政策意见，明确资金互助社、合作性融资担保基金等信用合作组织的登记和监管部门，既可以由银监部门登记和监管，也可以由银监部门授权农业管理部门来登记和监管，还可以由工商部门登记、银监部门和农业部门根据各自职权进行监管。

(3)支持发展农业供应链金融的产融结合。农业经营主体普遍缺乏抵押品和合格财务报表，供应链金融基于产业链上的真实交易，最能体现金融服务实体经济的本质，由于不需要抵押物，也大大降低了农业经营主体获得金融服务的门槛，因此应当大力发展"粮食银行"、融资租赁、结构性融资等传统线下供应链金融和涉农电商金融、农业众筹及 P2P、农村产权交易和农产品消费信托等 O2O 形式的供应链金融，及时把互联网金融的创新成果用于发展农村普惠金融。与传统金融相比，互联网金融在农村小额信贷方面可以解决很多传统金融解决不了的问题。互联网金融通过自身的多重优势，可将金融服务嵌入到农业产业链上的各个环节，缓解资源错配，改善配置效率；依托大数据和云计算等技术，引入非结构数据，挖掘潜在需求，精准配置资源，提高贷后管理有效性，而高速放款和灵活的期限也切实降低了农业经营主体的财务成本。

(4)支持发展多层次政策性农业保险服务。农业保险的保障功能多，灾害保险可以分散农业经营的市场风险，农产品价格保险可以分散农业经营的市场风险，而风险发生后的保险理赔可对银行贷款还本付息进行托底，也有利于银行放心为农业增加融资服务，因此，应针对各类参与农业经营主体的需要，设计多层次的农业保险产品，坚持政策性农业保险的制度属性，增加各级财政支持农业保险发展的农业保险保费补贴投入。在国家给予适当支持和实现商业可持续性原则的前提下，按照农业经营主体组织属性设计多层次的农业保险产品，增加农业保险覆盖的农作物范围和畜禽及水产种类，提供更多风险保证水平档次的保险产品，供各类不同的农业经营主体自由选择，扩大农业保险政策的受益主体。

(5)支持发展农业衍生品金融交易市场。当今农业的一个突出特征就是国际大粮商以农产品期权、期货等衍生金融工具，日益增强对全球农产品市场的主导作用。我国农业要在全球农业竞争中占有一席之地，必须引导各类农业经营主体积极参与农产品期权、期货市场进行风险管理。由于我国农业经营主体规模偏小，缺乏金融知识,可采取"农业经营主体+合作社+机构投资者"模式让各类农业经营主体通过"干中学"的方式稳步进入农产品期货、期权市场。要不断丰富农产品期货的品种,降低农业金融主体进入期货市场的门槛。同时,鉴于国内还没有期权的场内市场,导致机构投资者不得不在期货市场上频繁操作以对冲场外期权的市场风险,建议国家也应尽快启动期权的场内市场建设,降低投资主体参与期权的运作成本。此外,借鉴我国农业保险的发展经验,农业经营主体出于管理农产品价格波动风险而购买期权的费用,建议纳入财政支农范畴进行补贴。

第7章 培育农垦国际大粮商的实践探索

7.1 培育农垦国际大粮商的产业布局

按照全产业链和适度多元化的"大食物"产业定位,农垦将重点围绕粮油、种业、橡胶、棉麻、糖业、乳业、肉业、水产产业等基础雄厚的战略产业,组建企业集群联合舰队,打造农垦国际大粮商。"中垦"系列股份公司将围绕农垦系有稳定生产供应能力的农牧业及配套产业进行布局,组建若干家现代股份制涉农企业集团,并陆续到资本市场上市,为打造农垦国际大粮商提供支撑。

7.1.1 粮食产业

农垦是我国主要粮食生产基地和商品粮储备基地,拥有耕地 621 万公顷,规模化农场 1779 个,年粮食产量稳定在 7 亿吨左右,其中 80%是优质粮,50%是优质稻,有的垦区还走出国门在海外开发粮食资源。中国农垦系统在种业、粮食加工、粮食贸易等方面有一定产业基础,垦区间还联合组建了中垦种业(上海光明正在牵头组建)、中垦米业、中垦粮食(贸易)股份有限公司,将全国农垦的粮食生产优势转化为市场竞争优势(表 7-1)。

表 7-1 农垦系统粮食产业上的主要国家级龙头企业

序号	企业名称	所在垦区	业务范围
1	海拉尔麦福劳有限责任公司	内蒙古	马铃薯全粉生产
2	铁岭郁青种业科技有限责任公司	辽宁	玉米、大豆育种
3	铁岭市兴旺嘉牧业有限公司	辽宁	粮食种植、饲料加工
4	辽宁每日农业集团有限公司	辽宁	大米种植、加工
5	盘锦和田食品有限公司	辽宁	大米加工、巧克力制品
6	辽宁振兴生态集团发展有限公司	辽宁	大米加工
7	辽宁盘锦绿也米业有限责任公司	辽宁	大米加工
8	盘锦良友米业有限责任公司	辽宁	大米加工
9	盘锦金社裕农供销集团	辽宁	大米加工

续表

序号	企业名称	所在垦区	业务范围
10	盘锦东华农业发展有限公司	辽宁	大米加工
11	盘锦北方农业技术开发有限公司	辽宁	大米加工
12	盘锦千鹤米业有限公司	辽宁	大米加工
13	盘锦辽河三角洲米业有限公司	辽宁	大米加工
14	盘锦柏氏米业有限公司	辽宁	大米加工、收购
15	吉林省辽河农产品加工有限公司	吉林	花生加工
16	黑龙江省北大荒米业有限公司	黑龙江	大米种植、加工
17	黑龙江省北大荒丰缘集团有限公司	黑龙江	小麦面粉加工
18	黑龙江北大荒马铃薯产业有限公司	黑龙江	马铃薯加工
19	黑龙江北大荒种业集团有限公司	黑龙江	玉米、大豆、水稻等育种
20	黑龙江北珠精米加工有限公司	黑龙江	大米加工
21	黑龙江农垦爱邦实业有限公司	黑龙江	大米加工
22	黑龙江清河泉米业有限公司	黑龙江	大米加工
23	黑龙江省建三江农垦双盛米业有限公司	黑龙江	大米加工
24	黑龙江省建三江农垦嘉良米业有限公司	黑龙江	大米加工
25	黑龙江省建三江农垦富油商贸有限责任公司	黑龙江	大米加工
26	黑龙江省建三江农垦鑫盛源粮油工贸有限公司	黑龙江	大米加工
27	黑龙江省宝泉岭农垦山林粮食加工有限责任公司	黑龙江	大米加工
28	黑龙江红兴隆农垦弘盛粮油加工有限公司	黑龙江	大米、面粉加工
29	黑龙江省牡丹江农垦绿源农业开发有限公司	黑龙江	大米加工
30	齐齐哈尔农垦大强米业有限责任公司	黑龙江	大米加工
31	北大荒粮食集团有限公司	黑龙江	大米、面粉收购、加工
32	黑龙江益华米业有限公司	黑龙江	大米加工
33	光明米业集团有限公司	上海	大米种植、加工
34	上海市上海农场	上海	大米种粮培育
35	上海跃进现代农业有限公司	上海	大米销售
36	上海光明长江现代农业有限公司	上海	水稻、小麦、大豆种植
37	上海海丰米业有限公司	上海	大米加工
38	海大瀛食品有限公司	上海	崇明土特产
39	江苏省农垦米业集团有限公司	江苏	大米加工
40	江苏省大华种业集团有限公司	江苏	大米、小麦、玉米、棉花等种子培育
41	江苏省三河农场	江苏	大米种植、加工
42	江苏省国营白马湖农场	江苏	水稻、小麦种子种植
43	江苏省临海农场	江苏	啤麦、水稻种植

续表

序号	企业名称	所在垦区	业务范围
44	皖垦种业股份有限公司	安徽	小麦、水稻育种
45	安徽省雁湖面粉有限公司	安徽	小麦面粉加工
46	安徽省倮倮米业有限公司	安徽	水稻种植、大米加工
47	江西千水实业有限公司	江西	粮食精加工
48	鄱阳县金田米业有限公司	江西	大米加工
49	湖南口口香米业有限责任公司	湖南	大米加工
50	重庆市长江农产品批发有限公司	重庆	粮食收购
51	宁夏农垦沙湖农业开发股份有限公司	宁夏	大米种植、加工
52	奇台县春蕾麦芽制造有限公司	新疆兵团	麦芽收购、加工
53	新疆天山雪米农业有限责任公司	新疆兵团	水稻种植、核桃种植
54	察布查尔益香米业有限责任公司	新疆兵团	水稻种植、大米加工
55	伊犁金天元种业科技有限责任公司	新疆兵团	玉米种植
56	新疆金博种业中心	新疆兵团	小麦育种
57	新疆盛源种业有限责任公司	新疆兵团	小麦育种
58	新疆绿翔种业有限责任公司	新疆兵团	小麦、玉米、
59	湖北天丰科技股份有限公司	湖北	大米加工、收购
60	湖北飧昀农业发展有限公司	湖北	粮食收购、加工
61	江西文博粮业有限公司	江西	粮食加工
62	清亮米业有限公司	江西	大米加工
63	江西钟氏农林开发有限公司	江西	大米加工
64	江西云居山米业有限公司	江西	大米加工
65	山东济宁南阳湖农工商总公司	山东	种子、饲料、副食品
66	河南省黄泛区农场	河南	小麦种植、粮食推广
67	河南省兆丰种业公司	河南	粮食育种、果树育种
68	河南黄泛区地神种业有限公司	河南	粮食育种
69	湖北伟望农牧科技发展集团有限公司	湖北	主营饲料

7.1.2 橡胶产业

　　农垦橡胶林面积 662 万亩，占全国橡胶总面积 40%，年产橡胶近 30 万吨，占全国三分之一，年加工橡胶 60 万吨，超过全国总量的 70%。广东农垦、广西农垦、海南农垦、云南农垦是农垦橡胶产业的主要产地，可联合起来组建中垦橡胶股份有限公司，做大中国农垦的橡胶产业(表 7-2)。

表 7-2　农垦系统橡胶产业上的主要国家级龙头企业

序号	企业名称	所在垦区	业务范围
1	广东省广垦橡胶集团有限公司	广东	天然橡胶种植、加工、销售和研发
2	广东省农垦集团进出口有限公司	广东	天然橡胶进口
3	海南省国营南田农场	海南	天然橡胶种植
4	云南农垦集团有限责任公司	云南	天然橡胶种植、加工、销售和研发

7.1.3　棉花产业

农垦是我国重要的棉花生产基地，棉花的年播种面积 90 多万公顷，年产出棉花 200 多万吨，棉花生产主要集中在新疆、湖北、湖南、河北、江西、甘肃、山东、安徽、江苏等垦区，年加工棉花 3000 多万吨。有棉花生产供应、加工销售渠道的垦区可联合组建中垦棉业股份有限公司，可实现农垦棉花全国性布局加工销售（表 7-3）。

表 7-3　农垦系统棉花产业上的主要国家级龙头企业

序号	企业名称	所在垦区	业务范围
1	皖垦棉业有限公司	安徽	皮棉、棉副产品、油脂及各类农产品等
2	天恩棉业有限公司	湖南	棉花加工
3	湖南广益粮油棉有限公司	湖南	皮棉加工
4	广东省东方剑麻集团有限公司	广东	剑麻种植、加工
5	广东省农垦集团进出口有限公司	广东	剑麻进口
6	广西剑麻集团有限公司	广西	剑麻加工
7	新疆塔里木河种业股份有限公司	新疆兵团	棉种培育
8	新疆石河子银河纺织有限责任公司	新疆兵团	棉花加工
9	中国彩棉集团股份有限公司	新疆兵团	棉花加工
10	新疆银隆农业国际合作股份有限公司	新疆兵团	棉花贸易
11	新疆生产建设兵团农一师棉麻公司	新疆兵团	棉花加工
12	第二师永兴供销有限责任公司	新疆兵团	棉花贸易
13	新疆昆仑神农股份有限公司	新疆兵团	棉籽收购、加工
14	第五师棉麻公司	新疆兵团	棉花收购
15	新疆盛源种业有限责任公司	新疆兵团	棉种培育
16	第六师棉麻公司	新疆兵团	棉花收购
17	兵团七师供销合作总公司	新疆兵团	棉花种植、收购
18	新疆锦棉种业有限公司	新疆兵团	种棉育种

序号	企业名称	所在垦区	业务范围
19	新疆惠远种业股份有限公司	新疆兵团	种棉育种
20	新疆西部银力棉业有限责任公司	新疆兵团	棉花收购、加工
21	新疆天宏新八棉业有限公司	新疆兵团	棉花收购、加工
22	新疆唐成棉业有限公司	新疆兵团	棉花收购、加工
23	哈密信合棉业有限责任公司	新疆兵团	棉花收购、加工
24	新疆生产建设兵团棉麻公司	新疆兵团	棉花种植、收购、加工
25	湖北力达纺织有限公司	湖北	棉花加工
26	荆门市恒祥棉业有限公司	湖北	棉花收购、加工
27	宜昌神燕棉花有限公司	湖北	棉花收购、加工
28	湖北三湖种子有限公司	湖北	棉种培育
29	鸿达棉业	江西	棉纱等产品
30	永修县三和棉花收购加工有限责任公司	江西	棉花收购.加工及销售
31	永修县锦源棉业有限公司	江西	棉花收购

7.1.4　油料产业

农垦系统年油料种植达 40 余万公顷，新疆、内蒙古、湖北、湖南、河南、吉林、黑龙江、江西、青海、广东等垦区是油料主产区，年产油料 80 多万吨，年油料加工销售 170 多万吨，有黑龙江九三油脂、海拉尔合适佳、广垦粮油等 95 家中小油料加工销售企业。有原料供应、加工生产或有市场渠道的垦区可联合组建中垦油料股份有限公司，可实现农垦油料全国性布局销售(表 7-4)。

表 7-4　农垦系统油料产业上的主要国家级龙头企业

序号	企业名称	所在垦区	业务范围
1	呼伦贝尔合适佳食品有限公司	内蒙古	加工芥花油
2	盘锦兴旺油脂厂	辽宁	米糠、米糠油
3	益海嘉里(盘锦)粮油工业有限公司	辽宁	粮油
4	九三粮油工业集团有限公司	黑龙江	大豆、菜籽粮油
5	黑龙江省建三江农垦北斗星粮油工贸有限责任公司	黑龙江	粮油
6	黑龙江省建三江农垦荣氏工贸有限公司	黑龙江	大豆油
7	黑龙江省农垦胜利粮油食品有限责任公司	黑龙江	大豆油
8	黑龙江红兴隆农垦弘盛粮油加工有限公司	黑龙江	大豆油
9	北大荒粮食集团有限公司	黑龙江	大豆、菜籽粮油加工
10	湖北省龙感湖翔达油脂有限公司	湖北	菜籽、棉籽加工

序号	企业名称	所在垦区	业务范围
11	岳阳市永盛油脂化工有限公司	湖南	菜籽、棉籽加工
12	湖南广益粮油棉有限公司	湖南	皮棉、植物油加工
13	75团昭苏金地亚麻有限公司	新疆兵团	亚麻籽油
14	新疆震企油脂有限公司	新疆兵团	棉籽油加工
15	新疆新光油脂有限公司	新疆兵团	棉籽油加工
16	石河子汇昌豆业有限责任公司	新疆兵团	大豆油制品
17	第十三师火箭农场粮棉油加工厂	新疆兵团	棉籽油加工
18	湖北嘉禾粮油公司	湖北	植物油
19	益海嘉里(武汉)粮油工业有限公司	湖北	植物油
20	湖北福美来油脂有限公司	湖北	油菜籽、棉籽、大豆加工
21	江陵县鑫顺农工贸有限公司	湖北	植物油
22	彭泽县德润油脂有限责任公司	江西	棉、菜籽收购加工、销售
23	江西云居山茶油科技有限公司	江西	纯茶油,调和油,山茶油,植物油

7.1.5 糖料产业

农垦系统糖料种植达120多万亩,并广泛分布在广东、广西、云南、海南、湖南、福建、新疆、内蒙古、河北等垦区,年产量700多万吨,年加工糖料1200多万吨,有广垦糖业、广西糖业、上海光明等29家糖料加工销售企业。有生产供应、加工销售渠道的垦区可联合组建中垦糖业股份有限公司,可实现农垦糖料全国性布局销售(表7-5)。

表7-5 农垦系统糖料产业上的主要国家级龙头企业

序号	企业名称	所在垦区	业务范围
1	延边宝利祥蜂业有限公司	吉林	蜂蜜
2	黑龙江农垦东北黑蜂开发有限公司	黑龙江	椴树蜂蜜
3	上海东方先导有限公司	上海	糖制品全产业链经营
4	湖北超人食品有限公司	湖北	糖果加工、销售
5	汉川一邦食品公司	湖北	糖果加工、销售
6	广东省丰收糖业发展有限公司	广东	蔗糖加工
7	廉江市华南糖业有限公司	广东	白砂糖制品、酒精
8	广东省华海糖业发展有限公司	广东	白砂糖制品
9	湛江市金丰糖业有限公司	广东	食糖加工
10	广东省广前糖业发展有限公司	广东	食糖加工、销售
11	广西农垦糖业集团股份有限公司	广西	甘蔗为原料的机制糖、食用酒

序号	企业名称	所在垦区	业务范围
			精、纤维板和复合肥
12	广西农垦国有金光农场	广西	甘蔗种植
13	广西农垦国有源头农场	广西	甘蔗种植
14	新疆绿原糖业有限公司	新疆兵团	食糖加工
15	绿华糖业有限责任公司	新疆兵团	食糖加工
16	新疆伊力特糖业有限公司	新疆兵团	食糖加工
17	新疆绿翔糖业有限责任公司	新疆兵团	食糖加工
18	汉川吉盛坊食品有限公司	湖北	食糖加工、销售
19	上饶市益精蜂业有限公司	江西	蜜蜂、蜂具、蜂产品

7.1.6　茶叶产业

农垦系统拥有一些较为优质的茶园资源，如海南农垦的"早春茶"基地、云南农垦的普洱茶茶场、安徽农垦的绿茶茶场等，云南农垦旗下的八角亭茶叶公司、广西农垦茶业集团、安徽农垦皖垦茶业公司等一大批茶叶生产、加工、销售企业。有生产供应、加工销售渠道的垦区可联合组建中垦茶叶股份有限公司，可实现农垦茶叶全国性布局销售(表 7-6)。

表 7-6　农垦系统茶叶产业上的主要国家级龙头企业

序号	企业名称	所在垦区	业务范围
1	宁波市鄞州区福泉山茶场	浙江	东海龙舌茶
2	绍兴御茶村茶业有限公司	浙江	绿茶种植、加工
3	安徽皖垦茶业集团有限公司	安徽	绿茶种植、加工
4	皖垦敬亭绿雪茶业有限公司	安徽	敬亭绿雪茶种植、加工
5	广西农垦茶业集团有限公司	广西	绿茶、红茶、青茶、黑茶种植、加工
6	冠圣生集团	江西	油茶
7	黎川县船屋农业开发合作社	江西	茶叶茶油
8	萍乡市万龙山茶场	江西	"武功绿英"茶
9	浮梁县浮瑶仙芝茶业有限公司	江西	红茶
10	赣州市武夷源实业有限公司	江西	天然高山生态茶园

7.1.7 果蔬产业

农垦系统有丰富的果蔬资源，主要品种有苹果、香蕉、柑橘、柚橙、梨桃、葡萄、菠萝、柿子、红枣、芒果、龙眼、荔枝等，年产500多万吨。主产区分布在新疆、广东、广西、海南、云南、辽宁、江西、福建等农垦区，已成长起广垦果业、广西水果、海南水果、新疆水果等176家果蔬加工销售企业。有生产供应、加工销售渠道的垦区可联合组建中垦果蔬股份有限公司，可实现农垦果蔬一年四季全国性布局销售（表7-7）。

表 7-7　农垦系统果蔬产业上的主要国家级龙头企业

序号	企业名称	所在垦区	业务范围
1	辽阳市天天食用菌种植专业合作社	辽宁	食用菌生产
2	盘锦金社裕农供销集团	辽宁	食用菌生产
3	辽宁鼎旭生态农业发展有限公司	辽宁	食用菌生产
4	延边华龙集团有限公司	吉林	果树栽培：苹果梨、金属硅、农副土特产品
5	上海都市生活企业发展公司	上海	蔬菜、水果等销售
6	上海瑞华实业有限公司	上海	油桃、葡萄等种植
7	上海跃进现代农业有限公司	上海	土特产销售
8	上海种业集团有限公司	上海	果蔬种子种植
9	连云港云吉本多食品有限公司	江苏	藕制品加工、韭菜制品加工
10	湖北原野蔬菜公司	湖北	果蔬种植
11	湖南国泰食品有限公司	湖南	果蔬加工
12	常德市汇美食品有限公司	湖南	果蔬罐头加工
13	海南省国营南田农场	海南	芒果种植
14	重庆市长江农产品批发有限公司	重庆	果蔬收购
15	宁夏枸杞企业集团公司	宁夏	枸杞种植、加工、销售
16	和田昆仑山枣业有限责任公司	新疆兵团	红枣加工
17	新疆塔里木大漠枣业有限公司	新疆兵团	红枣加工
18	新疆穗峰绿色农业科技有限公司	新疆兵团	果蔬种植、核桃、苹果
19	新疆冠农番茄制品有限公司	新疆兵团	西红柿加工
20	新疆新建番茄制品有限公司	新疆兵团	西红柿加工
21	新疆叶河源股份有限公司	新疆兵团	大枣种植、加工
22	新疆天山雪马铃薯开发有限公司	新疆兵团	马铃薯种植、加工
23	新疆北疆果蔬产业发展有限责任公司	新疆兵团	红提葡萄种植、加工

序号	企业名称	所在垦区	业务范围
24	新疆科赛德薯业有限公司	新疆兵团	马铃薯种植、加工
25	新疆盛源种业有限责任公司	新疆兵团	西红柿育种
26	新疆金果源农业科技有限公司	新疆兵团	葡萄、核桃、大枣种植
27	新疆金正薯业有限公司	新疆兵团	马铃薯收购、加工
28	新疆大罗素农业科技开发有限公司	新疆兵团	马铃薯收购、加工，番茄加工
29	新疆胡杨河番茄制品有限公司	新疆兵团	番茄加工
30	新疆奎屯绿源酱业有限公司	新疆兵团	番茄加工
31	新疆西部绿珠果蔬有限责任公司	新疆兵团	果蔬收购
32	新疆隆平高科红安种业有限责任公司	新疆兵团	辣椒种植、加工
33	塔城市永利商贸有限公司	新疆兵团	果蔬种植
34	新疆新天冰湖农业科技示范区有限公司	新疆兵团	果蔬批发
35	哈密天山娇果业有限公司	新疆兵团	枣类收购、加工
36	新疆迪盛国际实业有限公司	新疆兵团	果蔬收购、加工、销售
37	湖北爱斯曼食品有限公司	湖北	肉类加工、速冻蔬菜加工
38	阳新新冠生态农业开发有限公司	湖北	食用菌生产
39	湖北尝香思食品有限公司	湖北	蔬菜加工
40	江西吴记园食品有限公司	江西	绿竹笋、竹柳、泡桐、油茶
41	江西兴华绿色农业开发有限公司	江西	马家柚、天桂梨
42	广丰县椿林种植专业合作社	江西	葡萄、猕猴桃、水蜜桃、应季蔬菜
43	江西天顺生态农业有限公司	江西	黄栀子干果，天然色素
44	鹰潭市大地蔬菜制品有限公司	江西	加工萝卜条，生产榨菜，加工雪里红等产品
45	江西珊娜果业有限公司	江西	新余蜜橘
46	萍乡市天绿现代农业发展有限公司	江西	广东菜心、芥蓝、莜麦菜、生菜、豌豆苗、上海青、日本青梗等绿叶蔬菜。
47	中源五星高科农业集团	江西	莲藕及水稻，
48	武汉新辰食品有限公司	武汉	芦笋及各类蔬菜的种植、加工、科研、储藏、出口、销售、冷链配送

7.1.8 乳品产业

农垦乳业产业基础雄厚，有规模化奶牛场 100 余家，年存栏奶牛 150 多万头，已成长起上海光明、北京三元、黑龙江完达山、广东燕塘乳业等一批上市乳品企业，奶源资源丰富或乳品加工销售但企业未在资本市场上市的垦区企业可联合组建中国乳业股份公司，实现奶源与加工本土化市场对接、产品低温新鲜化上市，市场以各垦区省级中心城镇为圆心组团式分布，打造具有营养品质保障的新乳品上市企业。中垦乳业股份公司已由重庆农垦联合宁夏农垦和陕西农垦牵头组建，期待更多垦区携乳业产业加盟(表7-8)。

表 7-8　农垦系统乳品产业上的主要国家级龙头企业

序号	企业名称	所在垦区	业务范围
1	北京三元食品股份有限公司	北京	鲜奶、乳制品、奶粉
2	北京艾来发喜食品有限公司	北京	乳制品
3	天津海河乳业有限公司	天津	鲜奶、乳制品
4	河北乡谣食品有限公司	河北	乳制品
5	张家口圣元乳业有限公司	河北	奶粉
6	张家口市塞北现代牧场有限公司	河北	加工乳制品
7	包头懋菲蒙奶业股份有限公司	内蒙古	鲜奶、乳制品
8	铁岭大牛乳品有限公司	辽宁	鲜奶、乳制品
9	黑龙江省完达山乳业有限公司	黑龙江	鲜奶、乳制品、奶粉
10	黑龙江省龙王食品有限责任公司	黑龙江	奶粉、豆奶粉
11	黑龙江兴安岭乳业有限公司	黑龙江	奶粉、豆奶粉、饮料
12	上海牛奶(集团)有限公司	上海	奶牛养殖
13	上海东方先导有限公司	上海	乳制品原料代理销售
14	江苏省东辛农场	江苏	乳制品加工
15	安徽益益乳业有限公司	安徽	鲜奶、乳制品、奶粉
16	广东燕塘乳业股份有限公司	广东	鲜奶、乳制品、奶粉
17	重庆天友乳业股份有限公司	重庆	鲜奶、乳制品、奶粉
18	贵阳三联乳业有限公司	贵州	鲜奶、乳制品
19	宁夏农垦贺兰山奶业有限公司	宁夏	鲜奶、乳制品、奶粉
20	银桥国际控股(新疆奎屯)乳业有限公司	新疆	鲜奶、乳制品
21	山东大地乳业有限公司	山东	鲜奶、乳制品

7.1.9　畜禽产业

农垦系统年出栏生猪 1900 万头、肉羊 1200 万只、肉牛 140 万头，新疆、内蒙古、黑龙江、广东、广西、湖南、湖北、河南、河北、青海、宁夏等垦区是主要生产基地，北京、上海、广州、天津、重庆等特大型城市是主要销地。农垦系统有重庆华牧、北京华都、江西鸭鸭、广西永新等 110 家畜禽加工销售企业。有畜禽货源组织能力、屠宰加工或有市场渠道的垦区可联合组建中垦肉业股份有限公司，可实现农垦生态的猪牛羊禽肉及加工品全国布局销售(表7-9)。

表 7-9　农垦系统畜禽产业上的主要国家级龙头企业

序号	企业名称	所在垦区	业务范围
1	北京首都农业集团有限公司	北京	奶牛、肉牛养殖
2	北京三元种业科技股份有限公司	北京首农	奶牛、肉牛养殖
3	北京华都集团有限公司	北京首农	肉鸡养殖
4	北京市华都峪口禽业有限责任公司	北京首农	蛋鸡养殖
5	北京市华裕食品有限公司	北京首农	猪肉、鸡肉加工
6	北京华都肉鸡公司	北京首农	肉鸡养殖、加工
7	北京家禽育种有限责任公司	北京	肉鸡养殖
8	北京百年栗园生态农业有限公司	北京首农	种鸡养殖
9	北京金星鸭业有限公司	北京首农	鸭养殖、加工
10	沈阳华美禽有限公司	辽宁	蛋鸡、肉鸡养殖
11	大连三寰集团有限公司	辽宁	高端奶牛养殖
12	辽宁佳和牧业有限公司	辽宁	饲养奶牛
13	大成农牧 铁岭 有限公司	辽宁	肉鸡养殖　饲料加工
14	铁岭经济开发区永鸿牧业有限公司	辽宁	肉蛋鸡养殖、种蛋孵化、商品雏鸡放养和饲料加工
15	辽宁绿源肉业有限公司	辽宁	肉牛养殖、加工
16	辽宁振兴生态集团发展有限公司	辽宁	猪肉加工
17	盘锦万丰生态养殖有限公司	辽宁	生猪养殖
18	盘锦金社裕农供销集团	辽宁	肉鸡养殖　饲料加工
19	四平市昌源禽业有限公司	吉林	鸡肉、鸭肉、鹅肉
20	四平市种鹿场有限公司	吉林	梅花鹿繁殖
21	四平成达食品有限公司	吉林	鸡肉加工
22	四平市慧良牧业有限公司	吉林	玉米、饲料加工
23	黑龙江农垦北大荒牛业有限公司	黑龙江	奶牛、肉牛养殖
24	上海爱森肉食品有限公司	上海	生猪养殖、加工、销售
25	上海瑞华实业有限公司	上海	散养鸡、鸭、鹅
26	上海市上海农场	上海	种猪养殖
27	海大瀛食品有限公司	上海	鸭脖、鸡爪等加工
28	江苏省东辛农场	江苏	肉鸡养殖
29	江苏省黄海农场	江苏	生态鹅、三黄鸡养殖
30	江苏省临海农场	江苏	生猪、肉鸡、鸭、鹅养殖
31	江苏省农垦新洋农场有限公司	江苏	肉鸭养殖
32	江苏省新曹农场	江苏	肉鸡养殖
33	连云港东米食品有限公司	江苏	肉鸡养殖、加工

续表

序号	企业名称	所在垦区	业务范围
34	杭州市种猪试验场	浙江	种猪养殖
35	浙江加华种猪有限公司	浙江	种猪养殖、饲料加工
36	松阳县良种繁育场	浙江	蛇、鳄、龟种苗养殖
37	安徽省安禽禽业有限公司	安徽	蛋鸡养殖
38	武汉源香食品有限公司	湖北	肉制品加工
39	湖北天牧畜禽有限公司	湖北	生猪养殖、加工、销售
40	监利温氏畜禽有限公司	湖北	肉鸡养殖　饲料加工
41	湖南伟业农牧发展有限公司	湖南	生猪销售、加工
42	广东省湛江农垦畜牧有限公司	广东	生猪养殖、加工、销售
43	广西农垦永新畜牧集团有限公司	广西	生猪养殖、加工、销售
44	海南农垦畜牧集团股份有限公司	海南	生猪养殖、加工、销售
45	重庆大正畜牧科技有限公司	重庆	种猪养殖、饲料加工
46	重庆华牧实业(集团)有限公司	重庆	生猪养殖、加工、销售
47	重庆正大农牧有限公司	重庆	生猪养殖、加工、销售
48	贵阳三联乳业有限公司	贵州	奶牛养殖
49	宁夏农垦贺兰山清真牛羊产业集团有限公司	宁夏	牛、羊养殖
50	宁夏灵农畜牧发展有限公司	宁夏	生猪养殖、加工、销售
51	宁夏农垦茂盛草业有限公司	宁夏	苜蓿草种植、加工、销售
52	焉耆天湖鹅业开发有限公司	新疆兵团	鹅育种、养殖
53	新疆鑫宝农业科技开发有限公司	新疆兵团	牛、羊肉加工
54	新疆宏新生物科技有限公司	新疆兵团	蛋鸡养殖
55	新疆绿翔牧业有限责任公司	新疆兵团	牛、羊养殖
56	新疆蓝希络食品有限公司	新疆兵团	生猪加工
57	湖北武汉双汇食品有限公司	湖北	肉制品加工
58	湖北盛龙农业科技开发有限公司	湖北	生猪养殖、加工、销售
59	荆门市五三陈湾畜牧有限责任公司	湖北	生猪养殖、加工、销售
60	汉川温氏畜牧有限公司	湖北	肉鸡养殖、饲料加工
61	水乡特产开发有限公司	湖北	肉制品加工
62	湖北健丰牧业有限公司	湖北	生猪养殖、加工、销售，种猪繁育
63	山东大地乳业有限公司	山东	奶牛养殖
64	广丰县白耳黄鸡原种场	江西	主营鸡苗;土鸡蛋;种蛋;幼鸡;青年鸡;商品鸡;
65	江西红星种猪有限公司	江西	种猪生产、育肥猪养殖、人工授精推广、饲料加工
66	新余市草根牛业开发有限公司	江西	肉牛养殖、加工

续表

序号	企业名称	所在垦区	业务范围
67	江西泰来食品有限公司	江西	肉制品加工
68	泰和县汉君雄实业发展有限公司	江西	动物饲养、放牧
69	全南现代牧业有限公司	江西	生猪养殖、加工、销售，种猪繁育
70	彭泽牧业有限公司	江西	生猪养殖、加工、销售，种猪繁育
71	国营博爱农场	河南	奶牛、生猪养殖
72	河南省谊发牧业有限责任公司	河南	生猪养殖、加工、销售，种猪繁育
73	河南省黄泛区鑫欣牧业有限公司	河南	种猪繁育销售基地和供港生猪饲养
74	武汉市汉口精武食品工业园有限公司	湖北	肉制品加工
75	江西广联农业有限公司	江西	生猪养殖

7.1.10　水产产业

农垦系统年产出淡水产品 120 多万吨、海水产品 30 多万吨，鱼、虾、蟹、贝、藻等水产品可实现规模化常年上市。广东、广西、辽宁、山东、河北、福建、浙江、江苏、海南等沿海垦区是海水产品主产区。重庆、湖北、湖南、江苏、江西等垦区以及新疆、宁夏、云南等内陆河流和湖泊是淡水产品主产区。农垦系统有湖南大通湖、广西水产和重庆三峡渔业等 40 户水产生产、加工、销售企业。有水产品货源组织、销售渠道的垦区可联合组建中垦水产股份有限公司，实现农垦系统的水产品全国跨区域运销（表 7-10）。

表 7-10　农垦系统水产产业上的主要国家级龙头企业

序号	企业名称	所在垦区	业务范围
1	唐海县十里海养殖场	河北	对虾养殖
2	东港市港珠食品有限公司	辽宁	海产品加工
3	盖州市松春水产养殖有限公司	辽宁	海参养殖
4	凌海市达莲海珍品养殖有限责任公司	辽宁	海参、鲍鱼等海产品养殖
5	辽宁每日农业集团有限公司	辽宁	水产品养殖、加工
6	盘锦光合蟹业有限公司	辽宁	蟹类养殖
7	盘锦市华豚产业开发有限公司	辽宁	海、淡水养殖
8	盘锦弘海水产有限公司	辽宁	海、淡水养殖
9	盘锦金社裕农供销集团	辽宁	淡水养殖
10	盘锦旭海河蟹有限公司	辽宁	螃蟹（河蟹）养殖
11	上海瑞华实业有限公司	上海	对虾等养殖
12	江苏省临海农场	江苏	淡水养殖

序号	企业名称	所在垦区	业务范围
13	江苏省农垦新洋农场有限公司	江苏	淡水养殖
14	和平水产有限公司	湖南	淡水养殖
15	棉大水产有限公司	湖南	淡水养殖
16	重庆市三峡生态渔业有限公司	重庆	淡水养殖
17	宁夏农垦沙湖生态渔业有限公司	宁夏	淡水养殖
18	洪湖市世元鳖龟养殖专业合作社	湖北	鳖龟养殖
19	洪湖市宏业水产食品有限公司	湖北	对虾养殖
20	广西金龟王实业有限责任公司	江西	金龟养殖
21	江西省方洲特种淡水养殖有限公司	江西	淡水养殖
22	江西云山集团畜牧水产良种公司	江西	动物饲养、淡水养殖、饲料加工

7.1.11　流通产业

流通是农产品市场的大动脉、大枢纽和总开关，具有资源集聚、价格发现、价值体现、数据形成和生产指导的基础作用。农垦系统拥有近 2000 个分散经营的大农场、大基地，垦区间可联合组织中垦流动产业，实现产能聚合、产销对接，提高市场议价能力，占据农产品价值链的制高点。目前，中垦流通股份公司、中垦冷链股份公司分别由广东农垦、重庆农垦牵头组建中，有商贸流通、冷链物流需求或发展基础的垦区可选择加盟这两家"中垦"流通公司（表 7-11）。

表 7-11　农垦系统流通产业上的主要国家级龙头企业

序号	企业名称	所在垦区	业务范围
1	临汾市尧都区尧丰农副产品批发市场	山西	批发市场
2	营口富达果菜保鲜有限公司	辽宁	仓储
3	黑龙江农垦北大荒商贸集团有限责任公司	黑龙江	物流
4	北大荒粮食集团有限公司	黑龙江	仓储、物流
5	农工商超市(集团)有限公司	上海	门店、物流
6	上海西郊农产品交易中心	上海	批发市场
7	重庆万吨冷储物流有限公司	重庆	仓储、物流
8	四川省南充化农产品交易市场有限责任公司	四川	批发市场

7.1.12　农业电商

电商在缩减中间流通环节、实现产销直接对接方面有独特的优势。在农业生产前端可搭建农资电商平台，引进全国种子、饲料、肥料、农药、农机、农技和农业信息化商家通过平台向全国农垦系统乃至社会上的国有农场、家庭农场、专业合作社等规模化农业经营主体提供一揽子的农资产品及配套的农业社会化服务，引入大宗农副产品采购商、物流和金融服务商为农业经营主体的产品售卖、流通和经营性融资提供解决方案。在市场终端环节，集合全国农垦丰富的优质农产品，并适当引入当地一些名优农副产品，综合上海菜管家、北京草桥模式、广州佳鲜农庄和重庆天友健康生活馆模式优点，在全国一、二、三线城市城区交通枢纽(轨道站、汽车站、公交站、城市商圈)和大型社区布局 O2O 网店，使农垦系统的优质产品卖向全国。目前，中垦电商联盟已经成立，中垦农业社会化服务云平台正在酝酿。

7.1.13　农业金融

金融服务是实体产业发展的血液。农垦产业以农业为主，自然风险和市场风险较高，传统金融对农垦实体产业的扶持有限。农垦内部知根知底，可降低信用风险，不同产业间可进行资金调剂，尤其是供应链金融可很大程度降低信息不对称，由此农垦系统诞生了一批担保、保理、小贷、融资租赁、财务公司等新型金融组织，它们与传统金融合作，为农垦实体产业提供供应链金融服务。有一定金融产业基础的垦区可联合组建中垦融资租赁股份公司，为农垦实体产业发展提供供应链金融服务。另外，旨在为农垦农业产业化发展提供股权融资的中国农垦基金也在酝酿中。

7.1.14　房地产业

由于部分农场调规为商住或商用、改善职工住房条件、建设农垦小城镇，农垦系统的房地产业也得到了快速发展。房地产已成为新疆、广东、重庆、江苏、安徽等垦区的重要产业。有农场房地产开发、小城镇建设需求，或有一定房地产业基础的垦区可联合组建中垦房地产股份公司，可在全国各垦区拓展农场调规后的房地产开发和小城镇建设(表 7-12)。

表 7-12　农垦系统房地产业上的主要国家级龙头企业

序号	企业名称	所在垦区	业务范围
1	大连三寰集团有限公司	辽宁	房地产开发、生态公园建设、酒店
2	黑龙江农垦北大荒商贸集团有限责任公司	黑龙江	房地产开发
3	江西千水实业有限公司	江西	房地产开发
4	海南省国营南田农场	海南	房地产开发
5	江西东坡实业有限公司	江西	房地产开发

7.1.15　生态旅游

中国农垦是在特殊历史时期屯垦戍边和保障国家粮食供给而发展起来的，大多位于沿海、沿江、沿湖、沿边、临山等自然生态环境优美的地方，一些垦区又进城发展酒店业和旅游业，农垦系统的旅游资源十分丰富。为适应中国居民旅游热，及满足对生态旅游的需求，有酒店及旅游产业发展基础、生态旅游资源丰富、有旅客组团或接待能力的垦区可联合组建中垦生态旅游股份有限公司，可把全国农垦系统的生态资源变成旅游资本(表 7-13)。

表 7-13　农垦系统生态旅游产业上的主要国家级龙头企业

序号	企业名称	所在垦区	业务范围
1	大连三寰集团有限公司	辽宁	房地产开发、生态公园建设、酒店
2	桓仁满族自治县大东沟参茸场	辽宁	生态旅游、中药材种植
3	海南省国营南田农场	海南	热带生态旅游

7.1.16　海外农业

打造农垦国际大粮商，要充分利用好国际、国内两个市场，到东南亚、俄罗斯、中亚、非洲、拉美等生产潜力大的地区，通过租种或订单方式进行粮食产能布局。目前，黑龙江农垦、湖北农垦、陕西农垦、重庆农垦等垦区企业在技术援助、境外分支机构基础上，开展粮食种植、生产、物流仓储项目，开展境外粮食资源整合。但海外农业不仅涉及农业本身，还往往涉及所在国法律、人文和国际关系等复杂问题，需要有意愿到海外发展的农垦企业抱团组建"中垦"海外农业公司，以更专业的团队、更开阔的视野、更稳健的方式开拓海外农业业务。

7.1.17　农场商贸

成立中垦农场联盟将全国农垦系统的农场组织起来，组建中垦农场商贸集团公司，为用户搭建农垦农场、农业、社会化服务云平台，在云平台上的农场如同"天猫"上的一个账户，既是农资、农技服务的买家，也是农副产品的卖家。集合国内优质农资企业(种子、化肥、饲料、农药、兽药、农机、农技)线上云平台，集成运用"美团"的团购模式和大众点评的服务评价模式，通过 O2O 形式向广大农场提供竞争性的"农资+农业社会化"服务。同时，将粮食收储企业、农副产品收购企业引入到云平台上，以滴滴打车的抢单模式抢购农场的农产品。此外，也将物流企业、金融或类金融企业引入到云平台上，为农场提供物流和金融服务。

7.2　培育农垦国际大粮商的组织载体

7.2.1　国际粮商的组织形态

(1)产业联盟。产业联盟(industry alliance)是农垦系统各垦区企业或农场出于确保各自的市场优势，应对共同的竞争者，或将业务推向新领域等目的，联合起来结成的互相协作和资源整合的一种合作模式。联盟成员可以限于某一行业内的企业或农场，也可以是全产业链上、下游企业的联合。联盟成员间一般没有资本关联，参与各企业或农场的地位平等，各自作为市场主体独立运作。

(2)企业集团。企业集团是以一个或多个实力强大、具有投资中心功能的大型企业为核心，以若干个在资产、资本、技术上有密切联系的企业、农场为外围层，通过产权安排、人事控制、商务协作等纽带所形成的一个稳定的多层次经济组织。企业集团的整体权益主要是通过明确的产权关系和集团内部的契约关系来维系；其核心是实力雄厚的大企业。企业集团是按照总部经营方针和统一管理进行重大业务活动的经济实体，或者虽无产权控制与被控制关系，但在经济上有一定联系的企业群体。

7.2.2　组织构建的基本原则

(1)立足产业优势原则。优先考虑有一定历史积淀、存量规模、市场前景的垦区牵头率先组建"中垦"公司，比如粮食、橡胶、乳业、种业、畜牧、水产及与产业配套的物流和金融等。

(2)市场用户导向原则。优先支持市场开拓能力强、市场渠道分布广、与消费者关系最贴近的垦区牵头组建"中垦"产业公司，与生产基地型垦区结成"生产-销售"利益共同体，实现产销对接。

(3)顶层设计先行原则。企业盈利模式要有商业可持续性，治理结构优化，鼓励组建之初就按照上市公司标准引入战略投资者、社会化职业经理团队、管理层，推行核心员工持股，实施期权激励。

(4)垦区垦地整合原则。各垦区和当地经过多年发展均积累起一定产业基础，为避免重复建设或恶性价格竞争，"中垦"公司应主要采取联盟或并购重组方式在垦区、垦地间轻资产整合。

(5)统筹兼顾各方原则。鼓励"中垦"公司与各垦区先采取 5:5 的股比，其至由当地垦区控股合资组建子公司以应对当地国资考核，"中垦"公司要上市时再进行财务技术处理转为"中垦"公司控股。

（6）循序渐进推进原则。要先易后难，成熟一家组建一家；要先松后紧，与能一步到位资本紧密合作更好，不能资本合作的先采取联盟合作；要由小做大，先小范围整合，再滚雪球似地逐渐做大。

7.2.3　组织构建的业务流程

（1）前期酝酿。有牵头筹建"中垦XX股份公司"意愿的垦区将筹建意愿向农业部农垦局汇报，认可后由牵头垦区设计公司筹建方案。

（2）征求意见。牵头筹建"中垦XX股份公司"的垦区将筹建方案交农业部农垦局向各兄弟垦区征求意见，农业部农垦局收集到各垦区意见后反馈给牵头筹建"中垦XX股份公司"的垦区。

（3）上会讨论。与参与积极性高的垦区间相互主动沟通，当有多个垦区有参与意愿后，由牵头垦区请示农业部农垦局召开各垦区参加筹建讨论会，进一步听取各垦区意见和建议。

（4）工商注册。牵头垦区综合各垦区意见及建议后修改完善筹建方案，与参与意愿强的其他兄弟垦区一道将"中垦XX股份公司"进行工商注册并挂牌成立。

（5）上市推进。新组建的"中垦XX股份公司"通过垦区合作、垦地合作、资本运作、资源整合与自我积累，做大做强做优，争取早日在资本市场上市，尽快成长为农垦国际大粮商的集团军之一。

7.2.4　组建公司的注意事项

（1）守住底线。组建"中垦"公司是深化农垦改革的主要举措，农垦改革是国有企业改革的重要范畴，组建"中垦"公司必须坚守国有企业改革底线，做大做强做优农垦产业，而不是把农垦产业改跨了、改没了！因此，鼓励以农垦为主开展垦地合作，吸纳社会资本对"中垦"公司进行财务投资或战略投资，增强"中垦"公司的杠杆放大作用、产业带动作用和经营活力。但同时，"中垦"公司的控股权要掌握在农垦手里，即"中垦"公司在组建和运营过程中，原则上各垦区及农垦基金股份总额不少于51%，且相对控股权掌握在农垦系统内有关垦区，确保"中垦"公司的中国农垦的主体地位。

（2）品牌管理。获得农业部农垦局许可注册成立的"中垦"系列公司需向"中国农垦"品牌管委会申请授权使用"中国农垦"品牌，在其产品和包装上准确使用"中国农垦"品牌标识、标签及宣传语，在品牌使用授权许可范围内，准确使用"中国农垦"品牌的名称和标识进行产品广告宣传。"中垦"公司注册后若需要更名,必须征得农业部农垦局同意,且原则上公司名称最前部分的"中垦"冠名不得更改,除非公司股权结构中已无农垦系统股权单位。

(3)税收筹划。公司注册可采取先现金设立"中垦"股份公司,将相关实体资产评估后再注入的方式(A方式),也可先将各股东实体资产评估后连同现金出资一并成立"中垦"股份公司的方式(B方式)。由于两方案实物资产均为股权投资而不是售卖,所以存在本质上一样的增值税问题(可申请减免)。由于实物资产评估时间较长,相比而言,公司注册采用A方式要比B方式快一些,因此建议"中垦"系列公司组建时尽量采用A方式,以加快公司的组建与运营。

(4)同业竞争。在"中垦"系列公司组建和运行过程中,涉及上市公司或上市公司母公司参与的情况,注意避免同业竞争问题,为"中垦"系列公司未来上市扫清障碍。同业竞争是指拟上市公司所从事的业务与其控股或实际控股公司、控股公司控股与拟上市公司并行的其他公司的业务相同或相似。同业竞争会出现控股股东做出对同业其他企业更有利的倾向性决策,导致拟上市公司小股东利益受损。控股企业在公司上市前,原则上要把同业资产全部注入"中垦"公司,如果自己或自己控股的其他同业企业已经上市,那就最多只作为小股东参与"中垦"公司。

(5)组织保障。组建"中垦"系列公司是深化农垦改革的载体,农业部农垦局高度重视"中垦"系列公司的组建,还专门设立"三联办"推进此项工作。为高效、科学、规范组建"中垦"系列公司,"中垦"系列公司组建过程原则上由垦区级主要领导挂帅,股权由垦区集团化企业持有,以增强公司组建过程中的资源调度能力,降低组建公司过程中垦区间、企业间的协调成本。

7.3 培育农垦国际大粮商的初步成效

7.3.1 培育农垦国际大粮商取得的阶段性成果

农业部农垦局于2014年底正式启动农垦国际大粮商计划,全国农垦系统通过"联合、联盟、联营"进行资源整合和产业集聚,目前,培育农垦国际大粮商战略已取得阶段性成果。2016年8月,国务院颁布的《全国农业现代化规划》中明确提出:发挥农垦在农业现代化建设中的排头兵作用和国有农业经济中的骨干作用,加快实施农垦国际大粮商战略。从此,全国农垦系统充分依靠市场机制力量,推动成立了中国农垦种业、乳业、教育培训和农场等多种形式的产业联盟。农垦乳业联盟向社会发布《中国农垦生鲜乳生产和质量标准》,引起了社会和行业巨大反响,开启中国乳制品行业转型升级的新征程。一些产业优势垦区通过资源整合,以产业链条和关键环节为主线,以资本为纽带,采用混合所有制形式,成立了中垦天然橡胶、中垦种业、中垦乳业、中垦融资租赁等全国性大型股份制现代企业，中垦流通、中垦冷链和中垦电商公司等"中垦"系列公司也在筹建中。农垦系统的规模化、标准化生产基地与苏宁、京东等互联网公司开展深入合作，探索城市食堂解决方案和生鲜农产品供应链计划。"中国农垦"品牌商标的注册和营销推广活动也全面展开，中国农垦品牌美誉度和知名度正在逐步强化。中国农垦正在全方位打造成为国家优质农产品品牌名片，"良品源自中国农垦"的消费理念正逐步深入人心。

农垦不仅自身现代农业建设水平不断提升，而且以先进生产要素带领农民闯市场，以先进农业模式探索中国特色新型农业现代化道路。积极创新农业社会化服务模式，开展多种形式的垦地合作，增强对周边区域的辐射带动能力。截至 2016 年底，全国农垦系统已创建不同类型现代农业示范区 600 多个，各类产业化经营组织达到 6000 个，并通过土地托管、代耕代种代收、股份合作等方式，实现与农村共同发展。各垦区以境外农业资源和市场合作开发为重点，通过海外并购、构建全产业链、建设产业基地、对外援助等多种途径，在境外建立了比较稳固的农产品生产加工基地，经营领域从最初的种植或初级加工等单个环节向全产业链拓展。截至 2016 年底，全国农垦系统已在 42 个国家（地区）成立了 106 个境外企业，累计投资超过 250 亿元。2016 年，广东农垦成功控股全球第三大天然橡胶企业——泰国泰华树胶有限公司，整合重组后将形成全球最大天然橡胶公司。

全国农垦企业和农场以市场需求为导向，着力深化农垦农业供给侧结构性改革，引导国有农场和农垦企业加快结构调整和产品升级。与京东、苏宁集团就发展"互联网+"农业以及农产品电商签署全面战略合作协议，在苏宁易购商城首页推出中国农垦官方旗舰店，组织上千种优质安全农产品直接进入消费终端。开发了新一代农垦农产品质量安全追溯系统，不断扩大农垦优质可追溯农产品供应范围。目前，在财政部和农业部的积极支持下，中国农垦产业发展基金正在筹建之中，农垦产业基金的设立将对全国农垦系统的冷链物流、电子商务、连锁经营、农业科技等产业发展起到积极推动作用。与此同时，农业部还与国家旅游局共同发布了《关于组织开展国家现代农业庄园创建工作的通知》，在国有农场范围内率先创建现代农业庄园，发挥旅游对现代农业发展的推动作用，促进一、二、三产业融合发展。

7.3.2　典型示范一：中国农垦农场联盟的成立

农场是农垦系统的基本单元，是农垦改革发展的重点和关键，是推进新型农业现代化和新型城镇化的微观基础，是保障国家粮食安全和重要农产品有效供给的主要力量。经过 60 多年的发展，中国农垦已在全国建起 1780 个规模化的大型农场，涉及耕地面积 1 亿多亩，成为现代农业建设中的"国家队"。目前，我国农产品供给形势在发生深刻变化，新问题层出不穷，新挑战日益增多，这对农民从事农业生产经营提出了更高的要求。如何解决主体分散、产业链条断裂等农业领域存在的突出问题，已经刻不容缓。为改变农场增产不增收、优质不优价的现状，提高全要素生产率，把全国 1780 个农场有效组织起来，让农场当家做主，千方百计把农场做大做强，全国农垦农场联合起来设立了中国农垦农场联盟。

农场联盟按照市场化机制，以全国各垦区农场为主体，联合垦区内企业，自愿组成非营利性社会组织。中国农垦农场联盟是一个以业务单元为主线、战略管控统筹规划、对外合作整体布局、内部信息互联共享的农业发展联盟，致力于推动农垦内部资源整合，强化垦区间联合，助推各农场主导产业联盟统筹发展，积极推进各农场资源资产化、资产资本化、资本股份化、企业集团化改革，为各垦区之间联营发展奠定制度基础和信息通道，推动农场优质资源整合，提升农场全产业链的整体竞争力，降本增效联动发展，发挥联盟的规模化效益，打造资源和利润分配的全新格局。中国农垦农场联盟是贯彻创新、协调、绿色、开放、共享理念的大舞台，是加快农垦企业化垦区集团化步伐的助推器，是政府服务、垦区服务、农场服务企业的总抓手，是培养现代农业产业发展的大学校，是中垦系列产业公司的带动平台和推动力量，是推进三联战略打造国际大粮商的基础支撑。

中国农垦农场联盟成立以后，将分别由各产业"中垦"系公司或行业龙头企业牵头，组织各行业的专题活动，建立分联盟，增进互信、推动合作。在各专业联盟的基础上，根据条件成熟程度适时成立以资本为纽带的紧密型公司，推动农场资源、资产和资本的深度融合(图 7-1)。中国农垦农场联盟于 2016 年 9 月在农业部农垦局的支持和指导下宣告成立。目前，全国已有 100 家国有农(牧)场、企业加入了农场联盟。农场联盟的主要任务是围绕农垦各农场粮食、天然橡胶、乳业、肉业、种子、旅游等主导产业的业务发展需要，以各垦区农场地域、资源、和生产为优势，通过农场和农场之间、农场和地方之间的资源整合，提升各农场整体竞争力，强化各农场的横向联系，优化管理模式，探索电商模式，推动农场教育培训、技术服务的发展，形成拥有统一战略目标抱团发展的农场联盟。联盟服从中央赋予农垦的历史使命和工作职责，坚持市场导向原则，着眼于发挥市场配置资源的决定性作用，按照市场机制采取自愿协商、公平合理、规范有序的原则组建专业化的公共服务平台，稳步推动联盟内部成员之间结成利益共同体，逐渐实现垦区与外部优势资源的产销对接、优势互补、合作共赢。

7.3.3　典型示范二：中垦乳业的乳业全产业链

中垦乳业股份有限公司(以下简称中垦乳业)是 2015 年 5 月由重庆农垦发起，宁夏农垦、陕西农垦合资成立的全国农垦系统第一家通过资本联合推动国家农垦

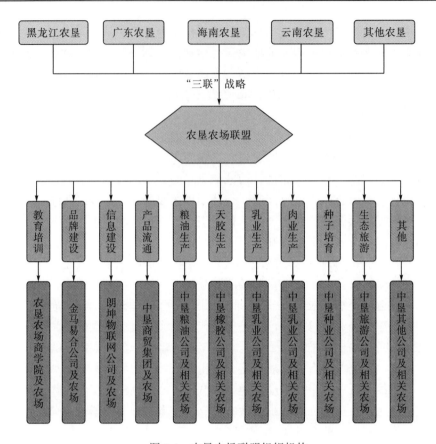

图 7-1　农垦农场联盟组织机构

"三联"战略落地的地方垦区间乳业跨区域联合公司。目前已在重庆、宁夏和陕西分别建起 3 个现代化的乳品加工基地，奶牛养殖规模达 6 万多头，市场覆盖西南、西北地区，年销售收入 30 多亿元，并有望成为我国第 5 强乳业企业。为全国农垦系统实施"三联"战略、打造国际大粮商试探道路。中垦乳业结合乳业市场竞争态势和自身情况，确立打造"互联网+乳业"全产业链模式，以严格的质量安全保障占据中国乳业一席之地。乳业全产业链涵盖饲草种植、牛犊繁育、奶牛养殖、乳品加工、乳品消费诸多环节，实现生鲜乳生产、乳品加工、仓储物流、市场销售一体化。全产业链的最大好处是可以进行全程质量追溯，保障乳品质量安全。传统全产业链有两种组织模式，一种是由产业链上的牧场或乳品加工销售企业主导，上、下游环节通过市场契约联结的松散型全产业链，另一种是上、中、下游各环节内化到一个企业集团里的紧密型全产业链。松散型全产业链最大的弊端是容易造成乳品质量信息不对称，紧密型全产业链最大的弊端是企业资源投入量大且内部管理协调成本可能大于市场交易成本。

中垦乳业"互联网+乳业"全产业链模式构建是基于对新常态下乳业国际和国

内市场竞争的把握、中垦乳业自身实际情况的掌握和对国家"互联网+"战略及乳业全产业链的深刻理解。乳业全产业链(尤其是紧密型全产业链)在保障乳品质量和提高产业链运营效率方面有明显优势,但前期往往需要投入庞大资金且投资回收期长、风险大。不过,中垦乳业的成立正好赶上国家"互联网+"战略机遇期,运用互联网思维及技术可以轻资产为主导建立乳业全产业链。所谓"互联网+"战略就是利用互联网平台和信息通信技术,把互联网和包括传统行业在内的各行业结合起来,创造一种新的产业生态。运用互联网思维与技术,乳业全产业链上各交易主体通过市场契约和互联网技术集成在一起,传统松散型全产业链信息不对称问题得以解决,相互间的生产、交易网上留痕,形成产业链闭环,具有质量可控制、过程可追溯和交易成本低等显著特征。

围绕打造"互联网+乳业"全产业链,中垦乳业在发展定位、组织架构、全产业链互联网化方面进行了实践探索。

(1)以质量为导向的发展定位。自从三聚氰胺事件后,中国乳品市场明显是西风压倒东风。国内消费者普遍认为国外乳品质量好,在中国人爱孩子胜于爱国货的实用主义价值观下,消费者更加偏爱国外乳品。事实上,中垦乳业的牧场建立在最适合奶牛养殖的偏远而广袤的国家农垦戍边地区,经过几十年的积淀,农垦牧场已建立起严格的乳品质量保障体系,中垦乳业的乳品质量并不比国外乳品质量差,并且牛在身边,奶更新鲜。基于此,中垦乳业进行了"敢与国外乳品 PK 质量的国家农垦乳业,本土化更新鲜"的品牌定位,把真相告诉消费者,消除消费者对国产乳品的"不安全感"和"信任危机",让消费者知道中垦乳业比国外企业更在乎炎黄子孙的健康成长。按照其品牌定位,中垦乳业把工作重心放在养好牛和加工好乳品上,把牧场建成可以开展体验营销的"互联网+养殖"、行业标杆智慧牧场,把乳品厂建成可以开展工业旅游、工业 4.0 范本的智能化工厂。宁夏天宁万头规模化牧场已建成为综合集成移动互联网、物联网、云计算、大数据和 afimilk 系统的智慧牧场,产出的生鲜乳品质量达到国内行业标杆水平和国际领先水平,中垦乳业将以天宁牧场为样本向其他牧场进行模式输出。重庆天友乳品加工厂已是重庆市工业旅游的主要景点之一。西安乳品加工厂正按照工业 4.0 智能制造标准设计建造。

(2)扁平化的组织架构。企业在互联网时代最显著的特征是"去中心化、去层级化","让听得见炮火的人指挥战斗"。因此,中垦乳业采用"阿米巴"扁平化组织架构,只设置中垦乳业公司和下属业务单元两个层级。业务单元无论大小都是一个独立的利润中心,相互间不存在行政管理上的隶属关系,只有业务上的交易关系和可能的股权投资利润分配关系。中垦乳业只管控各业务单元的收入和利润指标,具体经营活动由业务单元自身实施年度业务计划管理。中垦乳业旗下业务单元间的内部交易采用内部市场化运作机制,运用内部交易会计制度独立核算。内部交易会计制度有三个特征:所有内部交易通过企业信息化系统钩稽来龙去脉；财务集中管理，业务单元会计核算由中垦乳业财务部统一委派会计进行；内部交易结算价格以业务单元与体系外市场交易价格为参照。如果交易双方均有外部交易业务，内部结算价格就以会计分期内双方各自外部交易均价折中；如果双方只有一方有外部交易业务，内部结算价格就以外部交易均价计算；如果双方均未有外部交易业务，则内部核算价格由双方自主谈判定价，但原则上要避免这种情况。

（3）全产业链互联互通。中垦乳业全产业链互联互通分三步建成，目前主要进行前两步工作，即先进行企业基础管理信息化，同时构建与消费者沟通的自媒体平台。企业基础管理信息化就是架构统一的移动办公 OA（office automation）系统、计划管理 ERP（enterprise resource planning）系统、客户关系管理 CRM（customer relationship management）系统和存储资源管理 SRM（storage resources management）系统，拆除系统之间的壁垒，推进系统间联网和集成，在此基础上通过权限设置将内部系统与外部有市场契约关系的供应商、经销商、商超、专卖店、社区店的业务系统互联互通。企业自媒体平台就是建设官网、APP、微信、微博、网店、二维码并相互嵌入，用以开展消费者教育、新品征集、包装设计、产品销售、品牌体验营销活动及产品二维码全程质量追溯。以微信为例，利用微信公众平台及自定义菜单，将中垦乳业在售产品及售点地理位置展现给消费者，"随时、随地、随便买"，增强消费者黏性。售点利用微信"发红包"吸引消费者开展新产品试吃活动，利用微信"附近的人"与周边潜在的顾客打招呼，及时推送促销信息；通过扔"漂流瓶"海选"幸运者"到智慧牧场、智能工厂消费体验；通过"摇一摇"向前来打招呼的热心消费者回馈中垦乳业赠品。中垦乳业的最终目标是要建成乳业开放式的全产业链网络化生态圈。运用全产业链思维，以中垦乳业胚胎牛技术、牧场实战型高端管理人才培训、智慧牧场模式输出为入口，聚合起大量的牧场用户，然后开放式引入乳业全产业链上的奶牛养殖供应商和生鲜乳采购商，嵌入冷链物流和供应链金融服务商，形式类似于京东模式的网络平台，平台上的各独立经营单元做自己最擅长的业务环节，其他环节则采用类似"滴滴打车"抢单模式和"大众点评"进行网络众包，以最大限度降低传统交易的事前逆向选择和事后道德风险，从而构筑起开放式乳业全产业链网络化生态圈。

中垦乳业全产业链模式是运用互联网思维及技术对我国农业组织结构的再造与创新，对推动乳业全产业链闭环运行，保障产品质量和协同响应，提高全产业链运行效率有重要意义，也为农垦企业网络化成长打造国际大粮商提供了经验借鉴。①探索出农业产业化集聚的网络化组织模式。互联网具有透明、垂直、低成本特征，能有效解决产业链上、下游过于分散，及交易信息不对称等问题，并通过缩减交易环节降低交易成本。具有一定带动能力的农业产业化龙头企业通过产业链延伸，搭建产业链网络服务平台，吸纳更多利益相关者进入平台，将全产业链上各业务环节网络化聚合起来，形成产业集聚的新型农业组织模式。当网络平台聚合大量业务单元以后，搭建网络平台的龙头企业还可以推出在线供应链金融实现平台流量变现，为产业链上小微企业、农户和经销商等业务单元提供普惠金融增值服务，增强各业务单元对网络平台的黏性，使网络化全产业链的产业升级。②探索出农业全产业链协同运行的有效方式。全产业链对农业来说是个好东西。闭环运行对保障农产品质量安全和全程可质量追溯有独特优势，但往往很难取得成功，原因在于全产业链上的市场交易主体太多，相互间难以协同，或者内部协调管理成本太高，甚至高于市场交易成本。中垦乳业通过"阿米巴"扁平化模式，构建每个业务单元作为独立的利润中心进行内部会计核算，且以外部市场交易价格为参照，从而有效地避免了上述问题。未来，当开放式全产业链网络化生态圈建成以后，乳业全产业链各环节的市场主体通过网络互连互通，采用"滴滴打车"抢单模式和"大众点评"的评价模式，以最低的交易成本自动进行交易匹配，乳业全产业链运行的效率还会更高。③探索出农垦企业打造国际大粮商的新路径。农垦企业打造国际大粮商需要实施"三联"战略做大做强。企业做大做强主要有三条基本途径：靠企业自我积累但规模扩张缓慢；靠外部并购重组，但找寻合意的并购重组对象往往比较困难，靠网络化成长。网络化成长就是中垦乳业这种开放式"互联网+产业"模式，它通过搭建网络平台聚合与本企业同在一条产业链上的利益相关者，把产业链上、中、下游各业务单元聚合在平台上，做自己最擅长的业务环节，其他业务环节通过网络平台进行网络众包。互联网时代企业做大做强通常需要上述三种途径并驾齐驱，尤其是网络化成长方式是互联网时代企业轻资产做大做强的有效路径，对农垦企业实施"三联"战略打造国际大粮商有重要借鉴意义。

7.3.4　典型示范三：中垦租赁的农业产业金融

中垦融资租赁由重庆农垦联合安徽农垦、广西农垦、湖北农垦、山东农垦、成都农投等 8 家农垦企业，及重庆迈瑞城投公司、北京财信投资控股集团 2 家社会资本发起设立。中垦融资租赁公司是在贯彻落实中共中央、国务院《关于进一步推进农垦改革发展的意见》（中发〔2015〕33 号）文件精神，破解农垦深化改革发展中大量资金需求难题的背景下成立起来的，得到农业部和市委、市政府的高度关注和全方位支持。农业部农垦局高度评价中垦融资租赁公司的设立，认为中垦融资租赁公司的成立具有里程碑的意义，开辟了农垦改革发展的新时代，开辟了农垦产业的新领域和农垦创新发展的新动力，被赋予"担纲农垦改革金融支撑平台"。农业部农垦局在中垦融资租赁公司发起人大会和创立大会上表示：将全力支持中垦融资租赁的发展，中国农垦产业投资基金成立后，将立即以股权投资形式向中垦融资租赁增资数亿元，同时，还将以借款形式向中垦融资租赁注入数亿元资金，把中垦融资租赁作为农业部农垦局支持全国农垦系统建设农垦国际大粮商的重要融资通道。

现代农业是重资产行业，产业链规模化、产业化后的各个业务单元都需要重资产投入，都可以设计成融资租赁的资产标的。农机农具、机械厂房、养殖圈舍、种植大棚、运输设备、仓储设施、农批市场和小城镇建设是直接可以开展融资租赁业务的理想标的，而像土地流转、农资采购、奶牛购置、种猪购置、订单农业、连锁渠道也可以开展融资租赁业务。比如，农业经营主体可以自有农场、牧场的产品产出为抵押，向融资租赁公司申请规模化土地转租、农资购买资金垫付、订单农业的生产性资金垫付，向农业经营主体开展奶牛、种猪等生物性资产的分成租赁或可转换债租赁。不过，由于这些业务的自然风险和市场风险较大，所以往往需要借助农业保险进行风险规避，并主要采取风险租赁的模式。中垦融资租赁公司是以互联网思维做农垦国际大粮商建设的重要融资平台。农垦国际大粮商建设将在未来5～8年形成数千亿元的巨大投资需求。中垦融资租赁公司将在农机农具、机械厂房、农产品深加工设备、食品加工设备、养殖圈舍、生物性资产、设施农业、运输设备、仓储设施、农业水利能源基础设施设备、农批市场和小城镇建设等领域大力推进融资租赁业务，力争融资额占到总投资需求 20%～30%，用最短的时间做到融资额超过 1000 亿元。

巨大的金融服务也可能产生潜在的经营风险。防范风险的关键是互联网思维。互联网思维的核心是"一切以客户为中心"，体现在融资租赁业上，就是通过为融资企业提供管理来实施融资筹划、客户协同、政策咨询等一系列创新举措，帮助客户成长发展，降低租赁风险。中垦融资租赁是以产业升级思维做农垦改革发展的增值服务商，体现在以下四个方面。

首先，中垦融资租赁公司的功能不仅仅限于对单个企业的融资，而是要渗透到该企业(农场)所在的全产业链，通过向产业链上、下游企业同时提供融资租赁业务，带动整个全产业链协同发展，为单个企业(农场)带来最大的价值增值。

其次，在渗透到农业产业链的各个环节后，帮助完善农产品溯源体系，建立一个产业链完整的农产品安全控制体系，形成农产品企业生产销售的闭环，实现舌尖上的安全，提升农产品品牌价值。

再次，通过对农业全产业链的发展支持，产生产业集聚效应，逐步形成以农产品生产为核心的产业园区，吸纳农垦改革发展中的剩余劳动力，再以产业园区为中心，逐步将融资租赁业务向医疗、教育、养老等基础设施建设延伸，帮助建设农垦改革发展中的小城镇。

最后，加强与政府及行政性垦区合作，介入 PPP 模式，开辟融资租赁公司进行基础设施租赁业务的新道路，实现业务范围从融资环节延伸到建造、运营、维护等环节，大幅拓展盈利空间。

中垦融资租赁是以开放合作思维做农垦创新金融产品的优质供应商。积极与创投机构、银行和担保公司建立互为平台、互相推荐项目的互利共赢机制，开展

"租赁+银行保理"、"租赁+银行保函"、"租赁+担保+个人信用"、资产抵押贷款、应收租赁款质押贷款、承租人担保贷款、委托租赁融资、租赁项目收租权转让等融资方式，既增大租赁公司的资金放大效应，又为农垦中小企业提供一揽子的多种融资方式。

中垦融资租赁公司是重庆加快建设长江经济带西部地区核心增长极、全国重要功能性金融中心、西部创新中心的重要载体和创新平台，是推进全国农垦"三联"、建设农垦国际大粮商战略的重大尝试和积极探索。中垦融资租赁注册资本金 10 亿元，其中，首批资本金 3 亿元于公司 2016 年 9 挂牌成立后足额到位。截至 2016 年 12 月底，中垦融资租赁在成立的短短 3 个多月里，已立项开展融资租赁项目 10 个，实现新增租赁资产 2 亿元，收入 1500 万元，利润 1000 万元，取得了"当年发起设立、当年揭牌运行、当年产生效益"的好成绩。公司的未来发展，将立足 3 个定位、实现 3 个目标、实施 4 项任务。"3 个定位"：即以互联网思维做中国农垦国际大粮商建设的重要融资平台；以产业升级思维做农垦改革发展的增值服务商；是以开放合作思维做农业创新金融产品的优质供应商。"3 个目标"为：实现融资租赁业务达到 400 亿元的规模目标；实现年租赁业务收入 80 亿元、年利润 10 亿元的经营目标；实现净资产收益率为 15%的股东回报目标。"4 项任务"为：推进全国化布局，建成 5~8 家子公司"全国化布局、区域化深耕、特色化经营"的中垦融资租赁集团，努力建设全国融资租赁领军企业；引入战略投资者，推进增资扩股，深化混合所有制，实现资本、资源、资金的融合，进一步增强资本实力；加快证券化进程，登陆资本市场，建成全国首个涉农融资租赁上市企业；促进规范化运营，建立健全现代企业制度，强化内部治理，提升公司管理能力、决策效率和运营效率。

第8章 研究结论及政策含义

8.1 研 究 结 论

农垦是在新中国成立初期，在党的第一代中央领导集体决策和直接领导下，依靠广大转复官兵、支边群众、下乡知青屯垦成边开荒建场的基础上发展起来的，是集农业生产经营、党政干部培养、区域社会管理于一体的国有农业经营主体，是以公有制为主体的中国特色社会主义市场经济在农业农村的集中体现和骨干代表。依据我国培育国际大粮商的利益诉求，农垦国际大粮商既要有美、欧、日国际大粮商的一些共性特征，也要有更鲜明的中国特色，它是拥有大基地的生产商、保障国内市场稳定的供应商，带动农民走向市场的农业产业化龙头企业、主动参与全球农业合作与国际贸易的市场竞争主体，肩负国内粮食与主要农产品供求调控与市场稳定的国家职责，并为维护世界粮食市场稳定发挥积极作用的国际化农业企业集团。因此，培育农垦国际大粮商应重点实施产、供、销一体化的全产业链以做强农垦企业，重视运用农产品期货等金融工具以做优农垦企业，实施联合联盟联营战略以做大农垦企业。

8.2 政 策 含 义

在欧美和日本国际大粮商已经形成强大的寡头垄断格局下打造中国自己的国际大粮商不是一件容易的事。但从近年来我国一批大企业成功挤入世界 500 强的经验看，只要路径选择正确、政策措施给力，是可以尽快把农垦培育成为国际大粮商的。

首先，创新国资管理方式。按照新时期国有企业改革要求实行政企分开，应剥离农垦办社会职能，让农垦企业在市场竞争中轻装上阵。深化农场企业化、垦区集团化改革，农垦管理部门履行出资人职责，主要管资产，农垦企业按照企业法人要求自主抓经营。消除国企只有通过控股的方式才能纳入当地国资政绩考核的体制障碍，减少垦区间、垦地间企业兼并重组时来自未获控股权企业所属垦区国资监管部门的阻力，推进农垦企业的股权多元化改革、全产业链整合和规模化经营，减少农垦企业同质化恶性竞争。

其次是创新财政支持方式。一方面，通过财政补贴和贷款贴息等方式支持农垦在水利设施、农机装备、质量追溯、农技推广以及粮食晾晒、烘干、仓储、物流等方面加大投入；另一方面，通过财政资金引导更多金融机构和社会资本投入农垦产业发展股权投资基金，支持农垦企业围绕优势产业"走出去"发展。

最后是改革粮食流通体制。目前的托市收购体制使收储企业有多收购多赚保管费的利益驱动，导致托市收购演变成保护价"敞开收购"，在市场上形成粮价"只涨不跌"的预期，步入粮食"国家收储—进口增加—国家增储"的怪圈，使国内农产品高库存、高价格，而大量农产品又从国外进口，国内粮食市场扭曲，不利于粮食购销企业市场化改革，也不利于粮食加工企业生存与发展。我国粮食流通体制迫切需要从最低收购价格转向目标价格的市场化改革，为农垦国际大粮商的成长营造良好的市场环境。

参 考 文 献

陈道富.2015.我国融资难融资贵的机制根源探究与应对[J].金融研究,2:45-52.

陈飞,范庆泉,高铁梅.2010.农业政策、粮食产量与粮食生产调整能力[J].经济研究,(11):101-114.

陈建华.2012.农业规模经营的新模式——土地托管合作社[J].农村金融研究,(10):29-32.

陈明星.2011.基于粮食供应链的外资进入与中国粮食产业安全研究[J].中国流通经济,25(8):57-62.

陈锡文.2011.论现新阶段的农业、农村和农民问题[J].宏观经济研究,(11):12-19.

陈锡文.2015.中国粮食安全面临的挑战和对策[J].村委主任,19:36-37.

陈晓华.2012.现代农业发展与农业经营体制机制创新[J].农业经济问题,(11):4-6.

程国强,朱满德.2012.中国工业化中期阶段的农业补贴制度与政策选择[J].管理世界,(1):9-20.

崔楠,崔庆安,汪涛.2013.在线零售情境因素对顾客惠顾意愿的影响研究[J].管理科学学报,16(1):42-58.

都牧,胡祥培,周宽久,等.2014.基于物联网的蔬果网上直销"农-宅"配送系统[J].系统工程学报,29(2):215-222.

冯海发.2014.对建立我国粮食目标价格制度的思考[J].农业经济问题,35(12):74.

付伟铮,宋聚国.2014.基于粮食安全背景下中国粮食产业实施全球资源配置的方法与策略[J].世界农业,(12):4-11.

付云.2014.互联网对农业的五大改造[J].经理人,3:34-37.

高峰.2016.根治融资难需要多方发力[J].中国工程咨询,1:35-35.

韩长赋.2015.坚定不移加快转变农业发展方式——学习贯彻习近平总书记在中央经济工作会议上的重要讲话精神
　　[J].求是,(6):20-22.

韩一军,柳苏芸.2014.世界粮食产业变化新特点及对我国的影响[J].中国粮食经济,(8):20-24.

何官燕.2008.整合粮食产业链确保我国粮食安全[J].经济体制改革,(3):101-103.

何广文.2016.构建农村绿色金融服务机制和体系的路径探讨[J].农村金融研究,(4):14-19.

洪银兴.2008.中国特色农业现代化与农业发展方式转变[J].经济学动态,(6):62-66.

黄奇帆.2012.国际金融危机的启示和反思[J].西部论坛,22(4):1-4.

鞠市委.2016.我国金融资源错配及其影响研究[J].技术经济与管理研究,7:1-8.

李庚南.2015.不要让"惜贷"成为银行的魔咒[J].金融经济,4:21-22.

李国祥.2016.为什么要继续执行并完善最低收购价政策[J].农村经济,4:3-7.

李京栋,张吉国.2015.我国农产品期货市场发展现状、问题及对策[J].金融教育研究,(4):74-80.

李苏苏,谢如鹤.2014.基于食品安全的冷链物流成本优化分析[J].系统工程,32(12):29-34.

林建华.2015."互联网+"农业机械化[J].农机质量与监管,(7):45.

林乐芬,法宁.2015.新型农业经营主体融资难的深层原因及化解路径[J].南京社会科学,7:150-156.

林略,杨书萍,但斌.2011.时间约束下鲜活农产品三级供应链协调[J].中国管理科学,19(3):55-62

林毅夫,孙希芳.2005.信息、非正规金融与中小企业融资[J].经济研究,7:35-44.

刘啸东.2016.以投促贷完善金融资源配置[J].中国金融,5:48-49.

吕东辉,张郁,徐迪.2015.农产品期货基金"走出去"与跨国粮食企业的培育[J].世界农业,(10):5-7.

罗浩轩.2016.要素禀赋结构变迁中的农业适度规模经营研究[J].西部论坛,26(5):9-19.

罗翔,张路,朱媛媛.2016.基于耕地压力指数的中国粮食安全[J].中国农村经济,2:83-96.

骆世明.2009.论生态农业模式的基本类型[J].中国生态农业学报,17(3):405-409.

马述忠,陈颖,王笑笑.2013.农业 FDI 对中国粮食安全的动态影响研究——基于种业研发能力视角[J].管理世界,
    (7):71-79.

慕银平,冯毅,唐小我.2011.随机需求下期权采购与预售联合决策研究[J].管理科学学报,(6):47-56.

潘盛洲.2010.转变农业发展方式要三管齐下[J].农村工作通讯,(15):13-15.

彭剑良,彭博.2013.关于农垦保障国家粮食安全战略作用的思考[J].农业经济问题,(11).69-73.

冉芳,张红伟.2016.我国金融与实体经济非协调发展研究——基于金融异化视角[J].现代经济探讨,5:34-38.

冉光和,田庆刚.2016.农村家庭资产金融价值转化的问题及对策[J].农村经济,4:56-61.

任伯琪,胡承波.2013.基于产业链的农业产业组织研究文献综述[J].企业研究,(22):166-167.

邵腾伟,冉光和,吴昊.2012.植入 BPO 服务外包的农户联合与合作经营研究[J]. 系统工程理论与实践,32(12):
    2664-2671.

邵腾伟,吕秀梅.2016a.生鲜农产品电商分布式业务流程再造[J].系统工程理论与实践,36(7):1753-1759.

邵腾伟,吕秀梅.2016b.植入 Farmigo 的 CSA 城乡互助农业模式优化[J].系统工程学报,31(1):24-32.

宋洪远,赵海.2012.我国同步推进工业化、城镇化和农业现代化面临的挑战与选择[J].经济体制比较,(2):19-28.

宋汇伦.2015.互联网+农业,农资行业将如何被颠覆[J].营销界(农资与市场),7:43-45.

孙国华,许垒.2014.随机供求下二级农产品供应链期权合同协调研究[J].管理工程学报,28(2):201-210.

唐冲,陈伟忠,申玉铭.2015.新阶段中国粮食产业境外合作开发的战略思考[J].世界农业,(4):169-175.

唐仁健.2000.做好农业和农村经济结构战略性调整的基础工作[J].管理世界,(1):154-156.

唐晓华,王伟光,李续忠.2012.现代产业组织视角下的管理创新——第二届中国管理创新与大企业竞争力国际会议综
    述[J].经济研究,(1):156-160.

万宝瑞.2015.确保我国三大安全的建议[J].农业经济问题,(4):10-12.

王庚,李子文.2016.期权合约在订单农业中的应用[J].运筹与管理,25(1):238-245.

王建国.2014.稳步推进涉农资金整合统筹[J].中国农业会计,(3):42-46.

王力.2013.新疆兵团农业现代化的进程分析与模式选择——对农垦系统农业现代化实现路径的思考[J].农业技术经
    济,(4):93-101.

王利荣.2011.基于互联网的虚拟农业合作组织探索[J].电子商务,(11):4-6.

王守聪.2014.大力培育农垦国际大粮商 推动农垦成为确保国家粮食安全的可靠支柱——深入学习贯彻习近平总书
    记关于国家粮食安全战略的重要论述[J].农场经济管理,(6):4-7.

王曙光,张春霞.2014.互联网金融发展的中国模式与金融创新[J].长白学刊,1:95.

王向辉.2015.新阶段中国粮食安全问题探讨——"中国粮食安全专题研讨会"综述[J].中国农村经济,(7):93-96.

王新利,肖艳雪.2015.农业现代化、城镇化、工业化、信息化协调发展评价研究——以黑龙江农垦为例[J].农业技术

经济,(6):91-98.

王妍君.2016.农村金融资源配置效率研究综述[J].商,4:157.

王勇,孙海雷,陈晓旭.2014.基于数量折扣的改良品供应链协调策略[J]. 中国管理科学,22(4): 51-57.

王允贵.1998.跨国公司的垄断优势及其对东道国的产业控制——跨国公司对我国电子及通信设备制造业的投资与控制[J].管理世界,(2):114-120.

魏延安.2016."互联网+农业"弯道超车[J].江西农业,1:87.

温涛,冉光和,熊德平.2005.中国金融发展与农民收入增长[J].经济研究,9:30-43.

温涛,朱炯,王小华.2016.中国农贷的"精英俘获"机制:贫困县与非贫困县的分层比较[J].经济研究,2:111-125.

吴竞来.2015.我国农产品期货市场与粮食安全关系研究[J].经营管理,(23):34-28.

吴晓灵.2010.建立现代农村金融制度的若干问题[J].中国金融,(10):8-9.

徐康宁,陈健.2008.跨国公司价值链的区位选择及其决定因素[J].经济研究,(3):138-149.

杨秋爽,马丽.2016.黑龙江省农业产业化金融支持研究[J].经济,8:115-115.

杨小凯,1994,企业理论的新发展[J].经济研究,7:59-65.

杨瑛,崔运鹏.2015.我国智慧农业关键技术与未来发展[J].信息技术与标准化,(6):1-7.

叶兴庆.2015.转换农产品价格形成机制走出"政策市"[J].农村工作通讯,5:48.

尹成杰.2012.切实转变农业发展方式促进农民增收[J].农村工作通讯,(4):42.

余珮,孙永平.2011.集聚效应对跨国公司在华区位选择的影响[J].经济研究,(1):71-82.

余守武,顾佳妮.2015.传统农业的升级发展——互联网+农业[J].现代经济信息,13:7-9.

余欣荣.2015.转变观念、突出重点、强化创新、推动转变农业发展方式开好局起好步[J].农村工作通讯,(16):15-16.

余莹.2014.跨国公司控制粮食产业链战略对我国的影响及对策[J].甘肃社科学,(6):146-148.

张红宇,张海阳,李伟毅,等.2015.中国特色农业现代化:目标定位与改革创新[J].中国农村经济,(1):4-13.

张家伟.2007.创新与产业组织演进:产业生命周期理论综述[J].产业经济研究,(5):74-78.

张利庠,张喜才.2011.外部冲击对我国农产品价格波动的影响研究——基于农业产业链视角[J]管理世界,(1):71-81.

张叶.2015.智慧农业:"互联网+"下的新农业模式[J].浙江经济,10:56-57.

赵留彦,赵岩,窦志强.2011."裁厘改统"对国内粮食市场整合的效应[J].经济研究,(8):106-118.

朱文胜,王德群.2014.新型农业经营主体融资难[J].中国金融,21:94.

朱喜,史清华,盖庆恩.2011.要素配置扭曲与农业全要素生产率[J].经济研究,(5):86-98.

Allyn Y. 1928. Increasing returns and economic progress[J].Economic Journal,38(152):527-542.

Andreopoulou Z, Tsekouropoulos G, Koutroumanidis T, et al. 2008. Typology for e-business activities in the agricultural sector[J]. International Journal of Business Information Systems,3(3): 231-251.

Basjer E.2007. The causes and consequences of Wal-Mart's growth[J].Journal of Economic Perspectives,21(3):177-198.

Belleflamme P, Lambert T. 2014. Crowd funding: some empirical findings and microeconomic underpinnings[J]. Revue Bancaire et Finance,(4): 288-296.

Belleflamme P, Lambert T, Schwienbacher A. 2014.Crowd funding: tapping the right crowd [J]. Journal of Business Venturing,1(29):585-609.

Bernheim B D,Peleg B,Whinston M D. 1987. Coalition-proof Nash equilibrium concepts[J].Journal of Economic

Theory, (1):1-12.

Bharat N A. 2006. Relationships,competition,and the structure of investment banking markets[J].The Journal of Industrial Economics,54 (2):151-199.

Bottazzi G,Dosi G L. 2001. Innovation and corporate growth in the evolution of the drug industry[J]. International Journal of Industrial Organization,2 (19):1161-1187.

Chandler A D.1994.The Competetive performance of U.S. industrial enterprises since the second world war[J].Business History Review,68:1-72.

Chen D N, Jeng B, Lee W P, et al. 2008. An agent-based model for consumer-to-business electronic commerce[J]. Expert Systems with Applications,34 (1): 469-481.

Chimmelpfennig D,Pray C E,Brennan M F. 2004.The impact of seed industry concentration on innovation: a study of US biotechnology market leaders[J].Agricultural Economics, (30):157-167.

Chris W, Ramachandran V. 2010. Crowd funding the next hit: microfunding online experience goods[J]. Computational Social Science,28 (1):1-5.

Churchill C,Lewis V L . 1983. The five stages of small business growth[J]. Harv.Business Review ,61 (3):30-50.

Cohena J N, Gearharta S, Garland E. 2012.Community supported agriculture: a commitment to a healthier diet[J]. World Agriculture, (7): 20-37.

Duncan R B.1972. Characteristics of organizational environments and perceived environmental uncertainly[J].Administrative Science Quarterly,17 (3):313-327.

Eisenhardt K M. 1989. Building theories from case study research [J].Academy of Management Review,14 (4): 532-550.

Ervin D E,Glenna L L, Jussaume R A J.2010.Are biotechnology and sustainable agriculture compatible?[J]. Renewable Agriculture and Food Systems,25 (2):143-157.

Griliches Z. 1963. The source of measured productivity growth :united states agriculture   1940~1960[J].Journal of Political Economy,71 (7):19-42.

Tsekouropoulos G, Andreopoulou Z,Seretakis A,et al.2012. Optimising e-marketing criteria for customer communication in food and drink sector in Greece[J]. International Journal of Business Information Systems,9 (1): 1-25.

Felson M, Spaeth J L. 1978.Community structure and collaborative consumption[J].American Behavioral Scientist. 21 (4):614-624.

Gan X H, Sethi S P, Zhou J. 2010. Commitment-penalty contracts in drop-shipping supply chains with asymmetric demand information[J]. European Journal of Operational Research,204 (3): 449-462.

Huang L J, Liu P. 2014. Key technologies and alogrithms' application in agricultural food supply chain tracking system in e-commerce[J]. Computer and Computing Technologies in Agriculture,420 (7):269-281.

Haim M, Richard L O. 1993. Assessing the dimensionality and structure of the consumption experience: evaluation, feeling,and   satisfaction [J].Journal of Consumer Research,20 (3):451-466.

Jessica A H,Tara A,Catherine W. 2012. Farm to family: increasing access to affordable fruits and vegetables among urban head start families[J].Journal of Hunger and Environmental Nutrition, (9):165-177.

Felson   M,Spaeth   J   L.1978.Community   structure   and   collaborative   consumption[J].American   Behavioral

Scieritist.21(4):614-624.

Jorgenson D W.1961. The development of a dual economy[J].The Economic Jouranal,(71):309-334.

Jorgenson D W. 1967. Surplus agricultural labor and the development of a dual economy[J].Oxford Economic Papers ,19(3) :288-312.

Kotler P. 1986. The prosumer movement: a new challenge for marketers[J]. Advances in Consumer Research,13(1): 510-513.

Lawraence H S. 1988. Relative Wages,Efficiency Wages,and Keynesian Unemployment[J].American Economics Review,(78):383-388.

Lehner O M. 2013.Crowd funding social ventures: a model and research agenda[J]. Routledge Venture Capital Journal, 15(4): 1-28.

Lewis W A.1954.Economic development with unlimited supply of labor[J]. The Manchester school of Economic and Social studies,47(3):139-191.

Lucas R E.1988. On the mechanics of economic development[J]. Economic Journal,22(1):3-42.

Maria M, Tony W, Tracey S D. 2013.The effect of relationship desire on consumer-to-business relationships[J]. European Journal of Marketing,47: 615-634.

Michae L C. 1995. The future of U.S. agricultural cooperatives: a neo-institutional approach american[J].Journal of Agricultural Economics,(77):153-159.

Morrison A,Wilhelm W. 2007. investment banking: present and future[J].Journal of Applied Corporate Finance ,19(1):42-54.

Morrison A,Wilhelm W.2008.The demise of investment banking partnerships:theory and evidence[J].Journal of Finance ,63(1):311-350.

Mordeson J N, Wierman M J, Clark T D, et al. 2013. The analytic hierarchy process[J]. Springer Berlin Heidelberg,463(2): 93-117.

Mollick E. 2014. The Dynamics of Crowd funding: an exploratory study [J]. Journal of Business Venturing, 1(29):1-18.

Muller H M. 2000. Asymptotic efficiency in dynamic principal-agent problems[J]. Journal of Economic Theory, 91(2): 292-301.

Parthena C, Thomas B, Basil M. 2013. Multicriteria analysis for grouping and ranking European Union rural areas based on social sustainability indicators[J]. International Journal of Sustainable Development,16(3),335-351.

Paul B, Thomas L, Armin S. 2013.Crowd-funding: Tapping the right crowd[J]. Journal of Business Venturing,7:1-25.

Perbrose E.1995.The theory of the growth of the firm[M].New York:Oxford University Press.

Richard K L,Jebbufer A C,Caneel K J. 2007. Innovation in services:corporate culture and investment Banking[J].California Management Review,50(1):174-191.

Rains G, Fei J.1961. A theory of economic development[J].The American Economic Review,51(9):553-565.

Richard K L,Jebbufer A C,Caneel K J.2007. Innovation in services:corporate culture and investment banking[J].California Management Review,50(1):174-191.

Romer,Paul M.1986. Increasing returns and log-run growth[J].Journal of Political Economy,94(5):1002-1037.

Robert S.2004.The opportunity criterion: consumer sovereignty without the assumption of coherent preferences[J].The American Economic Review,94（4）,1014-1033.

Robert J K,Hsiangchu L,Huang-Chi L. 2010.Consumer adoption of group-buying auctions: an experimental study[J]. Information Technology and Management,11（4）:191-211.

Sanders P. 1982.Phenomenology :a new way of viewing organizational research[J].Academy of Management Review,7（3）:353-360.

Schultz T W.1980. Investment in entrepreneurial ability[J].Scandinavian Journal of Economics, （82）:437-448.

Schultz T W.1968. Institution and the rising economic value of man[J]. American Journal of Agricultural Economics,（50）:1113-1122.

Solvay J,Sanglier M. 1998. A model of the growth of corporate business review productivity[J].International Business Review,4（7）:463-481.

Trevor A R. 2006. Factor endowments and industrial structure[J].Review of International Economics,14（1）:30-53.

Yasusada M. 2002. Rural urban Interdependence and Industrialization[J].Journal of Development Economics , （68）: 1-34.

Yang J, Adamic L A, Ackerman M S. 2008. Crowdsourcing and knowledge sharing: strategic user behavior on taskcn[J]. Acm Conference on Electronic Commerce:246-255.

Yin R K.1981.The case study crisis:some answers[J]. Administrative Science Quarterly, （26）:58-65.

Yu P, Zhao D M. 2014. Effect of website quality factors on the success of agricultural products B2C e-commerce[J]. Computer and Computing Technologies in Agriculture,420（7）:98-113.

附　录

中共中央　国务院
关于进一步推进农垦改革发展的意见
（2015 年 11 月 27 日）

农垦是国有农业经济的骨干和代表，是推进中国特色新型农业现代化的重要力量。为发展壮大农垦事业，充分发挥农垦在农业现代化建设和经济社会发展全局中的重要作用，现就进一步推进农垦改革发展提出如下意见。

一、深刻认识新时期农垦的特殊地位和重要作用

（一）农垦为我国经济社会发展作出了重大贡献。农垦是在特定历史条件下为承担国家使命而建立的，经过 60 多年的艰苦创业，建设了一批现代化的国有农场和重要农产品生产基地，形成了组织化程度高、规模化特征突出、产业体系健全的独特优势，锤炼出"艰苦奋斗、勇于开拓"的农垦精神，为保障国家粮食安全、支援国家建设、维护边疆稳定作出了重大贡献。特别是近年来，农垦改革稳步推进，现代农业快速发展，大型农业企业迅速成长，整体经济实力显著提升，成为国家在关键时刻抓得住、用得上的重要力量。但同时也要看到，农垦还存在管理体制尚未完全理顺、经营机制不活、社会负担重、政策支持体系不健全、部分国有农场生产经营困难等问题，迫切需要进一步深化改革，促进农垦事业持续健康发展。

（二）农垦是中国特色农业经济体系不可或缺的重要组成部分。经过多年的改革发展，农垦与农村集体经济、农户家庭经济、农民合作经济等共同构成中国特色农业经济体系。这是我国以公有制为主体、多种所有制经济共同发展的基本经济制度在农业农村领域的重要体现，是农业农村发展不断取得巨大成就的基本保障，符合我国国情农情和市场经济发展要求，必须长期坚持并不断完善。农垦农业生产力先进，在现代农业建设中具有独特优势，大力发展农垦经济，对于带动农业农村多种所有制经济共同发展、坚持和完善我国基本经济制度、巩固党的执政基础，具有重要意义。

（三）新形势下农垦承担着更加重要的历史使命。当前和今后一个时期，我国农业发展资源环境约束不断加大，国际农业竞争日趋激烈，保障国家粮食安全和重要农产品有效供给的任务更加艰巨，维护边疆和谐稳定的形势更加复杂。农垦农业生产经营规模化水平较高，综合生产能力强，农产品商品率高，科技成果推广应用、物质装备条件、农产品质量安全水平、农业对外合作等走在全国前列，一些国有农场位于边境地区，在国家全局中的战略作用更加突出。必须适应新形势新要求推进农垦改革发展，努力把农垦建设成为保障国家粮食安全和重要农产品有效供给的国家队、中国特色新型农业现代化的示范区、农业对外合作的排头兵、安边固疆的稳定器。

二、明确新时期农垦改革发展的总体要求

（一）指导思想。全面贯彻党的十八大和十八届二中、三中、四中、五中全会精神，以邓小平理论、"三个代表"重要思想、科学发展观为指导，深入贯彻习近平总书记系列重要讲话精神，按照党中央、国务院决策部署，坚持社会主义市场经济改革方向，以保障国家粮食安全和重要农产品有效供给为核心，以推进垦区集团化、农场企业化改革为主线，依靠创新驱动，加快转变发展方式，推进资源资产整合、产业优化升级，建设现代农业的大基地、大企业、大产业，全面增强农垦内生动力、发展活力、整体实力，切实发挥农垦在现代农业建设中的骨干引领作用，为协同推进新型工业化、信息化、城镇化、农业现代化提供有力支撑。

（二）基本原则。坚持国有属性，服务大局。围绕发挥国有经济主导作用，完善国有农业经济实现形式，以农业生产经营为主，走规模化发展道路，构建现代农业经营体系，促进一、二、三产业融合发展，做大做强农垦经济，更好服务国家战略需要。

坚持市场导向，政府支持。着力深化农垦市场化改革，推进政企分开、社企分开，确立国有农场的市场主体地位。切实保障农垦平等享受国家普惠性政策，完善与农垦履行使命相适应的支持政策，解决国有农场实际困难，提升可持续发展能力。

坚持分类指导，分级负责。注重不同垦区和国有农场管理体制、资源禀赋、发展水平的差异性，不搞"一刀切"和"齐步走"，采取有针对性的改革举措，促进多样化发展。中央直属垦区的改革发展由国家有关部门和所在地省级政府共同负责，地方垦区的改革发展由地方政府负责。

坚持统筹兼顾，稳步推进。把握好改革的节奏和力度，鼓励大胆探索、试点先行，从各地实际出发平稳有序推进农垦改革，不简单照搬农村集体经济或一般国有企业的改革办法，着力解决突出矛盾，处理好国家、企业和职工利益关系，确保干部职工队伍稳定、生产稳定和社会稳定。

(三)主要目标。围绕垦区率先基本实现农业现代化、率先全面建成小康社会,加快改革发展。到2020年,实现以下目标:

建立健全适应市场经济要求、充满活力、富有效率的管理体制和经营机制,打造一批具有国际竞争力的现代农业企业集团;

建成一批稳定可靠的大型粮食、棉花、糖料、天然橡胶、牛奶、肉类、种子、油料等重要农产品生产加工基地,形成完善的现代农业产业体系;

垦区民生建设取得显著进展,职工收入大幅提高,基础设施和公共服务进一步健全,农场社区服务功能不断完善,新型城镇化水平明显提升。

三、深化农垦管理体制和经营机制改革

(一)继续推进垦区集团化改革。集团化是垦区改革的主导方向。有条件的垦区要整建制转换体制机制,建设大型现代农业企业集团。已组建集团公司的垦区,要加快推进直属企业整合重组,推动国有农场公司化改造,建设农业产业公司,构建以资本为纽带的母子公司管理体制。完善现代企业制度,明晰产权关系,健全法人治理结构,不断提高内部管理水平和市场竞争力。在确保国有资本控股前提下,积极引进战略投资者,依法推进集团公司股权多元化改革试点。国有农场归属市县管理的垦区,要着力增强国有农场经济实力,积极探索推进集团化改革,有条件的要组建区域性现代农业企业集团,产业特色明显的可以联合组建农业产业公司,规模较小的可以合并重组。创新农垦行业指导管理体制。在改革过渡期内,整建制实行集团化改革的垦区可保留省级农垦管理机构牌子,实行一个机构、两个牌子,同时要尽快过渡到集团化企业管理;农垦管理机关人员经批准允许到农垦企业兼职,但应从严掌握,且须严格执行兼职不兼薪的政策。改革过渡期后,不再加挂省级农垦管理机构牌子。

(二)改革国有农场办社会职能。坚持社企分开改革方向,推进国有农场生产经营企业化和社会管理属地化。用3年左右时间,将国有农场承担的社会管理和公共服务职能纳入地方政府统一管理,妥善解决其机构编制、人员安置、所需经费等问题,确保工作有序衔接、职能履行到位。总结推广国有农场办社会职能改革试点经验,中央财政予以适当补助。积极推进国有农场公检法、基础教育、基本医疗和公共卫生等办社会职能一次性移交地方政府管理,暂不具备条件的要在一定过渡期内分步分项移交。远离中心城镇等不具备社会职能移交条件的国有农场,探索推进办社会职能内部分开、管办分离,地方政府可采取授权委托、购买服务等方式赋予相应管理权限和提供公共服务,同时加强工作指导。对国有农场办社会职能形成的债务进行甄别,凡属于政府应当偿还的债务纳入政府债务统一管理,符合呆坏账核销条件的按照相关规定予以处理。

(三)创新农业经营管理体制。坚持和完善以职工家庭经营为基础、大农场统

筹小农场的农业双层经营体制，积极推进多种形式的农业适度规模经营。强化国有农场农业统一经营管理和服务职能，建立健全农场与职工间合理的利益分享和风险共担机制。积极培育新型农业经营主体，发展股份制、公司制等农业经营形式，既要防止土地碎片化，又要防止土地过度集中。构建权利义务关系清晰的国有土地经营制度，改革完善职工承包租赁经营管理制度，建立经营面积、收费标准、承包租赁期限等与职工身份相适应的衔接机制。职工承包租赁期限不得超过其退休年限，防止简单固化承包租赁关系。职工退休时，在同等条件下其承包租赁土地可由其在农场务农的子女优先租赁经营。对租赁经营国有农场土地的，要严格依照合同法规范管理。加强承包和租赁收费管理，全面推行收支公开，强化审计监督。

（四）构建新型劳动用工制度。健全职工招录、培训和考核体系，逐步建立以劳动合同制为核心的市场化用工制度。除已签订劳动合同的职工外，对长期在农场从事农业生产经营的职工子女、外来落户人员等从业人员，结合国有农场改革发展进程，依法签订劳动合同。鼓励和引导职工子女扎根农场务农兴业。加强技能培训和就业服务，加大政策扶持力度，拓展就业渠道。对符合条件的农垦企业失业人员及时进行失业登记，并按规定享受失业保险待遇。对符合就业困难人员条件的农垦企业人员，按规定纳入就业援助范围。

（五）完善社会保障机制。按照属地管理原则，将农垦职工和垦区居民纳入相应的社会保险、社会救助等社会保障体系。与国有农场签订劳动合同的农业从业人员，可以执行当地统一的企业职工社会保障政策，也可以实行符合农业生产特点的参保缴费办法。强化农垦企业及其职工按时足额缴费义务和地方政府主体责任，将未参加养老和医疗保险或中途断保的职工，按规定纳入参保范围。各级财政要进一步加大社会保障投入力度，支持落实好农垦职工和垦区居民的社会保障政策。统筹研究中央直属垦区养老保险缺口问题。

（六）健全国有资产监管体制。农垦国有资产数量大、分布广、类型多，必须切实加强监督和管理。按照完善国有资产管理体制的总要求，明晰农垦国有资产权属关系，建立符合农垦特点、以管资本为主的监管体制。农垦管理部门要加强和改进对农垦企业的监管，全面开展包括土地在内的国有资产清产核资工作，加大对国有资本投向的专项监督力度，促进国有资产保值增值，放大国有资本功能，提升国有资本运行效率和效益。开展改组组建农垦国有资本投资、运营公司试点。农垦企业改革要依法依规、严格程序、公开公正，切实加强监督，严格责任追究，杜绝国有资产流失。

（七）创新土地管理方式。土地是农垦最重要的生产资料，是农垦存在与发展的基础。要从强化农业基础地位、切实保护国有土地资源、实现可持续发展的高度，深化农垦土地管理制度改革。严禁擅自收回农垦国有土地使用权，确需收回的要经原批准用地的政府批准，并按照有关规定予以补偿，妥善解决职工生产生活困难，依法安排社会保障费用。加强土地利用总体规划及年度计划管理，严格执行土地用途管制制度，对农垦土地严格实行分类管理，禁止擅自将农用地转为建设用地。切实落实耕地占补平衡制度，加快划定永久基本农田。强化农垦土地权益保护，严肃查处擅自改变农垦土地用途和非法侵占农垦土地行为。用 3 年左右时间，基本完成农垦国有土地使用权确权登记发证任务，工作经费由中央财政、地方财政和国有农场共同负担。推进农垦土地资源资产化和资本化，创新农垦土地资产配置方式。对农垦企业改革改制中涉及的国有划拨建设用地和农用地，可按需要采取国有土地使用权出让、租赁、作价出资(入股)和保留划拨用地等方式处置。省级以上政府批准实行国有资产授权经营的国有独资企业、国有独资公司等农垦企业，其使用的原生产经营性国有划拨建设用地和农用地，经批准可以采取作价出资(入股)、授权经营方式处置。有序开展农垦国有农用地使用权抵押、担保试点。保障农垦产业发展和城镇化建设合理用地需求。农垦现有划拨建设用地，经批准办理有偿使用手续后，可以转让、出租、抵押或改变用途，需办理出让手续的，可以采取协议方式。农垦土地被依法收回后再出让的，其出让收入实行收支两条线管理，市县分成的相应土地出让收入要按规定积极用于农垦农业土地开发、农田水利建设以及公益性基础设施建设。

四、加快推进农垦现代农业发展

(一)建设大型农产品生产基地。鼓励农垦企业通过土地托管、代耕代种代收、股份合作等方式，与农户形成紧密型利益联结机制，提高规模经营效益。结合实施全国高标准农田建设总体规划，积极推进农垦高标准农田建设。加强垦区大中型灌区和节水灌溉工程建设，加快实施地表水置换地下水工程，增加小型农田水利设施建设补助。加大对土地资源富集和比较优势突出垦区的支持力度，将黑龙江和内蒙古等垦区建设成为国家大型商品粮和优质奶源基地，新疆生产建设兵团建设成为国家大型优质棉花和特色农牧产品基地，北京、上海、天津、重庆等城郊型垦区建设成为都市型现代农业示范和优质鲜活农产品供应基地，广东、广西、海南、云南垦区建设成为国家天然橡胶和糖料基地，其他垦区也要根据区域比较优势建设特色农产品生产基地。

(二)大力发展农产品加工流通业。发挥农垦企业集团优势，建设国家大型优质安全食品生产供应基地，打造农业全产业链，率先推动一二三产业融合发展，实现农业持续增值增效。推进农业生产全程标准化，严格农业投入品准入，强化水土治理和环境监测，建立从田间到餐桌的农产品质量安全追溯体系。鼓励农垦企业加快粮食晾晒、烘干、仓储设施和现代物流中心建设，大力发展大宗农产品产地初加工和精深加工，建设食品、饲料等专用原料基地和加工产业园区，辐射带动周边农民增收致富。推进农垦农产品流通网络优化布局，促进与全国流通体系对接融合，加快发展冷链物流、电子商务、连锁经营等流通业态。推进农垦企业品牌建设。支持农垦企业按照有关规定参与国家大宗农产品政策性收储。以政府性资金为引导，鼓励符合条件的金融机构和农垦企业集团等投入，设立农垦产业发展股权投资基金。

（三）提升科技创新能力。农垦要在良种化、机械化、信息化等科技创新和农业技术推广方面继续走在全国前列。加强农垦科技创新能力建设，不断加大研发投入力度，强化农业科技攻关，着力解决重大共性关键技术和产品、设施装备难题，培育战略性新兴产业。统筹人才、项目和基地建设，推动农垦企业发展方式转变，推进协同创新组织模式，组建以企业为主体的农业产业技术创新联盟，搭建农业科技创新和成果转化推广平台，加快科技成果转化。整合种业基地和科研资源实施联合联盟联营，做大做强育繁推一体化种子企业。加大农机购置补贴支持力度，优先支持农垦购置大型农业机械，提高装备水平，扩大农用航空作业范围，建设标准化机务区。积极推进生产经营管理全程信息化，开展农业物联网等信息技术集成应用和试验示范。加强农垦农业技术推广服务体系建设，重点开展高产高效技术集成示范，加强示范基地建设，推动绿色、高效、可持续现代农业发展。

（四）示范带动现代农业和区域新型城镇化发展。加强农垦现代农业示范区建设，试验示范农业新技术、新装备和生产经营新模式，为推进中国特色新型农业现代化积累经验。引导农垦企业开展多种形式的垦地合作，为周边农民提供大型农机作业、农业投入品供应、农产品加工和购销等社会化服务，增强对周边区域辐射带动能力。推进垦区新型城镇化，远离中心城镇的国有农场要逐步发展成为功能设施齐全、公共服务配套的新型小城镇。毗邻城镇的国有农场，要加大区域资源共享共建力度，与地方政府合作开展城镇开发建设，防止互相隔离和重复建设，推动垦地城镇融合发展。鼓励社会资本参与国有农场公共服务和基础设施建设。

（五）发挥农垦在农业对外合作中的引领作用。农垦是开展农业对外合作和提高我国农业国际竞争力的重要载体。适应国家对外开放新战略，立足国内产业基础，统筹规划农垦对外合作的目标区域和发展重点。鼓励农垦企业联合，以合资合作和并购重组等方式开展境外农业合作，建立生产、加工、仓储、运销体系。农业对外合作支持政策优先向符合条件的农垦企业倾斜。积极支持农垦承担国家农业援外项目，鼓励农垦企业扩大优势特色农产品出口。加强国际先进技术设备的引进、消化、利用，不断提高农垦企业技术装备和管理水平。

（六）加强薄弱地区农场建设。制定专门规划和政策措施，加强边境农场、贫困农场和生态脆弱区农场的基础设施及公共服务体系建设，切实改善生产生活条件。支持边境农场加快发展特色产业、边境贸易和边境旅游，多渠道增加职工收入。加大对贫困农场扶持力度，帮助解决实际困难，增强其自我发展能力。生态脆弱区农场的水土流失治理和生态环境保护，纳入地方政府统一政策实施范围。

五、加强对农垦改革发展的领导

（一）加强党的领导和建设。充分发挥农垦党组织的政治核心作用，切实加强基层党组织建设，坚持农垦改革发展方向，保证和监督各项政策的贯彻实施。农垦各级党组织要严格落实党建工作责任制，切实履行从严治党责任。把农垦改革与党的建设紧密结合起来，保证党组织机构健全、党务工作者队伍稳定、党组织和党员作用得到有效发挥。把加强党的领导和完善农垦企业公司治理统一起来，创新党组织发挥政治核心作用的途径和形式。加强农垦各级领导班子思想作风和反腐倡廉建设，强化对农垦企业领导人员履职行权的监督。深入细致地开展思想政治工作，及时研究解决农垦改革发展的新情况新问题，保障农垦职工合法权益，确保农垦改革稳步有序推进。

（二）落实地方和部门责任。各级地方党委和政府要把推进农垦改革发展放在重要位置，加强组织领导，坚持问题导向和底线思维，强化统筹协调，切实抓好落实，确保垦区经济持续健康发展和社会和谐稳定。在依法编制经济社会发展规划、城乡规划、土地利用总体规划、新型城镇化发展规划及公共服务体系等规划时，要将农垦纳入其中并同步组织实施。各省（自治区、直辖市）党委和政府要按照本意见精神，结合当地实际，研究制定推进农垦改革发展的具体实施方案。国家有关部门要积极支持在若干垦区先行试点，总结经验，加快推进。国家发展改革委要做好规划衔接，安排相关建设项目时对农垦加大支持力度；财政部要根据农垦管理体制和改革发展需要，稳步加大对农垦投入，将农垦全面纳入国家强农惠农富农和改善民生政策覆盖范围；金融等有关部门要支持符合条件的农垦企业上市融资，并积极鼓励农垦企业通过债券市场筹集资金；其他部门要按照职责分工，落实有关政策措施。

（三）切实转变农垦管理职能。适应推进农垦改革发展需要，加强农垦管理部门能力建设，落实国家赋予农垦系统的任务。农垦管理部门要进一步简政放权，转变工作职能，创新工作方式，切实履行行业指导管理、国有资产监管等职责，按组织程序推荐任命农垦企业负责人，加强企业负责人薪酬和业务费管理。不得擅自解散、下放、撤销国有农场，国有农场合并、分设、调整等体制变动，须征求上级农垦管理部门意见。完善中央直属垦区现行"部省双重领导、以省为主"的管理体制，制定管理办法，厘清国家有关部门和省级政府职责，建立权责统一、管理规范、决策民主的制度体系，有效落实党风廉政建设主体责任和监督责任，完善权力运行约束监督机制。中央直属垦区主要领导干部任免、管理机构设置及人员编制、重大体制改革、资产处置等事项，须按照职责分工，征求国家有关部门意见。国家支持农垦改革发展的相关政策同样适用于新疆生产建设兵团。

(四)大力弘扬农垦精神。推进农垦改革发展，根本上要靠农垦自身努力。农垦各级领导干部要率先垂范、廉洁奉公、敢于担当，团结带领广大干部职工积极投身农垦改革发展。农垦干部职工要以主人翁精神，克服"等靠要"思想，发扬农垦优良传统作风，牢固树立开拓创新和市场竞争意识，增强推进农垦改革发展的自觉性主动性。加强农垦经营管理人才引进和培训，着力培养一批懂市场、善经营、会管理的优秀企业家，造就一支热爱农垦、献身农垦的高素质干部职工队伍。大力弘扬"艰苦奋斗、勇于开拓"的农垦精神，推进农垦文化建设，汇聚起推动农垦改革发展的强大精神力量。